Freddie Rokem

TheaterDenken
Begegnungen und Konstellationen zwischen Philosophen und Theatermachern

Freddie Rokem ist Professor emeritus am Department of Theatre at Tel Aviv University, an der er auch als Dekan an der Faculty of the Arts (2002–2006) tätig war und den Emanuel Herzikowitz Lehrstuhl für die Kunst des 19. und 20. Jahrhunderts (2006–2016) innehatte. Von 2006–2009 war er Herausgeber der Zeitschrift *Theatre Research International* und von 2011–2017 einer der Gründungsherausgeber der Palgrave/Macmillan Buchserie *Performance Philosophy* und einer der Initiatoren des *Performance Philosophy* Netzwerks. Er hatte Gastprofessuren an vielen Universitäten in den Vereinigten Staaten und Europa inne und ist als Übersetzer und Dramaturg tätig. 2012 erschien von ihm *Geschichte aufführen. Darstellungen der Vergangenheit im Gegenwartstheater* im Neofelis Verlag. Momentan ist er Wiegeland Visiting Professor of Theater & Performance Studies (TAPS) an der University of Chicago.

Freddie Rokem

TheaterDenken

Begegnungen und Konstellationen zwischen Philosophen und Theatermachern

Vorwort von Nikolaus Müller-Schöll

Aus dem Englischen von Mayte Zimmermann

Neofelis Verlag

Für Alma, Yasmin & Aya

Engel und Puppe: dann ist endlich Schauspiel
Dann kommt zusammen, was wir immerfort
entzwein, indem wir da sind.
Rainer Maria Rilke: *Duineser Elegien*, #4

Inhalt

Nikolaus Müller-Schöll

Im Schwellenraum des Spiels

Vorwort

Philosophers and Thespians, so der Titel der englischsprachigen Originalausgabe des vorliegenden Bandes, ist ein in vielerlei Hinsicht mutiges Buch: Zunächst einmal, weil seine Gegenstände – Platons *Gastmahl*, die *Ödipus*-Stücke des Sophokles, William Shakespeares *Hamlet* wie auch die Texte von Friedrich Nietzsche, August Strindberg, Walter Benjamin, Bertolt Brecht und Franz Kafka –, so heterogen sie auf den ersten Blick wirken mögen, als Gemeinsamkeit teilen, dass eine unendlich große Zahl von Studien heute den Weg zu ihnen gleichermaßen pflastert wie verstellt: Altphilologie, Anglistik, Skandinavistik und Germanistik haben sich ihrer ebenso ausgiebig angenommen wie jene Teile der Philosophie, an die Freddie Rokem mit seinem Band anknüpft: Geschichtsphilosophie, philosophische Ästhetik und Ethik. Davon aber lässt sich Rokem nicht einschüchtern. Mag er auch manche Studie zitieren, die am Rand seines Weges lag, so besteht doch das Wagnis dieses Buchs zunächst einmal darin, dass es, darin der Kunst des Essays verpflichtet, wie er von Michel de Montaigne bis Theodor W. Adorno, Emmanuel Lévinas und Jacques Derrida gepflegt und erörtert wurde, rückhaltlos idiosynkratisch auf das begrenzt ist, worüber sein Autor reden will, was ihm an den vielbehandelten Texten aufgegangen ist, und dass es abbricht, wo er selber nichts mehr zu sagen weiß. Nichts, so scheint es, liegt Rokem ferner als die Suche nach dem, was, philologisch erhärtet und besonnen, dauerhaft bestehen könnte. Nicht solche gesicherte Erkenntnis ist es, die ihn interessiert, sondern das, was er wiederholt im hierzulande angesichts seiner inflationären Verwendung leicht misszuverstehenden Begriff des *Performativen* zu fassen versuchen dürfte: Das Prinzip der Veränderung, die kontinuierliche Arbeit an der immer neuen Sicht auf das Bekannte. Doch das Buch ist auch mutig, weil es sich unerschrocken auf ein viel diskutiertes Konfliktfeld begibt: Theater und Philosophie teilen sich einen Raum, den beide für sich mit gutem Recht beanspruchen können, der gleichwohl beider Eigenes de-konstitutiv in Frage stellt: Stößt die Philosophie in dem Maße, wie sie auf ‚Darstellung' verwiesen ist, auf die Voraussetzung einer wie auch immer gearteten sinnlichen Erscheinung und mithin auf die Gesetze des Erscheinens, die seit je im Theater untersucht und bearbeitet werden, so wird dem Theater immer auch eine Form des szenischen Denkens innewohnen und dies selbst dort, wo es um seine inhärente Theorie nicht weiß: Nicht unbedingt selbst Philosophie, doch auch nicht in einer anderen Welt als derjenigen der Philosophie stattfindend, stellt es sich in seinen ureigenen künstlerischen Entscheidungen als eine Praxis dar, der ein Philosophieren eigen ist, selbst wenn es sich nicht in Begriffen manifestiert. Die Art, wie Theater sich in das eigene, ihm vorgängige Dispositiv einschreibt, wie es mit der in seinen Formen und Inhalten mitgeführten Überlieferung umgeht und wie es die eigene Praxis begreift, kann mit gutem Recht als Denken bezeichnet werden. Zugespitzt: Selbst das einfachste Denken muss bereits auf Theater zurückgreifen und noch die einfachste Theaterpraxis ist schon zumindest auch eine Form des Denkens. Wegen – und trotz – dieser wechselseitigen Abhängigkeit oder Verbundenheit wird das Verhältnis beider meistens als eines wechselseitiger Infragestellung begriffen und diskutiert: Lang ist die Reihe der philosophischen Theaterfeinde, die in der Tradition Platons, der Kirchenväter, Jean-Jacques Rousseaus, Nietzsches oder Michael Frieds dem Theater den Kampf angesagt haben, weil es die Wahrheit verfälsche, die Sitten verderbe oder die Betrachter und Betrachterinnen manipuliere. Weniger auffällig, doch nicht minder lang ist die Reihe von Theaterstücken und Aufführungen, die das Denken denunzieren. Wer sich in einen solchen Konflikt begibt, der läuft Gefahr, darin zwischen den Fronten umzukommen. In Kenntnis dieser Gefahr setzt Rokem in seinen Betrachtungen einen bemerkenswerten Akzent, der genauere Beachtung verdient: Er insistiert darauf, dass das Verhältnis von Philosophen und Theaterleuten auch unter dem Vorzeichen des Spiels gesehen werden könne. „Dieses Buch", so erklärt er sein Projekt in der Einleitung, „versucht, jenen manchmal gar ludischen Schwellenraum in den Blick zu nehmen, in dem beide Dialogpartner die Übernahme der je anderen Praktik begehren." Bei dieser Formulierung gilt es länger zu verweilen. Denn sie wirft Licht nicht nur auf Rokems Verständnis des konkreten Problems, mit dem dieses Buch sich beschäftigt, sondern darüber hinaus auch der Disziplin(en), der bzw. denen es angehört, und schließlich auf die wissenschaftliche Arbeit Rokems, ja vielleicht sogar auf seine Person, die von dieser Arbeit kaum sinnvoll zu trennen ist. Doch der Reihe nach. Freddie Rokem, der als junger Mann aus Schweden nach Israel auswanderte, lehrte und lehrt an zahlreichen Universitäten in Europa und den USA, darunter als ständiger Gastprofessor an der Universität Helsinki und der Universität Chicago sowie als erster Friedrich Hölderlin Gastprofessor für Allgemeine und Vergleichende Dramaturgie an der Goethe-Universität in Frankfurt am Main. Er ist ein Theaterwissenschaftler, Performancetheoretiker und Komparatist, der zur israelischen, zur skandinavischen, zur englischen, antiken griechischen und deutschen Literatur sowie zur internationalen Theater- und Performancepraxis zahlreiche Aufsätze und Vorträge veröffentlicht und auf unzähligen internationalen Symposien, Konferenzen und Kongressen vorgetragen hat. Vor allem aber war er bis zu seiner Emeritierung im Jahr 2015 ein weltweit beachteter und geschätzter Professor am Theaterinstitut der Universität Tel Aviv, wo er über mehrere Jahrzehnte hinweg eine große Zahl von Student*innen und Forscher*innen der Theatre and Performance Studies geprägt hat. An einer Stelle seines Buchs beschreibt er die Traditionen der Kritischen Theorie sowie der Kulturwissenschaft in ihrer amerikanischen Spielart der Cultural Studies als diejenigen, denen er sich mit seiner Forschung zugehörig fühlt. Was ihn mit diesen Strömungen zunächst einmal vor allem verbindet, ist die Orientierung der Forschung an Fragen, die sich aus der eigenen Zeitgenossenschaft ergeben – und genauer: aus dem Ungenügen am Eigenen: am eigenen Land, am naheliegenden Gegenstand der eigenen Wissenschaft, am Theater, auch an einer im Zustand der Kontemplation verbleibenden Theaterwissenschaft. Aus dieser kritischen Haltung zum Eigenen resultiert ein Verständnis der eigenen Arbeit als einer Form der Politik.

Dies ließ sich bereits in seinem Buch *Performing History*[1] beobachten, einem Buch, das, als er es im Jahr 2000 vorgelegt hat, für die Leser*innen eine unzeitgemäße Betrachtung gewesen sein dürfte. Im Jahrzehnt nach dem Mauerfall hätte es sicher nähergelegen, mit Francis Fukuyama und anderen das „Ende der Geschichte" zu beschwören als deren Aufführung. Doch Rokems Ausgangspunkt war nicht von ungefähr der Einschnitt, der nach Einschätzung der Kritischen Theorie und des Poststrukturalismus das Ende der großen Erzählungen markiert: Die Shoah. Methodisch orientiert an den Theoretikern des New Historicism, etwa an Hayden White, verdeutlichte er an Arbeiten wie Dudu Ma'ayans *Arbeit macht frei vom Toitland Europa*, dass ein solchermaßen die Pathogenese der Gegenwart beschreibendes Theater in das Selbstverständnis einer gegenwärtigen Gesellschaft eingreifen und ihre Verhandlungen der Geschichte mitbestimmen kann. In der Diskussion von Inszenierungen der Französischen Revolution – der legendären Arbeiten von Peter Brook, Ariane Mnouchkine, Ingmar Bergmann, Robert Wilson und Herbert Blau – ging er zu den Anfängen des geschichtsphilosophischen Denkens zurück und zeigte, dass das Aufführen von Geschichte, das mit der Shoah radikal in Frage gestellt worden ist, um 1800 entstand.
Rokems Buch zu Theater und Geschichte ist im Wissen um die Einwände gegen die nach dramatischem Muster erzählten, auf ein Endziel hinauslaufenden „großen Erzählungen" geschrieben und knüpft sicherlich nicht von ungefähr an die schwarzen Geschichtsschreiber der Aufklärung an, neben Georg Büchner vor allem an Walter Benjamins mit Blick auf Shoah und Gulag verfasste Thesen *Über den Begriff der Geschichte*. Dessen „Engel der Geschichte" liest Rokem als paradigmatische Figur eines Theaters, das den Einwänden gegen die Geschichtsphilosophie zum Trotz die Geschichte nicht aufgeben möchte. Wenn er dabei Benjamins Engel als „Schauspieler" bezeichnet, so erschließt sich der Hintersinn dieser eher ungewöhnlichen Deutung vielleicht erst mit dem Erscheinen des vorliegenden Buchs: Das Spiel in all seinen Bedeutungen ist Ausgangs- und Endpunkt jener Schwellenräume, die Rokem abschreitet. Es ist sein Begriff für das,

1 Freddie Rokem: *Performing History. Theatrical Representations of the Past in Contemporary Theatre*. Iowa: University of Iowa Press 2000; dt.: *Geschichte aufführen. Darstellungen der Vergangenheit im Gegenwartstheater*, aus d. Engl. v. Matthias Naumann. Berlin: Neofelis 2012.

was in gleich welchem Zusammenhang Hoffnung weckt, einen Ausweg noch dort weist, wo alles hoffnungslos festgefahren scheint.
Das vorliegende Buch liefert unterschiedlichstes Anschauungsmaterial für das, was Rokem unter Spiel versteht. Wie aus seiner Lektüre von Platons *Gastmahl* hervorgeht, resultiert ein Spielraum in diesem wie vielen anderen Fällen aus dem, was man mit seinen Worten als narrative Konstruktion bezeichnen kann: Eben das, was in Platons Text notwendige Stütze der philosophischen Argumente und Denkfiguren ist, ihre Konstruktion, erweist sich im Fall des dort zu findenden Dialogs zwischen Sokrates und zwei Theaterleuten zugleich als inhärente Auflösung: Wo Sokrates ein Philosophieren anstrebt, das das Theatrale in den zwei Gestalten des Tragischen und des Komischen mit einschließt und dergestalt die Vorherrschaft der Philosophie gegenüber den Künsten gewinnen will, da lässt Platons Text dieses Vorhaben im Dialog von den Theaterleuten Aristophanes und Alkibiades unterwandern. Ironisch subvertiert und konterkariert so der Text eben das, was in ihm vermeintlich vorgebracht wird, und nimmt es dergestalt zurück.
In der Lektüre des *Hamlet* fällt Rokems Blick zunächst einmal auf die vielen Merkwürdigkeiten, inneren Widersprüche und Rätsel, die dem aufmerksamen Leser Shakespeares beständig begegnen, und lässt dabei erkennen, warum Philosophen wie Emmanuel Lévinas davon sprechen konnten, dass die ganze Philosophie der Neuzeit eine Fußnote zu Shakespeare sei: Hamlet hat nicht nur selbst eine philosophische Bildung genossen, der Held ist, wie Rokem zeigt, buchstäblich zerrissen zwischen den zwei ihn gleichermaßen prägenden Leidenschaften der Philosophie und des Theaters. Das Lektüreverfahren Rokems ist hier das eines gewitzten Dramaturgen. Den vielen Deutungen dieses meistkommentierten Stücks der neueren Weltliteratur wird keine weitere entgegengesetzt und die vorangegangenen werden auch mit wenigen markanten Ausnahmen kaum gestreift. Stattdessen findet der Leser hier eine idiosynkratische Auseinandersetzung, die von Marginalien ausgehend im vieldurchpflügten Text die Fährte einer neuen Lektüremöglichkeit zu entdecken weiß und Lust darauf macht, ihr weiter zu folgen, z. B. in Form einer diese Fährte aufgreifenden Inszenierung.
Strindberg und Nietzsche folgt Rokem auf dem Weg seiner verspielten Lektüre in der Entwicklung einer Beziehung, die – zumindest

in seiner Auslegung – homoerotische Züge aufweist und das weitere Wirken der beiden Brieffreunde, die einander persönlich nie begegnet sind, nachhaltig prägen wird. Mit Lust am Spiel der Auslegung verknüpft Rokem in der Lektüre der Briefe beider etwa Nietzsches Satz, wonach sich „unsre Sendungen [...] gekreuzt" haben, der zunächst auf den Leser ganz univok wirken könnte, mit einer Fülle spekulativer Verkettungen, die vom Wort kreuzen über die Kreuzigung zum „Gekreuzigten" führen, zu jener Selbstbezeichnung also, mit der Nietzsche den letzten Brief an Strindberg unterschreibt, und darüber hinaus zur Kreuzung im biologischen Sinne. Dass es auch noch eine geläufige erste Bedeutung des Satzes gäbe, den einfachen Bericht von der gleichzeitigen, voneinander unabhängigen Übersendung je eines Briefes, ist Rokem nicht einmal der Erwähnung wert. Mit seinem Freud verwandten Verfahren der Lektüre vermag Rokem eindrucksvoll den Schwellenraum des Briefwechsels zu erhellen, der zwischen den Dramen Strindbergs auf der einen, Nietzsches Buch über die Geburt der Tragödie auf der anderen Seite liegt und später, wie Rokem nachzeichnet, Spuren in beiden angrenzenden Texten hinterlassen haben wird.

Aus dem ausgeprägten Interesse am Spiel geht auch, inmitten eines großen Teils, der der Begegnung von Benjamin und Brecht gewidmet ist, die Entdeckung hervor, dass Brecht die ihm von Benjamin zugeschriebene „Dialektik im Stillstand" auf geradezu buchstäbliche Weise in seine erste Inszenierung der *Mutter Courage* nach der Rückkehr aus dem Exil in das vom Krieg zerstörte Berlin der 1940er Jahre übernommen hat: Helene Weigel als Courage steht im von ihren Kindern gezogenen Wagen auf der Stelle, weil die Bewegung des Wagens von der gegenläufigen Kreisbewegung der Drehbühne aufgehoben wird. Deutlich wird in solchen Momenten, dass der Stückeschreiber und der ihm in kritischer Distanz verbundene dramaturgische Denker Benjamin auf eine noch immer nicht genügend ausgeleuchtete Weise gemeinsam die Grundzüge des epischen Theaters entwickelt haben und Brecht noch als Regisseur von den Unterhaltungen mit seinem Freund, Schachpartner und besten Dramaturgen Benjamin zehrte. Wie nahe und zugleich fern sie andererseits einander waren, lässt Rokem dort deutlich werden, wo er beider Auseinandersetzung mit Kafka referiert oder im abschließenden Kapitel die vielfältigen theatralen Strategien von Texten Benjamins vor Augen führt, die nicht für

ein landläufiges Theater geschrieben wurden, gleichwohl diesem vergleichbar auf die Mitwirkung des Lesenden bauen, speziell dort, wo sie ihn in Gestalt von „Denkstücken“ herausfordern.
Der Dialog eines Philosophen mit Theaterleuten, die Tragödie, in der die abendländische Philosophie die Begründung des Subjekts des Bewusstseins wie dessen konstitutive Blindheit entdeckte, ein Stück, dessen Held in sich den Konflikt zwischen Theater und Philosophie austrägt, der Briefwechsel eines Philosophen und eines Dramatikers, die Begegnungen eines Denkers und eines Theatertheoretikers und -praktikers in der gemeinsamen Untersuchung der Prosa Kafkas – die von Rokem gewählten Gegenstände seiner Untersuchung könnten, wie gesagt, kaum heterogener sein, zusammen aber stecken sie ein trotz und wegen seiner Hybridität äußerst reizvolles Forschungsfeld ab, dessen genauere Erkundung noch kaum begonnen hat.
Wenn Rokem darauf insistiert, dass dieses Forschungsfeld zunächst einmal als „ludischer Schwellenraum“ zu begreifen sei, so knüpft er damit unausgesprochen sicherlich auch an die von ihm geschätzten Praktiker und Denker einer kritischen Theorie wie eines kritischen Theaters an: So spricht Brecht im Jahr 1934, ein Jahr nach Hitlers Machtübernahme und seiner Emigration, davon, dass er sich manchmal vor ein Tribunal gestellt fühle, das ihm die Frage stelle, ob es ihm denn nun eigentlich „ernst“ sei, und bekennt dann: „Ganz ernst ist es mir nicht“.[2] Adorno andererseits hält in seiner *Negativen Dialektik* fest, dass Philosophie, gegenüber der „totalen Herrschaft von Methode [...], korrektiv, das Moment des Spiels“ enthalte, welches „die Tradition ihrer Verwissenschaftlichung ihr austreiben möchte“.[3] Angesichts des Wissens darum, wie wenig der unnaive Gedanke „ans Gedachte heranreicht“, nähere sich dieser der „Clownerie“ an, die allerdings „allein ihm Hoffnung“ auf das ihm Versagte eröffne: „Philosophie ist das Allerernsteste, aber so ernst wieder auch nicht.“[4] Beide geben so gleichermaßen zu erkennen und bedenken, dass sie sich des kleinen Spielraums wohl bewusst sind, der das Denken und das Theater vom

2 Vgl. Walter Benjamin: Notizen Svendborg Sommer 1934. In: Ders.: *Gesammelte Schriften*, Bd. VI, hrsg. v. Rolf Tiedemann / Hermann Schweppenhäuser. Frankfurt am Main: Suhrkamp 1985, S. 523–532, hier S. 525.

3 Theodor W. Adorno: *Negative Dialektik*. Frankfurt am Main: Suhrkamp 1988, S. 25–26.

4 Ebd., S. 26.

Ernst trennt. Ganz ernst ist es Brecht nicht, weil er, so sein Bekenntnis, „zu viel an Artistisches“[5] denkt, und ganz ernst kann die Philosophie für Adorno nicht mehr sein, weil er um die Distanz weiß, die seine Arbeit an der Bildung philosophischer Begriffe etwa von derjenigen eines noch in den archäoteleologischen Dimensionen der überkommenen philosophischen Tradition das Ganze denkenden Hegels trennt. Von zwei Seiten aus beschreiben Brecht wie Adorno also vielleicht nichts anderes als jenen Schwellenraum des Spiels, den Freddie Rokem zu vermessen versucht. Das Spiel ist dabei bei beiden zunächst einmal jenes Spiel, in das eine nicht bloß instrumentell begriffene Sprache den Sprechenden und Schreibenden in jeder Äußerung verstrickt. Darüber hinaus deutet die genauere Beschreibung, die Rokem von diesem Schwellenraum gibt, darauf hin, dass „Spiel“ für ihn eine komplexe Praxis ist: Geprägt vom Ernst des Agons, des Wettkampfs, aber auch von der brechtschen „Leichtigkeit“, die sich dort einstellt, wo eine jede Performanz aussetzende Unterbrechung die Handlungen und Entscheidungen ausstellt und verhandelbar macht. Zugleich darf man vielleicht so weit gehen, den Schwellenraum des Spiels, diesen Raum des wechselseitigen Begehrens „der je anderen Praktik“, als einen zu begreifen, der sich daraus ergibt, dass in der Philosophie wie im Theater gewissermaßen immer schon jenes Spiel ist, von dem man spricht, wenn man sagt, dass eine Tür Spiel habe.

Wo eine sich ganz ernst gebende Philosophie ebenso wie ein sein Spiel vergessendes Theater und nicht zuletzt jede von ihren narrativen Konstruktionen absehende Politik heute am Verschwinden dieses Spiels arbeiten, da stellen Theaterdenker wie Rokem den Fuß in die Tür, um es zu erhalten: Als Spiel, das in Theater wie in Theorie und Politik die Doktrinen und Gewissheiten erschüttert, als jene schwache Kraft, aus der sich die Veränderbarkeit ergibt und mit ihr neue, noch ungekannte Möglichkeiten.

5 Benjamin: Notizen Svendborg Sommer 1934, S. 525.

Danksagung

> Daher ist Dichtung etwas Philosophischeres und Ernsthafteres als Geschichtsschreibung; denn die Dichtung teilt mehr das Allgemeine, die Geschichtsschreibung hingegen das Besondere mit.
> Aristoteles: *Poetik*

Dieses Buch untersucht Beziehungen von Theater und Philosophie als diskursiver Praktiken, indem vier konkrete Begegnungen zwischen Philosophen[1] und Theatermachern[2] analysiert werden. Mit Theatermachern meine ich all jene, die auf unterschiedliche Weise mit

1 Anm. d. Übers.: Es ist mein Anliegen, bei der Übersetzung des vorliegenden Buchs mittels Splitting heteronormative Implikationen der Sprache sichtbar zu machen. Zugleich aber sucht Freddie Rokem nicht von ungefähr Schauplätze in der Geschichte von Philosophie und Theater auf, die ausschließlich von männlichen Protagonisten bestimmt sind. Um also auch diesen Umstand als ein wichtiges Bestimmungskriterium der hier untersuchten diskursiven Praktiken in ihrer historischen Genese nicht zu verschleiern, verzichte ich auf eine einheitliche Schreibweise.

2 Anm. d. Übers.: Im englischen Original verwendet Freddie Rokem den Begriff *thespian*, der ins Deutsche nur ungenügend mit „Mime" oder „Schauspieler" übersetzt werden kann, mit dem Rokem aber – wie er in seinem Text selbst ausführt – die Gesamtheit jener Menschen beschreibt, die an Inszenierungsprozessen beteiligt sind. Aus diesem Grund verwende ich den Begriff der Theatermacher, gleichwohl diese Übersetzung der historischen Dimension der *thespians* nicht gerecht wird. Thespis (6. Jh. v. u. Z.) gilt gemeinhin als ‚Erfinder' des Dramas sowie als erster Schauspieler. Die Bindung des theatralen Diskurses an die griechische Antike wird aber im 1. Kapitel dieses Buchs ausführlich entwickelt.

dem Theater verbunden oder im engeren Sinne an Inszenierungsprozessen beteiligt sind. Meine vorangegangene Studie *Geschichte aufführen: Darstellungen der Vergangenheit im Gegenwartstheater*[3] konzentrierte sich auf solche Theaterinszenierungen nach dem Zweiten Weltkrieg, die geschichtliche Ereignisse verhandeln. Damals habe ich mich mit den diskursiven Praktiken von Historiographie und Theateraufführungen beschäftigt. Nun ist mein Thema eine weitere Form der diskursiven Wechselbeziehung: die von Philosophie und Theater/Performance. Ich untersuche und analysiere dabei keine Performances im engen Sinne einer Aufführung – mit Ausnahme von Bertolt Brechts Inszenierung von *Mutter Courage und ihre Kinder* – sondern eine große Bandbreite von Texten.

Meine Quellen stammen aus der Zeit vor dem Zweiten Weltkrieg. Ich beginne mit einer Begegnung aus der klassischen griechischen Antike und ende mit einem Dialog zwischen Walter Benjamin und Bertolt Brecht, die einen kurzen Prosatext von Franz Kafka diskutieren. Im ersten Teil des Buchs beschäftige ich mich also mit ganz spezifischen Begegnungen, die im zweiten Teil des Buchs in eine Reihe von Überlegungen zu Konstellationen münden, die sich aus einer Philosophie des Theaters in Brecht'scher Perspektive und der performativen Natur der Philosophie in Benjamins Denken ergeben.

Wie das kurze Epigraph zu diesem Vorwort zeigt, erkennt Aristoteles, dass Dichtung sowohl mit Philosophie als auch Geschichtsschreibung und damit Fragen des Allgemeinen ebenso wie des Besonderen verbunden ist. Ich werde das später weiter ausführen, zunächst möchte ich aber dieses Buch in den diskursiven Rahmungen verorten, welche die Entwicklung meiner Arbeit ermöglicht und begleitet haben. Im Rückblick war es ein großes Abenteuer, für dieses Buch zu forschen und es zu schreiben, insbesondere wegen der vielen ermutigenden Anmerkungen und Kommentare von Freund*innen, Kolleg*innen und Studierenden, mit denen ich meine sich allmählich entwickelnden Ideen teilen konnte.

Zuallererst möchte ich meinen Studierenden an der Universität Tel Aviv danken, ebenso wie den Studierenden jener Institutionen, an denen ich während dieser Zeit unterrichtet habe: Der Johannes

3 Freddie Rokem: *Geschichte aufführen. Darstellungen der Vergangenheit im Gegenwartstheater*, aus d. Engl. v. Matthias Naumann. Berlin: Neofelis 2012.

Gutenberg-Universität in Mainz, der Stanford University in Kalifornien, der University of California in Berkeley, der Universität von Helsinki und der Freien Universität Berlin. Außerdem möchte ich mich bei all meinen Dialogpartner*innen in den verschiedenen Stadien der Entstehung dieses Buchs bedanken. Auf unterschiedliche Weise haben sie mich alle ermutigt, unterstützt und inspiriert: Sharon Aronson-Lehavi, Dafna Ben-Shaul, Linda Ben-Zvi, Herbert Blau, Mateusz Borowski, Daniel Boyarin, Gabriele Brandstetter, Tracy Davis, Harry Elam, Erika Fischer-Lichte, Heidi Gilpin, Richard Gough, Stephen Greenblatt, Kristina Hagström-Ståhl, Dror Harari, Jerry Hewitt, Shannon Jackson, Gad Kaynar, Pirkko Koski, Friedemann Kreuder, Shimon Levy, Jerzy Limon, Jeanette Malkin, Peter Marx, Bruce McConachie, Paul Mendes-Flohr, Hatty Myers, Matthias Naumann, David Nirenberg, Catalin Partenie, Tom Postlewait, Martin Puchner, Alan Read, Janelle Reinelt, Joe Roach, Yvonne Rock, Linda Rugg, Karin Sanders, Helmar Schramm, Ludger Schwarte, David Shulman, Inger Stinnerbom, Leif Stinnerbom, Małgorzata Sugiera, Carl Weber, Christel Weiler, Stephen Wilmer, Brandon Woolf, Bill Worthen und Nurit Yaari. Vielen Dank euch allen. Außerdem waren mir Stephanie Schulze und Russell Bucher eine große Hilfe. Während der Jahre 2006 bis 2009 wurde dieses Projekt teilweise durch eine Förderung der Israel Science Foundation unterstützt, für die ich sehr dankbar bin.
Ein besonderer Dank gilt Hent de Vries, dem Herausgeber dieses Buchs bei Stanford University Press, für sein intensives Engagement ebenso wie für seine Freundschaft und sein Vertrauen. Auch Emily-Jane Cohen von Stanford University Press möchte ich für ihre überaus unterstützende Haltung danken. Mit Blick auf die deutsche Übersetzung, die einige kleine Veränderungen gegenüber dem Original aufweist, möchte ich Mayte Zimmermann für ihre Sorgfalt und Umsicht danken und Matthias Naumann, der nicht nur ein Verleger ist, sondern auch ein Freund und Kollege.

Und wie immer wäre all dies ohne Galit Hasan-Rokem nicht möglich gewesen.

Einleitung

> Es ist dem philosophischen Schrifttum eigen, mit jeder Wendung von neuem vor der Frage der Darstellung zu stehen.
> Walter Benjamin: *Ursprung des deutschen Trauerspiels*

> Mein Großvater pflegte zu sagen: „Das Leben ist erstaunlich kurz. Jetzt in der Erinnerung drängt es sich mir so zusammen, daß ich zum Beispiel kaum begreife, wie ein junger Mensch sich entschließen kann ins nächste Dorf zu reiten, ohne zu fürchten, daß – von unglücklichen Zufällen ganz abgesehen – schon die Zeit des gewöhnlichen, glücklich ablaufenden Lebens für einen solchen Ritt bei weitem nicht hinreicht."
> Franz Kafka: *Das nächste Dorf*

Diese Studie untersucht die Wechselbeziehung von Philosophie und Theater/Performance als diskursiver Praktiken. Ich hätte damit beginnen können, auf einem sehr weitgefassten theoretischen Feld generelle Fragen über diese vielfältige, komplexe, immer wieder auch durch Konkurrenz geprägte und sogar konfrontative Beziehung aufzuwerfen. Stattdessen habe ich die ‚dramaturgische' Entscheidung getroffen, mich auf vier direkte Begegnungen zwischen Individuen zu konzentrieren, die als Repräsentanten dieser beiden Felder gelten können. Diese Begegnungen sind durch unterschiedliche Formen des direkten Kontakts zwischen Philosophen und Theatermachern (*thespians*) bestimmt: Treffen, Briefwechsel, Kooperationen – sogar

Partys – oder andere Formen des Austauschs und Dialogs zwischen Vertretern der beiden Disziplinen. Und in einem Fall handelt es sich um einen inneren ‚Dialog' jener beiden Praktiken in einer dramatischen Figur. Der erste Teil des Buchs beschäftigt sich mit vier *Begegnungen*, die so detailliert wie möglich untersucht und kontextualisiert werden und aus denen allgemeinere Fragestellungen über die Beziehung der beiden Diskursformen abgeleitet werden, welche diese Individuen praktizieren. Der zweite Teil des Buchs, *Konstellationen*, erweitert die theoretischen Perspektiven, während er sich zugleich deutlicher auf einen spezifischen historischen Kontext konzentriert – die Jahre vor dem Zweiten Weltkrieg und seinen Beginn. Während dieser Jahre zunehmender Krisen, Konflikte und Zerstörung wurden die Wechselwirkungen von Philosophie und Theater/Performance auf Weisen reformuliert, die meines Erachtens sorgfältig untersucht werden müssen, um zu verstehen, was auch heute noch in der Beziehung von theatralem und philosophischem Diskurs auf dem Spiel steht.

Allgemein gefasst beschäftigen sich Philosoph*innen mit der Frage, wie man leben sollte, um Glück und Zufriedenheit zu erreichen. Sie fragen außerdem nach den existierenden Dingen und ihrer essentiellen Natur, insbesondere danach, welche Dinge als schön gelten, was tatsächliches oder auch wahres Wissen ist und was die Prinzipien des logischen Denkens sind. Theatermacher*innen sind in den unterschiedlichsten Berufsfeldern verortet: Dramatiker*innen, Regisseur*innen, Szenograph*innen, Kostümbildner*innen, Licht- und Tontechniker*innen ebenso wie Schauspieler*innen, die insofern Theater ‚machen', als sie vor einem Publikum auf der Bühne erscheinen. Der Begriff *thespian* (der titelgebend für das englische Original *Philosophers and Thespians* ist) leitet sich von Thespis ab, einem Dichter aus dem 6. Jahrhundert v. u. Z., dem von vielen Seiten die Erfindung der griechischen Tragödie zugeschrieben wird, indem er individuelle Charaktere und den gesprochenen Dialog in die traditionelle Struktur des Chores eingeführt habe. Zugleich gilt er der Legende nach als der erste tatsächliche Schauspieler. In meiner Untersuchung konzentriere ich mich allerdings auf Theatermacher, die hauptsächlich als Dramatiker oder Regisseure oder beides gearbeitet haben, selbst wenn einige von ihnen auch in andere kreative Bereiche des Theaters involviert waren. Die Beschäftigung mit den Theatermachern wäre unvollständig ohne einen Bezug zu Schauspieltheorien und der Frage, in welchem Verhältnis sie zu den philosophischen Ideen stehen, die sich vor dem Zweiten Weltkrieg entwickelt haben.

Die Begegnungen von Philosophen und Theatermachern sind hochgradig durch unterschiedliche Formen von Konkurrenz bestimmt, teilweise sogar durch offene Anfeindungen gegenüber der jeweils anderen Diskurspraktik. Die vier Beispiele, die ich untersuche, bilden hier keine Ausnahme. Allerdings zeigen die Dialogpartner zugleich Interesse, teilweise kann man sogar von einem Begehren sprechen, sich der jeweils anderen Praktik zu öffnen oder zentrale Aspekte in die eigenen kreativen und intellektuellen Bestrebungen zu integrieren. Aus diesem Grund ist es eines der zentralen Anliegen dieses Buchs zu befragen, auf welche Weise sich Philosophen mit theatralen Ausdrucksformen beschäftigt und oder theatraler Praxis genähert haben. Und es untersucht gleichermaßen, wie sich die jeweiligen Dialogpartner im Theater immer wieder philosophischen Handwerkszeugs bedient oder Methoden philosophischen Denkens in ihr eigene Arbeit integriert haben.

Die vielfältigen Möglichkeiten für Bewegung und sogar Durchlässigkeit zwischen den Praktiken von Theater/Performance und Philosophie eröffnen – in beide Richtungen – eine faszinierende Landschaft, die Schwelle eines Diskursraums des ‚Dazwischen'. Aber wie in allen Feldern werden Leerstellen meist relativ schnell von einer der beiden Seiten besetzt. Dieses Buch versucht, jenen manchmal gar ludischen Schwellenraum in den Blick zu nehmen, in dem beide Dialogpartner die Übernahme der je anderen Praktik begehren. Solche Begegnungen der produktiven Konkurrenz verwandeln sich immer wieder in offene Kämpfe. Einige meiner Beispiele sind wohlbekannt und haben bereits eine lange und vielschichtige Rezeptionsgeschichte. Der Schwellenraum allerdings – sowie das wiederkehrende Begehren der Beteiligten, sich weiterzuentwickeln oder gar die strengen Grenzen der Diskursformen in Bewegung zu bringen – ist durch die Forschung bisher vollständig ignoriert worden.[1] Mein Ziel ist es, neues Licht auf diesen

1 Im Laufe der letzten Jahre sind zunehmend mehr Studien über die Beziehung von Theater und Philosophie veröffentlicht worden. Ich erwähne hier eine Auswahl der Arbeiten, die meine eigene Untersuchung inspiriert haben. Samuel Weber: *Theatricality as Medium*. New York: Fordham UP 2004; David Krasner / David Z. Saltz (Hrsg.): *Staging Philosophy: Intersections of Theater, Performance, and Philosophy*. Ann Arbor: University of Michigan Press 2006; Martin Puchner: *Poetry of the Revolution: Marx, Manifestos and the Avant-Gardes*. Princeton / Oxford: Princeton UP 2006; Helmar Schramm / Ludger Schwarte / Jan Lazardzig (Hrsg.):

Schauplatz zu werfen, der traditionell als Wettkampfarena oder Ort des Unfriedens gilt – ganz im Sinne Platons, der zu unterschiedlichen Gelegenheiten von einem „alten Streit zwischen Philosophie und Dichtkunst“[2] spricht. Ich möchte herausarbeiten, dass dieser Streit nicht nur durch Neid und Eifersucht motiviert ist, sondern Dimensionen gegenseitiger Inspiration und wechselseitiger Befruchtung hat. Diese Ambivalenzen in der Beziehung zwischen den diskursiven Praktiken und in der Kommunikation ihrer Vertreter sind der erste Grund, warum dieses Thema so reichhaltig und zugleich so komplex ist.

Die diskursiven Praktiken dieser Berufsfelder können nicht immer klar definiert oder scharf umrissen werden. Alexander Nehamas schreibt, dass „die Philosophie selbst keine festen Grenzen besitzt, sondern auf der einen Seite in Mathematik, Psychologie und sogar Physik, auf der anderen in Literatur übergeht. Dennoch gibt es natürlich Unterschiede.“[3] Ich würde hier Theater und Performance in Nehamas' Verständnis von ‚Literatur‘ einschließen. Aufgrund ihrer jeweiligen spezifischen Ausdrucksformen, die im Falle des Theaters per definitionem leicht und sogar intuitiv zugänglich sind, können wir in jedem Fall ad hoc einige grundsätzliche Unterschiede zwischen Philosoph*innen und Theatermacher*innen formulieren. Wie (und wo) aber genau die Grenzen zwischen den Disziplinen verlaufen und auf welche Weise ihre Konkurrenz zu einer Quelle der Inspiration wird, unterscheidet sich in den vier von mir untersuchten Fällen beträchtlich.

Dazu kommt, dass einige Philosoph*innen, die sich innerhalb ihres diskursiven Regimes theatraler Praktiken angenommen haben, trotzdem konkrete theatralen Praktiken und ihre beruflichen

Kunstkammer – Laboratorium – Bühne: Schauplätze des Wissens im 17. Jahrhundert. Berlin / Boston: de Gruyter 2003; Alan Read: *Theatre, Intimacy & Engagement: The Last Human Venue.* Basingstoke / New York: Palgrave Macmillan 2008; Paul A. Kottman: *A Politics of the Scene.* Stanford: Stanford UP 2008; Rikard Schönström: *En försmak av framtiden: Bertolt Brecht och det konkreta.* Stockholm / Stehag: Östlings Symposion 2003.

2 Vgl. Thomas Gould: *The Ancient Quarrel between Poetry and Philosophy.* Princeton: Princeton UP 1990; Stanley Rosen: *The Quarrel between Philosophy and Poetry: Studies in Ancient Thought.* New York / London: Routledge 1988; Susan B. Levin: *The Ancient Quarrel between Philosophy and Poetry Revisited: Plato and the Greek Literary Tradition.* Oxford: Oxford UP 2001.

3 Alexander Nehamas: *Die Kunst zu leben: Sokratische Reflexionen von Platon bis Foucault,* aus d. Engl. v. Michael Haupt. Hamburg: Rotbuch 2000, S. 20.

Vertreter*innen angegriffen haben. Und während sie ihr eigenes Denken ‚theatralisiert' haben, hat dies einige Philosoph*innen nicht davon abgehalten, Theater und seine repräsentative Praxis gegenüber dem philosophischen Diskurs als weniger allumfassend oder ‚wahr' zu verstehen. Im schlimmsten Fall (aus der Perspektive der Theaterschaffenden sowie anderer Künstler*innen) haben sich Philosoph*innen gar für die Zensur oder Verbannung des Theaters und anderer Kunstformen eingesetzt – so wie dies zum Beispiel Platon für den idealen Staat vorgeschlagen hat. Es gibt aber auch Philosophen wie Friedrich Nietzsche, für den die klassische Tragödie die perfekteste und idealste Form des Ausdrucks darstellt und aus deren Niedergang das philosophische Denken überhaupt erst entstand. In aller Kürze: Da es so viele extrem unterschiedliche Positionen in diesem Zusammenhang gibt, verbieten sich allzu schnell gefundene Allgemeinplätze über die wechselseitigen Positionen von philosophischem und theatralem Diskurs und ihre Beziehung zueinander. Auf diese Weise ist jede der hier untersuchten vier Begegnungen absolut einzigartig und zugleich Teil eines großen Mosaiks der diskursiven Beziehungen und Beeinflussungen. Dieses Gesamtbild ist komplexer als die Summe der einzelnen Begegnungen.

Sowohl im konventionellen Theater als auch in vielen anderen Formen körperbezogener künstlerischer Praktiken (die man häufig unter dem Rubrum ‚Performance Art' subsumiert) ist immer wieder der Anspruch einer eigenen Form des (philosophischen) Denkens formuliert worden. Auch Theatermacher*innen bewegen sich also oftmals außerhalb der vermeintlich viel deutlicher gezogenen disziplinären Grenzen. Grundsätzlich sind sie bestimmt durch Formen körperlicher In-Szene-Setzung, mittels derer Schauspieler*innen oder Performer*innen einem Publikum etwas präsentieren, das im Vorfeld verabredet, vorgeschrieben oder festgelegt wurde. In einigen Fällen haben sich Theaterschaffende auch angeschickt, Alternativen zu den traditionellen Formen der Philosophie zu entwickeln. In diesem Zusammenhang untersuche ich *König Ödipus* und *Hamlet* als zwei Texte, die mit Blick auf ihre In-Szene-Setzung auf einer Bühne geschrieben wurden und die auf unterschiedliche Weise nicht nur kritisch, sondern sogar invasiv mit dem diskursiven Raum umgehen, der traditionell dem philosophischen Denken zugeschrieben wird. Im Gegenzug sind diese dramatischen Texte durch Generationen von Philosoph*innen und Theoretiker*innen für Argumentationen ‚benutzt' worden, die weit über den ‚ursprünglichen' Raum des theatralen Diskurses hinausreichen.

Platon wollte sowohl das Theater als auch die Theatermacher aus seinem idealen Staat verbannen, weil ihnen geeignete Mittel für die Suche nach der Wahrheit fehlen würden. Aber ich glaube nicht, dass es jemals eine*n Theatermacher*in gegeben hat, der oder die irgendeine Form des Diskurses einschließlich der Philosophie hätte unterbinden wollen. Im Gegenteil: Das Theater hat sich auf philosophische Argumente gestützt, um Restriktion und Zensur abzuschwächen, denen es sich durch den philosophischen Diskurs immer wieder ausgesetzt sah. Ein sehr interessantes Beispiel für diese Strategie lässt sich sogar in einigen von Platons eigenen Dialogen finden, die trotz ihrer radikalen Kritik am Theater im tiefsten Sinne dieses Wortes theatralisch sind. Platons *Das Gastmahl* ist eines der zentralen Beispiele für diese paradoxe Diskursform, und ich widme mein erstes Kapitel nicht nur der ausführlichen Besprechung dieses faszinierenden Texts, sondern auch der Diskussion seiner bisher unbeachteten intertextuellen Bezüge.

Obwohl ich die zentrale Argumentation meines Buchs auf der Grundlage von vier ganz spezifischen Begegnungen zwischen Philosophen und Theatermachern entwickle, verfolgt dieses Buch implizit auch ein Anliegen, das von gegenwärtigen Debatten in den Geisteswissenschaften und Künsten um interdisziplinäre Grenzen und multidisziplinäre Dialoge ausgelöst wurde. Dafür ist die Beziehung zwischen den akademischen Disziplinen, die sich mit den Künsten befassen, und den Formen des Denkens und Reflektierens, wie sie von Künstler*innen selbst hervorgebracht werden (beides sowohl innerhalb als auch außerhalb von Universitäten) von äußerster Wichtigkeit. In institutionellen Kontexten ist dieses Verhältnis mit zwei zentralen Fragen verbunden: Auf welche Weise kann künstlerische Praxis als Forschung verstanden werden? Und welche Form des Denkens wird von solchen Künstler*innen und kreativen Praktiken erzeugt? Dies sind einige der dringlichsten Fragen zeitgenössischer Hochschulbildung, vor allem jener Institutionen, in denen die Geisteswissenschaften und die Künste weiterhin eine wichtige Rolle spielen. Die zunehmende Beschäftigung mit diesen Fragen scheint aber zugleich mit dem zunehmenden Verschwinden jener Institutionen Hand in

Hand zu gehen, die den Künsten einen hohen Stellenwert einräumen. Aus diesem Grund untersucht diese Studie einige der Formen, wie Theater und Performance ,denken' und wie zugleich die Philosophie – insbesondere in der von Walter Benjamin praktizierten Form – komplexe performative Strategien hervorbringt. Aber das Buch weist auch darauf hin, dass es ebenso möglich ist, am Schreiben anderer Philosoph*innen performative Strategien herauszuarbeiten.

Meine eigene, eher akademische Perspektive ist durch Cultural Studies, kritische Theorie und ihre vielen Spielarten bestimmt, wie sie derzeit an Universitäten und neu entwickelten akademischen Formaten existieren. Ich gehe davon aus, dass Philosophie – insbesondere jene, die in den Vereinigten Staaten als *continental philosophy* bezeichnet wird – einen wichtigen Ausgangspunkt für das Verständnis kultureller Prozesse und künstlerischer Kreativität darstellt. Allerdings haben die akademischen Disziplinen, die auch auf dieser Überzeugung beruhen und auf unterschiedliche Weise unter dem Topos ,Theatre and Performance Studies' subsumiert werden können – und denen ich mich zugehörig fühle –, nicht genügend Aufmerksamkeit auf ihre eigenen disziplinären Grenzen und ihre genuinen Bestimmungsmerkmale, ihre Besonderheiten gelegt. Folglich bleibt die Funktion der Theorien, die von diesen philosophischen Systemen und Ideen geprägt sind, oftmals undeutlich.[4] Auch wenn mir diese Debatte ein großes Anliegen ist, werde ich mich hier nicht direkt in den theoretischen Diskurs einschalten.

Als ich an der Endfassung dieses Buchs arbeitete, hat die Harvard Universität einen *Report of the Task Force on the Arts* veröffentlicht, welcher sprechend mit folgender Aussage beginnt:

> Um die Künste zu einem integralen Bestandteil des geistigen Lebens auf unserem Campus zu machen, müssen wir neue Räume und Zeiten innerhalb des Studiums für die Produktion von Kunst bereitstellen – dies schließt die performativen Künste ebenso ein wie die Arbeit an und mit Material und Text. Dies aber setzt voraus, neue, produktive Beziehungen zwischen künstlerischer Kreativität und der kreativen Arbeit von Wissenschaftler*innen und Ingenieur*innen zu erfinden. Das heißt, zeitgenössische Kunst als ein Forschungsfeld von entscheidender intellektueller

4 Shannon Jackson: *Professing Performance: Theatre in the Academy from Philology to Performativity*. Cambridge: Cambridge UP 2004.

> Bedeutung zu identifizieren. Und es wird erfordern, das Abenteuer anzunehmen, neue Räume zu finden, in denen Kunst gemacht, ausgestellt und performt werden kann.[5]

Die Überlegungen in diesem Buch müssen vor einem solchen Hintergrund verstanden werden; er darf nicht ignoriert werden, wenn wir durch Untersuchungen der Felder Forschung und Kreativität tatsächlich eine signifikante Veränderung im Rahmen akademischer und sozialer Kontexte erreichen wollen.

Aber auch wenn ich hoffe, zumindest indirekt Aufmerksamkeit auf diese dringenden und vielleicht eher politischen bzw. ökonomischen Angelegenheiten zu lenken – die natürlich auch hochgradig ideologisch aufgeladen sind –, werden die vier hier präsentierten Begegnungen zunächst aus historischer Perspektive untersucht: Sie umfassen einen Zeitraum von der klassischen Antike bis zum Beginn des Zweiten Weltkriegs. Ich erhebe weder bezogen auf die jeweiligen Diskursfelder noch auf die konkreten Begegnungen zwischen Philosophen und Theatermachern den Anspruch auf Vollständigkeit. Zweifellos stellt die Begegnung von Sokrates, Agathon und Aristophanes in Platons semifiktionalem Text *Das Gastmahl* das erste ausführlich beschriebene Treffen zwischen Repräsentanten der beiden Disziplinen dar. Platons Dialog schildert die Feier zu Agathons Sieg bei den Theaterfestspielen der Lenäen 416 v. u. Z., während der die Teilnehmer Lobreden auf Eros halten. Es handelt sich dabei gleichzeitig um ein dramatisches Meisterwerk wie um ein bedeutsames philosophisches Traktat. Und obwohl sich dieser Text zunächst mit einem historischen Ereignis beschäftigt, sind dessen literarische Qualitäten in Kombination mit der anspruchsvollen Verhandlung philosophischer Überlegungen durch Generationen von Leser*innen der unterschiedlichsten Disziplinen bewundert, teilweise gar mit Ehrfurcht betrachtet worden.

Die Lektüre des *Gastmahls* wird sich auf zwei Momente im Text konzentrieren, an denen Platon unsere Aufmerksamkeit auf den möglichen und tatsächlich direkten Austausch zwischen Sokrates und

5 Harvard University: Report of the Task Force on the Arts, Dezember 2008. http://www.harvard.edu/sites/default/files/content/arts_report.pdf (Zugriff am 16.04.2017, Übers. M. Z.).

den beiden Theaterautoren lenkt; insbesondere auf die verschiedenen Formen des Wettkampfs, die zwischen ihnen stattfinden. Der erste dieser beiden Momente findet sich nach Sokrates Rede über Eros, in der er von seinem intimen Gespräch mit Diotima über Eros berichtet. Nachdem Sokrates geendet hat, möchte Aristophanes einen Einspruch vorbringen, der jedoch auf dramatischer Ebene durch die Ankunft von Alkibiades unterwandert wird: Als Leser*innen erfahren wir nicht mehr, was Aristophanes sagen wollte. Der zweite Austausch zwischen Sokrates und den beiden Autoren, den ich untersuche, findet sich am Ende des Dialogs. Es wird bereits Tag, als Sokrates den beiden erschöpften Dramatikern einen Vortrag darüber hält, dass „es die Aufgabe ein und desselben Mannes sei, sich auf die Dichtung von Komödien und Tragödien zu verstehen, und dass der professionelle Tragödiendichter auch Komödiendichter sein solle." (78, 223d)[6]
In beiden Fällen hat Platon wichtige Einzelheiten des Gesprächs zwischen dem Philosophen und den beiden Dramatikern aus seinem Text ausgeklammert. Im ersten Kapitel entwickle ich eine Erklärung dafür, warum dies der Fall ist und warum Platon – zweifelsohne bewusst – diese wichtigen Details zurückgehalten hat. Um den Wirkungsbereich interdisziplinärer Auseinandersetzung zu erweitern, der den Kern dieser Arbeit bildet, folge ich in meiner Lektüre außerdem den intertextuellen Bezügen zwischen Platons Dialog und Sophokles' Stück *König Ödipus*. Dabei hebe ich vor allem die Beziehung zwischen dem Rätsel der Sphinx und Aristophanes' Rede im *Gastmahl* hervor – beides Texte, die die Anzahl von Beinen ins Zentrum einer der philosophischsten Fragen rücken: Was ist der Mensch? An dieser Stelle fungiert auch Intertextualität als eine Form der Begegnung.
Mein zweites Beispiel, Shakespeares *Hamlet*, gehört eindeutiger als das *Gastmahl* in den Bereich der Fiktion. Dieser dramatische Text hat eine Unzahl philosophischer Lektüren ausgelöst. In meiner Lesart

6 Platon: *Das Gastmahl*, aus d. Altgr. u. hrsg. v. Thomas Paulsen. Stuttgart: Reclam 2015. Alle Zitate aus dem *Gastmahl* sind in Klammern im Fließtext nachgewiesen. Anm. d. Übers.: Es gibt zahlreiche Übersetzungen von Platons *Gastmahl* ins Deutsche. Ich verzichte hier aus Gründen der Lesbarkeit und zugunsten des narrativen Flusses der Argumentation Rokems auf die einschlägige Übersetzung von Friedrich Schleiermacher und benutze die Übersetzung von Thomas Paulsen, die ganz im Dienst einer „gut lesbaren deutschen Ausgabe auch für ein Publikum ohne Griechischkenntnisse" (Anmerkung Thomas Paulsens zu seiner Übersetzung, ebd., S. 79) steht.

präsentiert *Hamlet* im Gegensatz zum *Gastmahl* keinen Wettstreit zwischen Repräsentanten der beiden Felder, sondern den inneren Kampf des Charakters Hamlet, der danach strebt, ‚beides' sein zu können: Philosoph *und* Theatermacher. „Wer da?" – der Titel meines *Hamlet*-Kapitels – ist die erste Zeile des Stücktexts und Ausgangspunkt meiner These, dass der Protagonist des Stücks in einer Person sowohl Philosoph als auch Theatermacher ist. Dieses Begehren, ‚beides' zu sein, ist ein wesentlicher Bestandteil von Hamlets persönlicher Tragödie, auch wenn die Begegnungen zwischen philosophischem und theatralem Diskurs, die der Protagonist erzeugt und entwickelt, durch die autoritären Stimmen im Stück (ganz bewusst im Plural, denn ich begreife auch den Geist als eine solche Stimme) wiederholt, verstärkt und häufig sogar subvertiert werden. In meiner Argumentation werde ich Hamlet als Opfer dieses synthetisierenden Begehrens beschreiben.

Kein anderes Stück – mit Ausnahme vielleicht von *König Ödipus* – ist so oft von den unterschiedlichsten Denker*innen, die über das Theater und dessen repräsentativen Apparat philosophiert haben, diskutiert worden wie *Hamlet*. In meiner Arbeit analysiere ich die paradoxe Situation, dass die Protagonisten beider Stücke, Ödipus und Hamlet, auf sehr unterschiedliche Weise philosophierende Helden sind. Die dramatischen Texte, in deren Zentrum sie stehen, können gleichermaßen als ernsthafte Kritik und auch als ausgeklügelte Aneignung des philosophischen Diskursfelds verstanden werden. Im Kapitel über das *Gastmahl* entwerfe ich Ödipus als aufstrebenden Philosophen, der daran scheitert, über sich selbst nachzudenken. Im *Hamlet*-Kapitel untersuche ich die philosophische Tradition, die sich diesen dramatischen Text für ihre eigenen Zwecke angeeignet hat. Es folgt ein kurzer kritischer Blick auf die Interpretation des Geists von Hamlets Vater als Vorbote eines utopischen Zustands.

Nachdem ich diese zwei durch Autoren ‚inszenierten' Begegnungen von Philosophen und Theatermachern untersucht und ihre intertextuellen Bezüge herausgearbeitet habe, widme ich mich zwei Begegnungen, die tatsächlich stattgefunden haben und auf andere Weise dokumentiert worden sind: derjenigen von Friedrich Nietzsche und August Strindberg sowie derjenigen von Walter Benjamin und Bertolt Brecht. Der kurze aber intensive Briefwechsel zwischen Nietzsche und Strindberg begann im Herbst 1888 und endete mit dem Ausbruch von

Nietzsches Geisteskrankheit im Januar 1889. Diese Korrespondenz kann als komplexer Performance-Dialog verstanden werden, in dem beide Teilnehmer auf unterschiedliche Weise die flüchtige Grenze zwischen Wahnsinn und Vernunft durch ihre schriftlichen ‚Selbstinszenierungen' für den anderen dramatisieren. Wahnsinn als eine Dimension der Kommunikation von philosophischen und theatralen Diskurspraktiken kann auch in den vorangegangenen Beispielen aufgespürt werden. Besonders augenscheinlich wird das in Hamlets angeblich vorgetäuschtem Wahnsinn (während Ophelia tatsächlich den Verstand verliert) sowie Ödipus' Hybris und den katastrophalen Konsequenzen seiner Selbsterkenntnis. Im Kapitel über Nietzsche und Strindberg verbinde ich die ‚Inszenierungen' ihrer Selbst in den Briefen mit anderen Aspekten ihres Œuvres. In Strindbergs Fall ziehe ich Verbindungslinien zu einem Brief, den er an Siri von Essen geschrieben hat – der Schauspielerin, die seine erste Frau wurde. Dieser Brief kann als früher Entwurf von *Ein Traumspiel* gelesen werden, das Strindberg für seine dritte Frau Harriet Bosse verfasste, die ebenfalls Schauspielerin war. Indem ich auch Nietzsches *Die Geburt der Tragödie aus dem Geiste der Musik* im Stile einer Selbst-Dramatisierung lese, kann ich aus diesem so einflussreichen Werk eine narrative Unterströmung herausdestillieren, die bisher keine wirkliche Beachtung gefunden hat, meines Erachtens aber als ‚Geburt des Philosophen aus den Ruinen der Tragödie' charakterisiert werden kann.

Schließlich wende ich mich einigen Aspekten der langen und facettenreichen Freundschaft von Walter Benjamin und Bertolt Brecht zu. Ich konzentriere mich dabei auf einen Tag im August 1934, der in die Zeit von Benjamins erstem Besuch in Skovsbostrand fällt – jenem Dorf an der Südküste der dänischen Insel Fyn, auf der Brecht jahrelang im Exil lebte. An diesem speziellen Tag diskutierten die beiden Franz Kafkas kurzen Prosatext *Das nächste Dorf* (den ich als zweites einführendes Epigraph diesem Kapitel vorangestellt habe) über einen Reiter, der vermutlich niemals im ‚nächsten Dorf' ankommen wird. Ihre jeweiligen Gedanken, die Benjamin in seinem Tagebuch zusammengefasst hat, setzen in bemerkenswerter Verdichtung ihre Positionen als Philosoph und Theatermacher ins Verhältnis zu ihren Auffassungen des Exils, dem sie zu dieser Zeit beide ausgesetzt waren. Darüber hinaus fungieren ihre Interpretationen auch als Schlüssel zu Benjamins Geschichtsphilosophie sowie zu Brechts Theorie und Praxis des Theaters.

Die eingehende Analyse der Brecht-Benjamin-Diskussion von Kafkas kurzem Text leitet zum zweiten Teil meines Buchs über, in dem ich die diskursiven Grenzüberschreitungen in den Arbeiten von Brecht und Benjamin ausführlicher diskutiere. Brechts Fragment *Der Messingkauf* stellt den Versuch dar, die Grenzen der beiden Disziplinen durch eine Theatralisierung des philosophischen Denkens zu überschreiten.[7] Benjamins ebenso unabgeschlossenes *Passagen-Werk* drückt sozusagen aus der entgegengesetzten Richtung ein vergleichbares Begehren aus, nämlich sich mit den performativen Dimensionen des philosophischen Denkens zu beschäftigen. Die Teilaspekte, die ich aus diesen monumentalen Projekten herausgreife, sind Brechts *Die Straßenszene*, die er in seinem Aufsatz mit dem Untertitel „Grundmodell einer Szene des epischen Theaters" entwirft, und das Gedicht *Über alltägliches Theater*, das als Teil des *Messingkaufs* vorgesehen war. Diese Texte konzentrieren sich auf den Verkehrsunfall, der im Freud'schen Sinne als Urszene von Brechts Theatermodell fungiert. Um die umfassenderen kulturellen Konsequenzen dieser Setzung verstehbar zu machen, beschäftige ich mich mit Verkehrsunfällen auch aus unterschiedlichen Blickwinkeln anderer Autoren und Denker dieser Zeit und untersuche insbesondere die Rolle, die sie im Bereich der Schauspieltheorie spielten. Darüber hinaus beziehe ich mich auf ziemlich außergewöhnliches Material zu einem Autounfall, in den Brecht selbst 1929 verwickelt war.

Der zweite Teil des Kapitels ist Benjamins Begriff der ‚Konstellation' gewidmet, der im Zusammenhang mit den menschengemachten

7 Anm. d. Übers.: Brechts großes Theater-Theorie-Fragment ist bisher nur unzureichend ins Englische übersetzt worden. Die beste Präsentation des in vier Arbeitsmappen aufgefundenen Materials, das im Brecht-Archiv liegt, findet sich in Bertolt Brecht: Der Messingkauf. In: Ders.: *Werke. Große kommentierte Berliner und Frankfurter Ausgabe*, Bd. 22.2. Berlin / Frankfurt am Main: Aufbau / Suhrkamp 1993, S. 695–869. Die englische und von Rokem immer wieder zitierte Übersetzung *The Messingkauf Dialogues* stellt zusätzlich zur Übersetzung ins Englische den Versuch dar, aus dem riesigen Fragment einen zusammenhängenden dramatischen Text zu konstruieren. Daher vernachlässigt diese englische Ausgabe große Mengen des Ursprungsmaterials. Mit diesem Desiderat beschäftigte sich Freddie Rokem als Mitglied eines deutsch-israelisch-amerikanischen Forschungslaboratoriums zum *Messingkauf*, das jedoch erst nach Fertigstellung des vorliegenden Buchs stattfand. Missverständnisse, die sich aus dem Spannungsverhältnis von Rokems Argumentation und meinem Zitieren des Ursprungsmaterials nach der *Berliner und Frankfurter Ausgabe* ergeben, sind auf diese schwierige Übersetzungsgeschichte zurückzuführen.

Katastrophen steht, die zum Zweiten Weltkrieg geführt haben. Am Beispiel der Bombardierung von Guernica untersuche ich performative Strategien einer ästhetischen Auseinandersetzung mit solchen Katastrophen, für die hier im Besonderen Pablo Picassos bekanntes Wandbild *Guernica*, aber ebenso Benjamins Betrachtung von Paul Klees Gemälde *Angelus Novus* herangezogen werden.

Im letzten Kapitel schließlich werden rhetorische Strategien analysiert, die Benjamin in seinen kurzen Prosatexten entwickelt. Veröffentlicht in unterschiedlichen Kontexten unter dem Überbegriff *Denkbilder* bilden sie ein Genre, in dem abstrakte philosophische Ideen durch eine kurze Erzählung oder Beschreibung transportiert werden. In vielen seiner *Denkbilder* entwickelt Benjamin eine Art philosophischer Performativität – ‚Performances des Denkens', die gemeinsam mit den Leser*innen durch ihre Interpretationen ‚in Szene gesetzt' werden. Diese Texte stammen aus einer Zeit, als die Welt auf jene Katastrophe zusteuerte, die wir heute den Zweiten Weltkrieg nennen. Benjamin selbst musste von einem Ort zum nächsten flüchten, bis er schließlich in Port Bou an der französisch-spanischen Grenze im September 1940 Selbstmord beging. In diesem Kontext waren die *Denkbilder* Experimente, in denen die Konkurrenz philosophischer und theatraler Praktiken in eine eigene Form des Ausdrucks überführt und ein Philosoph auch zum Theatermacher wurde, ohne dass er seine originäre Identität als Philosoph eingebüßt hätte. Meine Studie endet mit diesem Moment der Krise: Auch wenn ich ‚Performativität' und ‚performative Strategien' als wichtige Aspekte von Benjamins philosophischer Praxis begreife, hatte er keine Gelegenheit mehr, diese Ideen systematischer auszuarbeiten.

Die Entwicklungen und das Verständnis von philosophischen und theatralen Praktiken und ihren Beziehungen nach dem Krieg sind ein anderes Thema und nicht Gegenstand dieses Buchs. Es ist vielmehr mein Ziel, einen Beitrag zum Verständnis der historischen Genese der gegenwärtigen Debatten zu leisten. Trotzdem ist es wichtig, einen kurzen Blick auf die 1950er Jahre zu werfen, in denen die Begriffe ‚performativ' und ‚Performativität' Einzug in die Philosophie gehalten haben, und zu registrieren, dass fiktionale Praktiken hier keine Berücksichtigung fanden. Die Gruppe der Sprachphilosophen, die damit begannen, Sprache selbst als eine Form der Handlung zu untersuchen, als Sprechakte also, haben fiktionale Diskurse zumindest anfänglich genauso abgelehnt wie Platon. John Austins bahnbrechendes Buch *Zur Theorie der Sprechakte*, das auf einer Vorlesungsreihe an der Harvard Universität 1955 basiert, artikuliert ein hohes Maß an Argwohn, fast schon Feindseligkeit gegenüber dem Theater. Dem englischen Originaltitel seiner Vorlesungsreihe entsprechend – *How to Do Things with Words* – untersucht Austin, auf welche Weise bestimmte Sprechakte unter bestimmten Umständen etwas ‚tun' und damit Handlung als und durch sie selbst sind und herstellen. Allerdings führt er den Parameter der „Ernsthaftigkeit" performativer Sprechakte ein, der die performative Wirkung auf nichtfiktionale Bereiche beschränken soll. Austin geht sogar so weit zu behaupten, dass performative Äußerungen „in einer *ganz besonderen* Weise [...] unernst oder nichtig [sind], wenn ein Schauspieler sie auf der Bühne tut oder wenn sie in einem Gedicht vorkommen oder wenn jemand sie zu sich selbst sagt."[8]

Das heißt: Theater wurde von der Wirkungskraft des ‚Performativen' ausgeschlossen. Austins Gedankengänge stellen im Grunde eine nicht-essentialistische, pragmatische Wiederholung von Platons Kritik des Theaters dar. In meiner Arbeit werde ich zeigen, dass der von Austin mit Blick auf seinen linguistischen Untersuchungsgegenstand der Sprechakte entwickelte Begriff des Performativen sowohl eingeschränkt ist als auch manchmal zu falschen Schlussfolgerungen verleitet. Mein Ziel wird es also sein, Performativität in einem historischen Kontext neu und anders lesbar zu machen. Ich werde zeigen, dass die von mir analysierten Begegnungen zwischen Philosophen und Theatermachern wichtige Facetten von Performativität und des Performativen denkbar machen, die von Austin und seinen Nachfolgern aufgrund ihrer genuin linguistischen Perspektive nicht diskutiert wurden. Diese Pattsituation in der theoretischen Debatte ist erst über die Verbindung von Performativität und Verkörperung aufzulösen, wie sie Judith Butler insbesondere in *Antigones Verlangen* vorgelegt hat. Butler unternimmt in ihrem Buch eine intensive Lektüre des Stücks von Sophokles mit Fokus auf seine rechtlichen Kontexte. *Antigone's Claim* (so der amerikanische Originaltitel) überbrückt die paradoxe Kluft zwischen Sagen und Tun, denn *claim* impliziert nicht nur den (rechtlichen) An*spruch*, einen *Sprech*akt also, sondern ebenso eine

8 John L. Austin: *Zur Theorie der Sprechakte*, aus d. Engl. v. Eike von Savigny. Stuttgart: Reclam 2002, S. 43.

Handlung, einen *Akt*. Butlers Untersuchungsfeld sind also jene Kontexte, „in denen Worte sich von Taten nicht mehr trennen lassen“[9].
Ich werde in meiner Arbeit einen weiteren Schritt zum Verständnis der Wechselbeziehung von Sprache und Handlung unternehmen, indem ich Benjamins Erzähltechniken untersuche und mich insbesondere darauf konzentriere, wie er diese in Verbindung zur Performativität von Wünschen, Versprechen und Drohungen entwickelt. In Benjamins *Denkbildern* stoßen sich philosophische und theatrale Praktiken weder ab noch konkurrieren sie miteinander, sondern sie binden die Leser*innen durch ihre gemeinsame Wirkung in ein performatives Szenario ein, das zwischen den wiederkehrenden Katastrophen der Geschichte und vorgestellten Utopien navigiert.
Zu Beginn dieser Einleitung habe ich Theater als Formen körperlicher In-Szene-Setzung definiert, die im Vorfeld verabredet, vorgeschrieben oder festgelegt wurden. Damit unterstreiche ich, dass der verbale Diskurs den menschlichen Körper auf verschiedene Weisen ‚aufruft‘ und eine große Bandbreite möglicher Handlungen erzeugt, die in der griechischen Bedeutung des Wortes *drama* zusammenfallen: tun, handeln, performen. Dieser allgemeine Anspruch wird in meiner Studie um Aspekte erweitert, die die Diskussion über Performativität und Performance aufgrund der durch Austin gesetzten Grenzen des Begriffs nicht beachtet hat. Neben den Benjamin'schen Wünschen, Versprechen und Drohungen fungiert dabei auch der Wettstreit (der griechische *agon*) als Quelle des Performativen und von Performativität.[10] Platons *Gastmahl* betont die Beziehung zwischen dem menschlichen Körper und einer Vielzahl von ‚Vorschriften‘, die durch unterschiedliche Formen des Wettstreits hervorgebracht werden. Und schlussendlich ‚performt‘ der Dialog als solcher einen Wettstreit zwischen der Philosophie – verkörpert durch Sokrates – und dem Theater, das durch die beiden Dramatiker Agathon und Aristophanes vertreten wird. Die unterschiedlichen Formen von Konkurrenz, die hier in der diskursiven Grenzlandschaft von Philosophie und Theater ausgelöst werden, sind Ausdruck einer intensivierten Performativität, die aus

9 Judith Butler: *Antigones Verlagen: Verwandtschaft zwischen Leben und Tod*, aus d. Engl. v. Reiner Ansén. Frankfurt am Main: Suhrkamp 2001, S. 103.

10 Sue-Ellen Case: Classical Drag. The Greek Creation of Female Parts. In: *Theatre Journal* 37,3 (1985), S. 317–327. Die Frage des Einschlusses ist ein wichtiger Aspekt des thetralen *agon*.

dem Austausch hervorgeht. Die Performativität des *agon* kann sogar einem Stück im Stück verglichen werden, das in die diskursiven Beziehungen von Philosophie und Theater eingelagert ist. Auf diese Weise erzeugt der *agon* gleichzeitig Aufmerksamkeit auf die Grenzziehungen wie Grenzüberschreitungen der beiden Diskursformen.

Die Idee, Theater und Philosophie durch unterschiedliche Formen des Wettkampfs miteinander in Beziehung zu bringen, entstand im antiken Griechenland. Platon bezieht sich immer wieder auf einen ‚alten Streit zwischen Philosophie und Dichtkunst'. Voraussetzung von Platons Argumentation ist ein dichotomes Verständnis, das im ersten Kapitel meines Buchs ausführlich untersucht wird. Dem steht ein von Aristoteles entwickeltes Modell gegenüber, das geschichtliche und historiographische Bezüge der Beziehung von Philosophie und Dichtung einschließt. In einer bekannten Passage im neunten Kapitel seiner *Poetik* definiert Aristoteles den Unterschied zwischen einem Dichter und einem Historiker nicht darüber, welcher von beiden in Versen schreibt, sondern „vielmehr dadurch, daß der eine das wirklich Geschehene mitteilt, der andere, was geschehen könnte." Daraus zieht Aristoteles folgenden Schluss: „Daher ist Dichtung etwas Philosophischeres und Ernsthafteres als Geschichtsschreibung; denn die Dichtung teilt mehr das Allgemeine, die Geschichtsschreibung hingegen das Besondere mit."[11] Weil Dichtung und Philosophie stärker miteinander verbunden sind, ist der Streit zwischen ihnen heftiger als der zwischen Dichtung und Geschichtsschreibung. Während Platon einen direkten Zusammenstoß von Dichtung und Philosophie inszeniert, gibt uns Aristoteles ein viel umfangreicheres Diskursfeld zu denken, in dessen Spektrum die Dichtung zwischen Philosophie und Historiographie verortet ist.

Aristoteles fährt mit der Behauptung fort, das Bestimmungsmerkmal der Historiographie seien „Fragen wie: was hat Alkibiades getan oder was ist ihm zugestoßen."[12] In der unmittelbar anschließenden Passage unternimmt er einen direkten Vergleich von Komödie und Tragödie mit Blick auf die Beziehung des Allgemeinen und des Besonderen. In der Komödie, so Aristoteles, fügten die Dichter

11 Aristoteles: *Poetik*, aus d. Altgr. u. hrsg. v. Manfred Fuhrmann. Stuttgart: Reclam 2012, S. 29.

12 Ebd., S. 31.

> die Fabel nach den Regeln der Wahrscheinlichkeit zusammen und geben den Personen erst dann irgendwelche Namen, d. h. sie gehen nicht so vor wie Jambendichter, deren Dichtung um Individuen kreist. Bei der Tragödie halten sich die Dichter an die Namen von Personen, die wirklich gelebt haben. Der Grund ist, daß das Mögliche auch glaubwürdig ist; nun glauben wir von dem, was nicht wirklich geschehen ist, nicht ohne weiteres, daß es möglich sei, während im Falle des wirklich Geschehenen offenkundig ist, daß es möglich ist – es wäre ja nicht geschehen, wenn es unmöglich wäre. Immerhin verhält es sich auch bei den Tragödien so, daß in einigen nur ein oder zwei Namen zu den bekannten gehören, während die übrigen erfunden sind, in anderen sogar kein einziger Name bekannt ist, wie im *Antheus* des Agathon. In diesem Stück sind nämlich die Namen in derselben Weise frei erfunden wie die Geschehnisse, und es bereitet gleichwohl Vergnügen. Demzufolge muß man nicht unbedingt bestrebt sein, sich an die überlieferten Stoffe, auf denen die Tragödien beruhen, zu halten.[13]

Diese komplexe Argumentation ist Gegenstand zahlreicher Interpretationen gewesen, die zu klären versuchen, was Aristoteles damit meint, dass Tragödiendichter wirkliche Namen verwenden, während Komödiendichter erst einen Handlungsverlauf entwickeln und dann Namen erfinden würden. Mich interessiert an dieser Passage Aristoteles' eigener Einsatz von Namen, um seinen Punkt über das Verhältnis von Philosophie, Dichtung und Geschichte zu veranschaulichen. Nach Gerald F. Elise ist die Erwähnung von Alkibiades keineswegs eine zufällige Wahl, sondern zweifach bedeutsam: Zum einen, weil nach Aristoteles Handlung durch Charakter vorgeschrieben wird, und zum anderen, weil Alkibiades als Charakter in zwei von Aristophanes Komödien auftritt.[14]

Ich möchte auch die Möglichkeit in Betracht ziehen, dass diese Passage als intertextuelle Diskussion mit oder gar als polemische Antwort auf Platons *Gastmahl* gelesen werden kann. Aristoteles geht von

13 Ebd.

14 Gerald F. Else: *Aristotle's Poetics: The Argument*. Cambridge: Harvard UP 1963, S. 307, 313. Vgl. auch G. E. M. de Ste. Croix: Aristotle on History and Poetry. In: Amélie Oksenberg Rorty (Hrsg.): *Essays on Aristotle's "Poetics"*. Princeton: Princeton UP 1992, S. 23–32; Nurit Yaari: Greek Tragedy in Theory and Praxis: Aristotle's Theory of Tragedy in the Perspective of Aristophanes' Theatre Practice. In: *Maske und Kothurn* 35,1 (1989), S. 7–19.

seiner generellen Argumentation, dass Dichtung philosophischer als Geschichtsschreibung sei, zu einer kurzen Analyse des Verhältnisses von Komödie und Tragödie über, in welcher er sich auf die Verwendung charakteristischer oder realer Namen konzentriert. Ich werde später detailliert herausarbeiten, auf welche Weise diese doppelte Konstellation – Dichtung/Philosophie und Tragödie/Komödie – auch für das *Gastmahl* bestimmend ist, in welchem Platon den Komödienautor Aristophanes und den Tragödienautor Agathon zu den Dialogpartnern des Philosophen Sokrates macht. Aber im *Gastmahl* tritt auch Alkibiades auf, der als Militärkommandant für das ‚Machen' der Geschichte steht. Er tritt nach den Reden der anderen und in einem Zustand tiefer Enttäuschung auf, die in einer wütenden ‚Lobrede' auf Sokrates ihre Erklärung findet. Sowohl in Platons *Gastmahl* als auch der *Poetik* des Aristoteles werden die dramatischen Genres von Tragödie und Komödie in einer Diskussion gegeneinander ausgespielt, welche die Beziehung von Dichtung und Philosophie direkt verhandelt. Und diese beiden grundlegenden Texte nehmen dabei direkt und indirekt auf die gleichen Personen Bezug, die Aristophanes (der von Aristoteles nicht direkt erwähnt wird) zu Protagonisten seiner Arbeiten gemacht hat – nicht nur Alkibiades, sondern auch Sokrates.

Anders als Platon, der sich auf einen dichotomischen Streit zwischen Philosophie und Dichtung konzentriert, stellt Aristoteles ein Modell für die Analyse diskursiver Praktiken bereit, das auch die Geschichtsschreibung einschließt. Genau darin liegt auch der fundamentale Unterschied zwischen Sokrates' und Benjamins Einsatz performativer Strategien in ihrem philosophischen Denken. Sokrates hat Alkibiades eindrucksvoll zurückgewiesen, während Benjamin das Bild *Angelus Novus* von Paul Klee in seinen Engel der Geschichte verwandelt. Auch Shakespeares *Hamlet*, jenes Stück über die komplexe Verbindung von philosophischem und theatralem Denken, marginalisiert den Vertreter der Geschichte – Fortinbras. Es handelt sich hier um gewichtige Unterschiede, die nicht sofort ins Auge stechen, wenn der Fokus ausschließlich auf einer Wechselbeziehung von Philosophie und Theater liegt. Aber sie werden in meinen Schlussfolgerungen zu Benjamins *Denkbildern* und in Bezug auf die Tradition, zu der er gehört, virulent. Sie sind darüber hinaus repräsentativ für jene Intertextualitäten, die am Kreuzungspunkt von Begegnungen und Konstellationen liegen und sowohl Philosophie als auch Geschichte einschließen.

Das Motiv der Reise ist ein weiterer Ausdruck von Performance und Performativität im Sinne vorgeschriebener Formen körperlicher In-Szene-Setzung, das in den Begegnungen von Philosophen und Theatermachern immer wieder aufgerufen wird. Es handelt sich um Reisen von einem Ort zu einem anderen, in einigen Fällen aber auch um unendliche Reisen, die kein Ziel, sondern nur die Flucht kennen: Reisen ins Exil. In jeder der von mir vorgestellten Begegnungen schreibt sich eine Reise in die Protagonisten ein und die Straße wird zu einer Art Vorschrift, einem Text, der sowohl von Gefahren als auch von Unfällen auf dem Weg zu einem begehrten oder zufälligen Ziel kündet. Benjamin und Brecht diskutieren Kafkas *Das nächste Dorf* und setzen sich über einen Reiter auseinander, der zu einer Reise in das nächste Dorf aufbricht, aber dort vermutlich niemals ankommen wird. Kafkas Text spiegelt ihr Exil, das Brecht und Benjamin durch Hitlers Aufstieg an die Macht aufgezwungen wurde. Und diese Reisen – die Reise in Kafkas Geschichte ebenso wie die in den Stücken von Brecht und Benjamin – werden dann durch Brechts *Mutter Courage und ihre Kinder* ebenso wiederholt wie durch Benjamins *Denkbilder.*

Es gibt eine tiefe Verbindung von Theater und Exil, die es verdient, genauer untersucht zu werden. ‚Exil' kommt vom lateinischen *exilium*, dessen Wurzel ‚wandern' ist und das so den Exilierten als ‚Wanderer' vorstellen lässt. *Diaspora* tendiert mit der griechischen Wurzel in der ‚Verteilung' zur ‚Zerstreuung', ebenso wie die hebräischen Begriffe *galut* und *gola.* All diese Begriffe vermitteln den Eindruck einer aufgezwungenen Trennung eines Individuums oder Kollektivs von ‚zu Hause' bzw. ‚Heimat'. Unabhängig von wichtigen historischen oder kontextuellen Differenzen zwischen diesen begrifflichen Konzepten kreisen sie alle um Fragen nach der Erinnerung an Heimat und dem Wunsch nach Rückkehr.

Die ‚Krankheit' Nostalgie – das unkontrollierbare Begehren, nach Hause zurückzukehren, unter dem zum Beispiel Soldat*innen leiden, die weit entfernt von zu Hause stationiert sind – war ursprünglich ein pathologischer Zustand, der zu einem plötzlichen Tod führte. Heute versteht man unter Nostalgie eine Schwäche für das Vergangene, aber etwas von dem Schmerz (*algos*) ist weiterhin wirksam. Das Verlangen nach ‚zu Hause' stellt einen kraftvollen Ausgangspunkt für dramatische Situationen und Konflikte dar – beispielweise die Sehnsucht nach

Moskau trotz der Nähe der Stadt zu dem Dorf, in dem Anton Tschechows *Drei Schwestern* spielt. Una Chaudhuri spricht davon, dass in Tschechows Drama „der Diskurs der Heimat von einem Bewusstsein des statischen Exils dekonstruiert" werde, in dem die Charaktere – wie sie pointiert formuliert – „nicht exiliert werden *von* dem Ort, zu dem sie gehören, sondern *an* den Ort, zu dem sie gehören."[15]

Im eher abstrakt-spirituellen Bereich des Spektrums ist die Bewegung der Seele, wie sie Sokrates im *Gastmahl* beschreibt, eine spirituelle Reise, deren Ziel dadurch erreicht wird, dass der Reisende Philosoph wird. In der hier vorgestellten intertextuellen Lektüre wird dieser spirituelle Aufstieg allerdings von Ödipus' Reise überschattet. Die vergebliche Suche nach seiner wahren Identität findet auf den Straßen zwischen Korinth, Delphi und Theben statt und sie führt ihn insbesondere an den Ort, wo sich drei Straßen kreuzen und er Laios getötet hat, sowie zum Berg Kithairon, wo er von seinen Eltern ausgesetzt wurde, damit wilde Tiere ihn töten. Ödipus ist ein gescheiterter Philosoph, der sich erst selbst erkennt, als es schon zu spät ist.

Eros stellt ein weiteres Motiv körperlicher Anrufung und Einschrift in den von mir untersuchten Begegnungen dar. *Das Gastmahl* von Platon ist natürlich das offensichtlichste Beispiel dieser These, weil der Text aus sechs Lobreden auf Eros besteht. Aber die von mir untersuchten Begegnungen beinhalten weitere Formen des Begehrens und sexueller Attraktion, so zum Beispiel die beiden intimen Beziehungen in *Hamlet* (zwischen Hamlet und Ophelia und zwischen Claudius und Gertrude), die hier nur im Vorbeigehen gestreift werden. Der Briefwechsel von Nietzsche und Strindberg wirft gleich eine ganze Reihe von Fragen auf, die an homoerotische und heterosexuelle Verbindungen geknüpft sind. Und wenn man sich bewusst macht, dass Nietzsches *Die Geburt der Tragödie aus dem Geiste der Musik* im Grunde mit einer homoerotischen Begegnung von zwei Göttern beginnt – Dionysos und Apoll –, aus deren Verbindung das dramatische Genre der Tragödie geboren wird, dann spielt Eros auch für diesen Text eine zentrale Rolle. Allerdings müssen wir auch beachten, dass Nietzsche von einer neuartigen Geburt schreibt, während Benjamin in seinem *Ursprung des deutschen Trauerspiels* die Geschichte eines

15 Una Chaudhuri: *Staging Place: The Geography of Modern Drama*. Ann Arbor: University of Michigan Press 1995, S. 11–12 (Übers. M. Z.).

Ursprungs nachzeichnet, der nicht aus einer erotischen Vereinigung hervorgeht. Der Ur-Sprung, der erste Schritt, entsteht hier vielmehr aus der Rekonstruktion einer entfernten Vergangenheit. Die Erotik dieses Ursprungs ist eine Melancholie, die von einer ursprünglich-abgrundtiefen Distanz und Trennung herrührt.

In diesem Moment gründet die Suche nach dem, was verloren ist. Genau das ist das Thema von Aristophanes' Rede im *Gastmahl*: Er schildert die Suche nach einer verlorenen Hälfte, in der die Möglichkeit einer Wiedervereinigung von Philosoph und Theatermacher in einer Person aufscheint, als ideale konzeptuelle Konstruktion der mythischen Ursprünge dieser beiden Diskurspraktiken. Platon versucht sich sogar an der Umsetzung dieses Konzepts, indem er seinen Text genau als eine solche Vereinigung verfasst. Benjamin argumentiert, dass wir die spirituell-intellektuelle Kraft des Gedächtnisses brauchen, um zu einem solchen ‚Ursprung' Zugang zu erlangen, wo er vermutlich begann und wohin zurück wir hoffentlich unseren Weg finden können. Oder es geht, wie Benjamin kurz vor seinem Selbstmord schreibt, darum, „sich einer Erinnerung zu bemächtigen, wie sie im Augenblick einer Gefahr aufblitzt."[16] Die Reise aus dieser Vergangenheit in die Gegenwart und die Erinnerung, die eine Rückkehr möglich macht, ist natürlich ebenso wie Benjamins Erzählungen (und wie dieses Buch) eine narrative Konstruktion. Aber ich habe die Hoffnung, dass eine solche Reise das Verständnis jenes Orts verbessert, an dem wir uns gegenwärtig befinden, und ermöglicht, die Gefahren zu erkennen, die ihn bestimmen. Oder um es in den Worten meiner Mutter zu sagen, die sich wiederholt eines Sprichworts bediente, von dem ich erst später herausfand, das es auch in Benjamins *Der Erzähler* von 1939 Eingang gefunden hat: „Wenn einer eine Reise tut, so kann er was erzählen."[17]

Die unvermeidliche Zäsur zwischen der Reise und dem Moment, da man von ihr erzählen kann, ist das Vergrößerungsglas und das verbindende Element, durch welches ich die Begegnungen von Philosophen

16 Walter Benjamin: Über den Begriff der Geschichte. In: Ders.: *Gesammelte Schriften*, Bd. I.2, hrsg. v. Rolf Tiedemann / Hermann Schweppenhäuser. Frankfurt am Main: Suhrkamp 1978, S. 691–706, hier S. 695.

17 Walter Benjamin: Der Erzähler. Betrachtungen zum Werk Nikolai Lesskows. In: Ders.: *Gesammelte Schriften*, Bd. II.2, hrsg. v. Rolf Tiedemann / Hermann Schweppenhäuser. Frankfurt am Main: Suhrkamp 1978, S. 438–465, hier S. 440.

und Theatermachern untersuche. Diese Begegnungen ermöglichen uns die Frage, ob und auf welche Weise diese beiden Diskurspraktiken als die verlorene Hälfte der jeweils anderen verstanden werden können und ohne Anspruch auf Vorrang oder Hierarchie – genauso wie Aristophanes' Erzählung über Eros – schlicht von der Suche nach der fehlenden Hälfte künden. Nachdem ich die vier Begegnungen analysiert habe, nehme ich meinerseits eine Zäsur vor und bewege mich vom Begriff der Begegnung zu dem der Konstellation. Diese Zäsur soll keiner Dichotomie zwischen zwei Diskurspraktiken Vorschub leisten, sondern sie gründet auf einer vielschichtigen und intertextuellen Engführung kultureller Praktiken und kritischer Diskurse. Die kulturellen Praktiken der Begegnungen gehen schrittweise in die Konstellationen der kritischen Diskurse über und künden von dem Bewusstsein sich intensivierender Krise und Gewalt vor dem Zweiten Weltkrieg. Dieser ‚Ausnahmezustand' macht es für Benjamin notwendig, die diskursiven Praktiken von Philosoph*innen und Theatermacher*innen nicht nur zu reformulieren, sondern neu zu erfinden, indem er ein Erzähler wird. Und weil uns Benjamin von seiner letzten Reise niemals berichten konnte, wie es das von ihm verwendete Sprichwort vorschlägt, ist es mein Wunsch, diese Veränderungen genauer in den Blick zu nehmen. Erst danach können wir damit anfangen, über die Ära nach dem Krieg zu sprechen.

I
Begegnungen

1.
Die erste Begegnung
Platons *Gastmahl* und der alte Streit zwischen Philosophie und Dichtkunst[1]

Und dann kam ich an diese Stelle, wo sich drei Wege kreuzen …
Sophokles: *König Ödipus*[2]

Kriton, ich bin dem Asklepios noch einen Hahn schuldig, vergiß nicht, ihn zu opfern!
Sokrates' letzte Worte nach Platons *Phaidon*

Das erste ausführlich dargestellte Zusammentreffen von einem Philosophen mit Theatermachern ist die Begegnung von Sokrates mit den Dramatikern Agathon und Aristophanes in Platons *Das Gastmahl*. Der Dialog ist dem Bankett gewidmet, mit dem Agathons Sieg bei den Theaterfestspielen der Lenäen von 416 v. u. Z. gefeiert wurde. Die Zusammenkunft einer ausgewählten Gruppe Athener in Agathons

1 Teile dieses Kapitels sind bereits veröffentlicht worden: Freddie Rokem: The Philosopher and the Two Playwrights: Socrates, Agathon and Aristophanes in Plato's *Symposium*. In: *Theatre Survey* 49,2 (2008), S. 239–252. © American Society for Theatre Research 2008. Wiederveröffentlicht mit der Erlaubnis von Cambridge UP.

2 Anm. d. Übers.: Die von mir im Folgenden zitierte Ausgabe von *König Ödipus* übersetzt die entsprechende Zeile mit: „Als ich, meines Weges ziehend, jenem Dreiweg nahe war" (Sophokles: *König Ödipus*, aus d. Altgr. v. Kurt Steinmann. Stuttgart: Reclam 2002, V. 801). Auf Wunsch von Freddie Rokem habe ich diesen Epigraph selber übersetzt, um die Qualitäten beizuhalten, die ihm in der englischen Übersetzung von Sophokles („And then I came to the place where three roads meet") wichtig waren: Der Ein- bzw. Aufbruch einer Erinnerung inmitten eines emotionalen Strudels („And then …") und die Kreuzung der Straßen.

Haus in der zweiten Nacht nach seinem Triumph ist von Platon in eindrucksvoller Anschaulichkeit porträtiert worden. Er lenkt die Aufmerksamkeit nicht nur auf den Inhalt der Lobreden, die bei dieser Gelegenheit auf Eros gehalten werden, sondern auch auf den Schauplatz und die Interaktionen der Teilnehmenden. *Das Gastmahl* ist ein herausragendes Beispiel für Platons Fähigkeiten als dramatischer Autor. Diogenes Laertios behauptete sogar, dass Platon noch vor seiner Hinwendung zur Philosophie als Ringer wie Tragödienautor tätig gewesen sei: „Nach Dikairach (*Über Lebensformen 1*) gibt es Berichte, er habe an den Isthmischen Spielen als Ringkämpfer teilgenommen, sich mit Malerei beschäftigt und Gedichte geschrieben, zuerst Dithyramben, dann auch Lyrisches und Tragödien."[3] Im *Gastmahl* stellt Platon ausgefeilte narrative Techniken und dramatische Kunstgriffe in den Dienst einer Darstellung und Vermittlung der Sokratischen Philosophie. Zugleich aber distanziert er sich von seinem geschätzten Lehrer und kritisiert ihn empfindlich.

Unter den Platonischen Dialogen besticht *Das Gastmahl* vor allem durch seine literarische Raffinesse. Im Zentrum stehen die philosophischen wie ideologischen Inhalte der Lobpreisungen von Eros – und welche Bedeutung ihnen sowohl textimmanent als auch im Rahmen der klassischen griechischen Kultur zukommt (inklusive einer Reihe von Beispielen aus dem reichhaltigen Korpus ihrer dramatischen Literatur). Darüber hinaus sind auch die Beziehungen und das Verhalten der Sprechenden klar gezeichnet. Diese winzigen Einzelheiten sind ein integraler Teil des Platonischen Textes, der philosophische Argumente und menschliches Verhalten eng miteinander verwebt und verschiedene Spiegelverhältnisse und Kommentarebenen erzeugt. Die Darstellung einer Begegnung von philosophischen und theatralen Praktiken nimmt im *Gastmahl* den Charakter eines Showdowns oder Wettstreits an, der seinen direkten Ausdruck in der Auseinandersetzung von Sokrates mit den Theaterautoren Aristophanes und Agathon findet. Darüber hinaus wird den Charakteristika der jeweiligen diskursiven Praktiken ebenso Aufmerksamkeit zuteil wie den vielschichtigen persönlichen Beziehungen der Figuren. Das folgende Kapitel wird aus unterschiedlichen Perspektiven in den Blick nehmen, wie Platons

3 Diogenes Laertios: *Leben und Lehre der Philosophen*, aus d. Altgr. u. hrsg. v. Fritz Jürß. Reclam: Stuttgart 2010, S. 151.

Dialog philosophische und literarische Fragestellungen in einer komplexen Gegenüberstellung miteinander verzahnt.
Ich hoffe aber auch zu zeigen, dass das *Gastmahl* durch widersprüchliche Spannungen gekennzeichnet ist, die sich vermutlich nicht vollständig auflösen lassen. *Das Gastmahl* trägt (als Beispiel für Platons generell eher anti-ästhetische Haltung) einerseits eine fundierte Attacke gegen die beiden Dichter und theatrale Praktiken im Allgemeinen vor, andererseits entwirft der Text mittels literarischer und dramatischer Techniken ein komplexes Universum von inner- wie intertextuellen Verdichtungen, in die die Streitenden durch die graduelle Entfaltung des Dialogs verwoben werden. *Das Gastmahl* endet mit einer direkten Konfrontation zwischen Sokrates, Platons Philosophenheld, und dem Tragödienautor Agathon (dessen Texte nicht erhalten sind) sowie dem Komödienautor Aristophanes. Dieser Umstand hat nachhaltige Folgen für die Beziehung philosophischer und theatraler Diskurse – und zwar nicht nur im engen Sinne des Dialogs, sondern auch in Bezug auf die generellen philosophischen und performativen Kontexte, die im *Gastmahl* aufgeworfen werden. Und schließlich erzeugt Platon auf ausgeklügelte Weise auch ernsthafte Zweifel an der philosophischen Autorität wie Integrität von Sokrates.
Um diese Widersprüche zu entwirren, untersuche ich zunächst, wie die narrativen Techniken des *Gastmahls* im Dienst einer Vermittlung der Platonischen Philosophie stehen.

Philosophie und narrative Technik

Das Gastmahl ist eine brillante poetische Demonstration der Platonischen Philosophie: Der Text entwirft Erzählungen als schwache Schatten jener Ereignisse, von denen sie handeln – ebenso wie nach Platons Theorie der Ideen die Objekte in dieser Welt (wie z. B. die Stühle oder Tische in unseren Klassenräumen oder Häusern) nur verblasste Kopien einer ewigen Idee dieser Objekte sind. Die narrativen Techniken des *Gastmahls* spiegeln dieses philosophische Argument wieder, indem sie deutlich machen, dass noch nicht einmal Platons Dialog die Wahrheit vollständig abbilden kann. Der Text ist als Bericht konstruiert, den Apollodoros einem unbekannten Gesprächspartner über die Feier zu Ehren von Agathon gibt. Apollodoros' Bericht wiederum beruht auf den Erzählungen von Aristodemos, einem der Teilnehmer der Feier, der zuvor von der Veranstaltung berichtet hatte. Und weil Apollodoros bereits einige Tage zuvor einem anderen Gesprächspartner namens Glaukon eine Schilderung der Feierlichkeiten gegeben hatte, glaubt er, „auf das, wonach ihr mich fragt, nicht unvorbereitet zu sein" (5, 172a)[4] – nämlich vom „Treffen von Agathon, Sokrates und Alkibiades und den anderen, die damals bei dem Gastmahl zugegen waren", zu berichten und davon, „von welcher Art die Reden über den Eros waren." (5, 172b)

In der Eröffnungsszene des *Gastmahls* informiert Apollodoros seinen Gesprächspartner (und uns) sorgfältig darüber, dass er von Aristodemos über die Vorfälle unterrichtet wurde, einem von Sokrates' glühendsten Anhängern, der diesen – in der vorsichtigen Formulierung des Apollodoros – begleitet hatte, weil er „zu den hartnäckigsten damaligen Verehrern des Sokrates gehörte." (6, 173b) Mittels dieser narrativen Technik – ein Erzähler präsentiert einen Bericht, den er von einem anderen Erzähler gehört hat – ist der Dialog auf doppelte Weise von jenem Bankett distanziert, das in Agathons Haus in der zweiten Nacht nach seinem Sieg stattgefunden hat und das eigentliche Ereignis, den ‚Ursprung' der Darstellung bildet. Dieser zweifache Abstand (der sich in der ‚zweiten' Nacht wiederfindet) korrespondiert mit Platons Überzeugung, dass Kunstwerke eine zweifache Ableitung der Wahrheit darstellen, Kopien von Kopien sind. Dies, so argumentiert er beispielsweise im zehnten Buch der *Politeia*, sei ihre zentrale Schwäche.

Hätte Platon sich – wie in vielen anderen seiner Dialoge – für eine einfache dramatische Form entschieden, würde die narrative Konstruktion des *Gastmahls* seine Theorie der Ideen nicht auf diese spezifische Weise widerspiegeln. Der Dialog präsentiert das Wissen des Apollodoros über das Bankett nach Agathons Sieg als epistemologische Nachforschung in literarischer Form, in der durch eine komplexe Verkettung von Zeugnissen eine Art ‚ursprüngliche' Wahrheit übermittelt wird. Ein solches Wissen ist angewiesen auf die es speisenden Quellen, denen aber in einigen Fällen und aus unterschiedlichen Gründen nie vollständig getraut werden kann. Die Erzähler in Platons Text (und damit auch indirekt Platon selbst) geben offen zu,

4 Platon: *Gastmahl*. Alle Zitate aus dem *Gastmahl* sind in Klammern im Fließtext nachgewiesen.

dass ihre Erinnerungen nicht immer zuverlässig sind. Vor der ersten Lobpreisung des Eros durch Phaidros sagt Apollodoros sogar: „An alles, was jeder Einzelne sagte, erinnerte sich weder Aristodemos vollständig, noch ist mir alles erinnerlich, was er mir erzählte." (13, 178a) Nach der Wiedergabe von Phaidros' Rede fügt Apollodoros hinzu: „ Danach gab es noch einige weitere Reden, an die ich mich aber nicht mehr genau erinnern kann. Deshalb gebe ich jetzt die Rede des Pausanias wieder" (16, 180c). Platon gibt also offen zu, dass am Bankett Sprecher teilgenommen haben, die der von ihm komponierte Dialog überhaupt nicht berücksichtigt.

Folglich hat Platon einen Text geschrieben, dessen Erzähler Apollodoros nur bruchstückhaft über die Vorfälle während des Banketts berichten kann, während sein Wissen auf dem bereits ebenso bruchstückhaften Bericht des Aristodemos basiert. Wie bereits von vielen Kritikern hervorgehoben wurde, wird diese narrative Geste eines Rückgriffs auf frühere Quellen durch die Figur Sokrates wiederholt, der Diotimas Erläuterungen zu Eros zitiert und ihr Wissen auf diese Weise den um den Tisch versammelten Männern zugänglich macht. Dies erzeugt eine gewichtige Verschiebung in der Geschlechterhierarchie: Nachdem zu Beginn des Abends zunächst die Frauen verabschiedet worden waren, um den Männern das Gespräch über Eros zu ermöglichen, führt Sokrates eine Frau, nämlich Diotima, als ultimative Autorität des Wissens über Eros (wieder) ein. Da aber auch diese Ausführungen Teil von Apollodoros' Bericht sind, ist davon auszugehen, dass sie von der gleichen Unvollständigkeit geprägt sind wie der Bericht im Ganzen (also der geschriebene Dialog), der der Autorität bzw. Autorschaft Platons unterliegt. Wie ich darüber hinaus später zeigen werde, gibt es ein zusätzliches Detail in Sokrates' Bericht über seine Unterhaltung mit Diotima, das sowohl seine Glaubwürdigkeit als auch den philosophischen Kern des gesamten Dialogs in Frage stellt.

In beiden Fällen – sowohl Apollodoros' als auch Sokrates' Schilderungen dessen, was sie von anderen gehört haben – konzentriert sich Platon auf die Technik(en) der Vermittlung und problematisiert die Verlässlichkeit von mündlichen Berichten als Quelle von Wissen. Dieser Aspekt von Platons schriftlicher Inszenierung der Sokratischen Philosophie ist zu umfangreich, um hier im Detail untersucht werden zu können. Es ist mir an dieser Stelle aber trotzdem wichtig zu erwähnen, dass Eryximachos seinem Vorschlag, die Teilnehmer der Feier mögen durch Reden Eros preisen, hinzufügt: „Wenn auch ihr dieser Meinung seid, hätten wir wohl genügend Gesprächsstoff für unsere Unterhaltung." (12, 177d) Was Platon also in den Blick nimmt, ist nicht nur die mündliche Natur der Sokratischen Philosophie, sondern ein auf dem gesprochenen Wort basierendes Ereignis (eine ‚Unterhaltung'), das über eine komplexe narrative Kette vermittelt wird.

Platon rekonstruiert eine Situation, die neben dem ursprünglichen Bericht des Aristodemos auch dadurch Konturen erhält, dass Apollodoros die Einzelheiten der Erzählung in erneuter Rücksprache mit Sokrates überprüft hat (was einen interessanten Punkt aufwirft, auf den ich später zurückkomme). Apollodoros erwähnt außerdem, dass er Glaukon bereits einige Tage vor seinem Gespräch mit dem Unbekannten von dem Bankett erzählt habe. Zu diesem Zeitpunkt aber habe Glaukon bereits von einer anderen Person einen Bericht gehört, der wiederum auf den Schilderungen von jemandem namens Phoenix basierte. Und Phoenix hatte dieser namenlosen Person fälschlicherweise mitgeteilt, dass auch Apollodoros beim Festbankett des Agathon zugegen gewesen sei. Dies weist Apollodoros schnell mit der Bemerkung zurück, er sei zum Zeitpunkt des Banketts noch sehr jung gewesen. Platon hat seinen Text wiederholt mit solch kleinen Details durchsetzt, die die Aufmerksamkeit darauf lenken, dass Berichte nur unzuverlässige Verfahren der Annäherung sind. In vielen anderen Kontexten geht er auf entsprechende Weise davon aus, dass Kopien von Ideen nur unzuverlässige Annäherungen an eine wahre Natur der Ideen selbst seien. In diesem Sinne vermittelt *Das Gastmahl* eine ziemlich radikale Position: Es stellt die Praxis der Sokratischen Philosophie durch seine Darstellungspraxis in Frage, indem es auf die Unzuverlässigkeit jener mündlichen Berichte verweist, wie sie im Text zur Darstellung kommen.

Das Gastmahl präsentiert eine radikale Kritik mimetischer Repräsentation – nicht aber, wie besonders deutlich in der *Politeia*, mittels einer direkten philosophischen Kritik, sondern im Verweis auf die Grenzen von Darstellbarkeit. Platon unternimmt große Anstrengungen, um herauszustellen, dass alle Erzähler – inklusive Sokrates – nur dazu in der Lage sind, eingeschränkte oder gar verfälschte Berichte von den Ereignissen während des Banketts oder in Sokrates' Fall von seinem Treffen mit Diotima wiederzugeben. Diese narrative Technik zeigt nicht nur, dass literarische oder dramatische Darstellungen die Wahrheit weder vollständig zeigen noch enthüllen können, sondern dass auch philosophische Einsichten diesen Einschränkungen unterliegen. In Anlehnung an Platons eigene philosophische Vorstellungen zu Kunst und Mimesis ist der Bericht des Apollodoros – und um genau zu sein, besteht der Dialog eigentlich aus diesem Bericht – eine zweifach abgeleitete Kopie der realen Ereignisse während des Banketts. Platon zeigt also mit dem *Gastmahl* eigentlich, wie der Erwerb, die Reproduktion und die Weitergabe von Wissen auf eine narrative Genealogie angewiesen sind. Wie die Objekte in der Welt, so wie wir sie kennen, ihre Quelle oder ihren Ursprung in den ewigen Ideen haben, verweist diese narrative Genealogie auf eine Kette, die zurück zu einer Quelle oder einem Ursprung reicht, der aber niemals vollständig repräsentiert werden kann.

Diese von Platon im *Gastmahl* zu denken gegebenen Auffassungen von Genealogie und Ursprung haben gewichtige Folgen für dieses Buch. Friedrich Nietzsche und Walter Benjamin haben ebenso wie Bertolt Brecht auf unterschiedliche Weise darauf hingewiesen, wie tragische Dichtung, Theateraufführungen und auch Philosophie als diskursive Praktiken verstanden werden müssen. In *Die Geburt der Tragödie aus dem Geiste der Musik* wird die Geburt der Tragödie von Nietzsche als biologische Geburt verstanden. Benjamin verwendet Platons *Gastmahl* als Vorlage für jene epistemologischen Gründe, auf deren Basis er im gleichnamigen Buch die Ursprünge des deutschen Trauerspiels untersucht. Brechts Verständnis des epischen Theaters, wie es in seinem Aufsatz *Die Straßenszene. Grundmodell einer Szene des epischen Theaters* von 1938 entworfen wird, kommt schließlich jenem Entwurf einer Verkettung von Berichten oder Zeugnissen, wie diese im *Gastmahl* dargestellt wird, am nächsten. Nach Brecht beruht das epische Theater auf einer Situation, in der ein „Augenzeuge eines Verkehrsunfalls [...] einer Menschenansammlung [demonstriert], wie das Unglück passierte.“[5] In Platons Dialog werden die Vorfälle des Banketts von Aristodemos, dem direkten Zeugen, an Apollodoros weitergegeben, der nach einer Rückversicherung mit Sokrates

5 Bertolt Brecht: Die Straßenszene. Grundmodell einer Szene des epischen Theaters. In: Ders.: *Werke. Große kommentierte Berliner und Frankfurter Ausgabe*, Bd. 22.1. Berlin / Frankfurt am Main: Aufbau / Suhrkamp 1993, S. 370–381, hier S. 371.

als sekundärer Zeuge gesehen wird, ähnlich wie die Brecht'schen Zuschauer*innen von einem Augenzeugen lernen und dieses Wissen dann mit eigenen Kommentaren und Schlussfolgerungen an andere Zuhörer*innen weitergeben – nach Brecht mit dem Ziel, dass „die Umstehenden sich über den Unfall ein Urteil bilden können."[6]

Die sorgfältig konstruierte Eröffnungsszene des *Gastmahls*, welche die Genealogie des Berichts über das Bankett erforscht und untersucht, fungiert als Warnung: Obwohl der Text durch den Autor und die Autorität Platons abgesichert scheint, kann man den Details niemals vollständig trauen. In diesem Zusammenhang ist es sogar möglich, von einer ‚Platonischen Ironie' zu sprechen, mit der er Sokrates zwar als Quelle philosophischer Wahrheit präsentiert, zugleich aber seine eigene Verlässlichkeit durch die komplexe narrative Technik der mündlichen Vermittlung in Frage stellt. Wie ich sogleich detailliert untersuchen werde, spitzt sich diese radikale Ambiguität, ja Unbestimmbarkeit zwischen dem tatsächlich Vorgefallenen und den bewusst gemachten darstellerischen Beschränkungen des Platonischen Dialogs im letzten Teil des *Gastmahls* zu.

Nach dem kriminalistischen Beginn nimmt der Text eine dramatische Form an, in der die beim Bankett gehaltenen Reden als direkte Zitate präsentiert werden. In diesem Teil des Texts, in dem die dialogische Form in einem gewöhnlichen Sinne benutzt wird und die Reden der vermutlich anwesenden Teilnehmer des Banketts direkt wiedergegeben werden, stellt sich die Frage der Verlässlichkeit nicht mehr mit der gleichen Dringlichkeit wie in der Eröffnungsszene. Der Abschluss des Dialogs aber, in dem Apollodoros als im Text präsenter Erzähler zurückkehrt, reaktiviert die Frage der Verlässlichkeit durch eine direkte Konfrontation zwischen Philosophie und Theater – dieses Mal nicht nur auf einer strukturellen oder narrativen Ebene, sondern durch die Auseinandersetzung von Sokrates mit den beiden Theaterautoren.

6 Brecht: Die Straßenszene, S. 371.

Der Abschluss des *Gastmahls*

Das Gastmahl endet mit einer Diskussion zwischen Sokrates, Agathon und Aristophanes über dramatische Dichtung.[7] Genau wie die Gesamtheit der Lobreden ist auch diese Diskussion nicht vollständig wiedergegeben. Platon kehrt hier wie zu Beginn des Dialogs zu einer erzählenden Form zurück – allerdings mit einer zusätzlichen Wendung. Wir erfahren über das Gespräch nämlich tatsächlich kaum etwas, außer dass es in den frühen Morgenstunden stattgefunden hat – nachdem der formale Teil des Banketts mit den Lobreden abgeschlossen ist, Alkibiades seinen leidenschaftlichen Angriff auf Sokrates vorgetragen hat und die meisten Gäste bereits gegangen sind. Diese Diskussion, in der Sokrates Agathon und Aristophanes „nötigte zuzugeben, dass es die Aufgabe ein und desselben Mannes sei, sich auf die Dichtung von Komödie und Tragödie zu verstehen, und dass der professionelle Tragödiendichter auch Komödiendichter sein solle“ (78, 223d), stellt das große Finale einer intensiven Nacht der Reden und Auseinandersetzungen dar. Und diese Konfrontation ist ebenso zentral für meine Lesart dieses Platonischen Dialogs wie für die in diesem Buch untersuchten Begegnungen von Philosophen und Theatermachern.

Apollodoros gibt offen zu, dass sein Bericht von diesem Gespräch zwischen dem Philosophen und den zwei Theaterautoren in den frühen Morgenstunden unvollständig ist, denn Aristodemos „wurde vom Schlaf übermannt und habe sehr lange geschlafen, da die Nächte damals lang waren. Kurz vor Tagesanbruch wachte ich auf, als schon die Hähne krähten.“ (78, 223b, c) Aristodemos, so Apollodoros, habe dann feststellen müssen, dass er nur Eckpunkte der Sokratischen Ausführungen vernommen habe. „An die Themen der Unterhaltung erinnere ich mich nicht mehr, denn ich war nicht von Anfang an dabei und bin wieder ein wenig eingenickt.“ (78, 223d) Trotzdem berichtet

7 Das Ende von Platons Dialog hat umfangreiche Kritik von Philosoph*innen und Philolog*innen sowie Literaturwissenschaftler*innen für seine rätselhafte und nicht aufgelöste Ironie erhalten. Ich möchte hier folgende Beispiele anführen: Diskin Clay: The Tragic and Comic Poet of *The Symposium*. In: *Arion New Series* 2,2 (1975), S. 238–261; Charles Kahn: *Plato and the Socratic Dialogue: The Philosophical Use of a Literary Form*. Cambridge: Cambridge UP 1996; Frisbee C. C. Sheffield: *Plato's "Symposium": The Ethics of Desire*. Oxford: Oxford UP 2006; außerdem Ruby Blondell: *The Play of Character in Plato's Dialogues*. Cambridge: Cambridge UP 2002.

Aristodemos Apollodoros, dass Sokrates von Agathon und Aristophanes die Zustimmung erringen wollte, dass ein Autor sowohl Komödien als auch Tragödien verfassen können sollte. „Zu diesem Eingeständnis genötigt, nickten sie – nicht mehr richtig in der Lage zu folgen – ein. Zuerst schlief Aristophanes ein und, als der Tag schon heraufzog, auch Agathon." (78, 223d)

Dies ist eine bemerkenswerte Passage: Die Diskussion über die beiden dramatischen Genres zwischen Sokrates, dem Philosophenhelden des Platonischen Dialogs, und den beiden Autoren – Agathon, dem erfolgreichen und offensichtlich sehr attraktiven Tragiker, und Aristophanes, dem berühmten Komödienautor – ist völlig vernebelt durch eine Mischung aus Alkohol und Müdigkeit. Weder Aristodemos, auf dessen Zeugnis Apollodoros' (und unser) Wissen dieses Ereignisses schlussendlich beruht, noch die beiden Theaterautoren, denen Sokrates Rede gilt, hören tatsächlich seine Überlegungen und damit die Gründe seiner Forderungen.[8]

Dieser Mangel an Information über die finalen Geschehnisse am Ende des Banketts kurz vor Sonnenaufgang kontrastiert die Eröffnungspassage des *Gastmahls,* in der Platon sehr viel Wert auf die Tatsache legt, dass der Bericht, den Apollodoros von Aristodemos erhalten hat, angeblich auf genauen Beobachtungen der Geschehnisse basiert. Erst später erfahren wir dann, dass Aristodemos sich gar nicht an alles erinnern kann und auch nicht alle Reden während der Feierlichkeiten wiedergibt. Stattdessen werden wir über den bedeutsamen Umstand informiert, dass Aristodemos während der frühen Morgenstunden und während Sokrates' Diskussion mit den beiden Autoren über Tragödie und Komödie eingeschlafen war. In diesem Fall aber hätte Apollodoros die fehlenden Informationen in seinem Gespräch mit Sokrates erfragen können. Denn obwohl Apollodoros ursprünglich nicht von Sokrates über das Bankett informiert wurde, hatte er – nach seiner

8 Wir wissen von Agathon relativ wenig und keine seiner Tragödien ist überliefert. Allerdings erscheint er ebenso wie Euripides in Aristophanes' *Die Thesmophoriazusen*, während Sokrates einen Auftritt in *Die Wolken* hat. Für eine umfangreiche und erhellende Analyse von Agathons' Charakter in einem theatralen Kontext vgl. Anne Duncan: *Performance and Identity in the Classical World*. Cambridge: Cambridge UP 2006, Kap. 1; Froma Zeitlin: Travesties of Gender and Genre in Aristophanes' *Thesmophoriazusae*. In: *Critical Inquiry* 8,2 (1981), S. 301–327. In diesem Aufsatz werden die Verbindungen von Tragödie und Komödie diskutiert, allerdings ohne direkten Bezug auf das *Gastmahl*.

Begegnung mit Aristodemos – „auch Sokrates schon einige Male nach dem gefragt, was ich von jenem gehört hatte, und der bestätigte mir, dass es so gewesen sei, wie jener es erzählt hatte." (6, 173b) Platon unternimmt große Anstrengungen um die Leser*innen davon zu überzeugen, dass Apollodoros alle Einzelheiten verlässlich wiedergibt. Dieser hat zumindest Teile seines Berichts im Gespräch mit Sokrates überprüft, was bedeutet, dass Apollodoros' Schilderung primär auf dem basiert, was er direkt von Aristodemos gehört hat. Allerdings ist die Platonische Fiktion so konstruiert, dass Sokrates die Geschichte von Aristodemos lediglich bestätigt, aus unbekannten Gründen aber keine zusätzlichen Informationen über seine Diskussion mit den beiden Theaterautoren geliefert hat.

Wenn Platon gewollt hätte, dass Apollodoros etwas über Sokrates' Ausführungen zum Verhältnis von Tragödie und Komödie hätte berichten können, während denen die Autoren und Aristodemos tief und fest schliefen, hätte er Sokrates die Möglichkeit geben können, diese Informationen auf Apollodoros' Nachfragen hin zu ergänzen. Platon hat sich also offenbar entschieden, die Einzelheiten dieser finalen Diskussion über Komödie und Tragödie vor Apollodoros (und uns) zurückzuhalten – die Tatsache spiegelnd, dass auch Aristophanes und Agathon zu müde waren, um Sokrates Argumentation zu folgen. So bleibt uns nichts außer dem Wissen, dass diese wichtige Unterhaltung stattgefunden hat und was die zentrale Forderung an die Autoren von Komödien und Tragödien war. Als Autor des *Gastmahls* diskreditiert Platon hier sogar implizit seine Figur Sokrates, die Apollodoros nicht mit Ergänzungen versorgt hat.

Der Platonische Dialog versteckt also ganz bewusst etwas, das zugleich entscheidend für das Verständnis jener größeren Zusammenhänge ist, die hier aufgeworfen werden. Was genau nämlich sagt Sokrates zu den beiden Theaterautoren, als sowohl diese als auch Aristodemos zu müde und/oder zu betrunken sind, um zuzuhören? Und warum entfernt Platon diese Details auf so vorsichtige und raffinierte Weise aus den finalen Momenten des Dialogs, die doch den Triumph von Sokrates über die beiden Theaterautoren darstellen? Das Ende des *Gastmahls* ist wie das Finale einer Serie von aufeinanderfolgenden und sich überlappenden Wettstreiten konzipiert, und auch in diesem Fall – in der Diskussion mit den Theaterautoren wie zuvor im Wettbewerb der Lobpreisungen von Eros – ist Sokrates der Sieger: Er bringt ein

Argument, das die beiden Autoren sowohl intellektuell und kreativ als auch physisch niederringt. Er bleibt wach, während sie in Schlaf verfallen.

Sokrates besitzt also sowohl die intellektuelle Kapazität wie die physische Kraft, seine Gegner auf allen Ebenen zu bezwingen. Er nimmt sich das Recht, den beiden Theaterautoren zu erklären, dass jeder von ihnen das Handwerk des anderen zu beherrschen habe. Dadurch aber entsteht durch das *Gastmahl* der Eindruck, dass es eigentlich Sokrates selbst ist, der weiß, wie Tragödie und Komödie in einem allumfassenden, nämlich philosophischen Diskurs verbunden werden können. Auch wenn es im Dialog nicht explizit ausgesprochen wird, impliziert das *Gastmahl*, dass die Sokratische Philosophie in Form wie Inhalt dazu fähig sei, tragische und komische Elemente zu vereinen, während die jeweils nur auf ein Genre bezogene Arbeit der Theaterautoren mangelhaft sei. Und das ist augenscheinlich auch der zentrale Punkt von Sokrates' Vortrag. Die Zusammenführung von zwei unterschiedlichen und getrennten Teilen in die ‚androgyne Totalität' des philosophischen Diskurses – ich werde darauf zurückkommen – stellt darüber hinaus eine Auseinandersetzung mit Aristophanes' Rede dar.

Sokrates spricht im *Gastmahl* zu den schlafenden Theaterautoren über die Vereinigung von Komödie und Tragödie. Dieser Streitpunkt, über dessen Einzelheiten wir im Dunkeln gelassen werden, steht den Sokratischen Ausführungen zu Dichtung und Drama in der *Politeia* diametral entgegen. Dennoch scheint die Möglichkeit außer Frage zu stehen, dass Aristodemos Sokrates' zentralen Punkt missverstanden haben könnte. Es ist daher schwer zu verstehen, warum sich Sokrates in der *Politeia* (als Erzähler auch dieses Dialogs) mit folgenden Worten selbst zitiert:

> Daß hat also gute Wege, daß jemand sich zugleich irgendeines würdigen Geschäftes befleißigen, und dabei noch vielerlei darstellen und im Darstellen ein Künstler sein sollte; da ja nicht einmal zweierlei Darstellungen, die einander doch nahe genug zu stehen scheinen, dieselbe Person gut darstellen können, wie Komödien und Tragödiendichter. [...] Auch nicht Rhapsode und Schauspieler ist ja jemand zugleich. [...] Ja auch nicht einmal dieselben Schauspieler haben sie in der Komödie und in der Tragödie. [...] Und in noch kleinere Teile als diese, o Adeimantos, scheint mir die menschliche Natur zerstückelt zu sein, daß einer unfähig ist vielerlei schön

> darzustellen, eben so wenig als jenes zu verrichten wovon eben Darstellungen sollen Abbilder sein.[9]

Äußerungen wie diese – von denen es in der *Politeia* sowie in anderen Platonischen Dialogen viele gibt – sind Ausdruck einer Animosität gegenüber den Künsten, gegenüber dem Theater und im besonderen gegenüber der Kunst des Schauspielens. Sie sind viel deutlicher als im *Gastmahl*, in dem Theater viel eher gefeiert als kritisiert wird.[10] Im zehnten Buch der *Politeia* argumentiert Sokrates dafür, dass Dichtung aus dem idealen Staat zu verbannen sei, und fordert seine Leser*innen auf: „Wir wollen ihr aber zureden, daß sie uns nicht einer Härte und Unartigkeit zeihe, weil ja ein alter Streit ist zwischen der Philosophie und der Dichtkunst."[11] Zugleich aber fährt er fort:

> Dennoch sei ihr gesagt, daß wir ja, wenn nur die der Lust dienende Dichtung und Nachbildnerei etwas anzuführen weiß, weshalb auch ihr ein Platz zukomme in einem wohlverwalteten Staate, sie mit Freuden aufnehmen würden, da wir es uns bewusst sind, wie auch wir von ihr angezogen werden.[12]

Es ist schwierig, dieser Ambivalenz gegenüber den Künsten ihren Raum zu geben.[13]

Sowohl *Das Gastmahl* als auch die *Politeia* entwerfen eine nächtliche Szene des Philosophierens, die stattfindet, nachdem die zentralen Teilnehmer an einem (Theater-)Festival teilgenommen haben. Im Falle der *Politeia* haben die Protagonisten dafür eine Reise unternommen, von der sie zurückkehren. Im *Gastmahl* wird Agathons Sieg bei den

9 Platon: *Politeia. Sämtliche Werke in 10 Bänden*, Bd. 5, hrsg. v. Karlheinz Hülser nach d. Übers. v. Friedrich Schleiermacher. Frankfurt am Main / Leipzig: Insel 1991, S. 205, III, 394e–395b.

10 Einen allgemeinen historischen Überblick für diese Position bietet Jonas Barish: *The Anti-theatrical Prejudice*. Berkeley: University of California Press 1981.

11 Platon: *Politeia*, S. 751, X, 607b.

12 Ebd., S. 751, X, 607c.

13 ‚Kunst', ‚Dichtung', ‚Drama' und ‚Theater' sind wiederkehrende und oft synonym verwendete Begriffe bei Platon. Es besteht allerdings kein Zweifel daran, dass ‚Theater' und ‚Schauspiel' die zwei zentralen künstlerischen Ausdrucksformen sind, die Platon am vehementesten angreift. Ich lege es in meiner Arbeit allerdings nicht darauf an, einen geordneten Überblick über Platons Terminologie zu bieten.

Theaterfestspielen der Lenäen gefeiert. Obwohl die Haltung gegenüber den Künsten in den beiden Texten aus offensichtlichen Gründen erheblich voneinander abweicht, verbinden sowohl *Gastmahl* als auch *Politeia* den Besuch bei einem Festival mit einer philosophischen Diskussion über Kunst und Theater. Die Verbindung eines Festivalbesuchs mit dem Philosophieren stärkt die semantischen Familienbande zwischen *theoria* und *theatron*. Andrea Wilson Nightingale erläutert, dass

> die Denker des vierten Jahrhunderts in dem Versuch, die theoretische Philosophie zu konzeptualisieren und legitimieren, sich auf eine spezifische bürgerliche Institution berufen haben: Die Griechen nannten sie *theoria*. Die Praxis der *theoria* bestand darin, dass sich ein Individuum (das *theoros* genannt wurde) auf eine Pilgerreise begab, um bestimmten Ereignissen oder Aufführungen beizuwohnen.[14]

Das heißt also eigentlich, dass die Entwicklung des Philosophierens als diskursiver Praxis eine Folge von Theaterbesuchen und von Reisen ist, die man zu diesem Zweck unternommen hat. Die Überlegung, dass Theatererfahrung(en) und die Szene des Philosophierens durch eine Reise verbunden sind, die man gemacht hat oder auf der man sich noch befindet, ist zentral für die vorliegende Studie im Ganzen; sie ist ihr Substrat.

Sowohl *Das Gastmahl* als auch die *Politeia* sind durch einen Erzähler wiedergegeben, so dass die Leser*innen die Ereignisse nicht direkt verfolgen können (wie in einem dramatischen Text). An ihre Stelle tritt ein Bericht, in dem Ereignisse durch die vermittelnde Folie eines Erzählers überliefert werden. Wie bereits ausführlich untersucht, war Apollodoros, der Erzähler des *Gastmahls*, bei der Veranstaltung gar nicht anwesend, von der er seinem Gesprächspartner und den Leser*innen des Dialogs berichtet. In der *Politeia* hingegen ist es Sokrates selbst, der ‚uns' erzählt, wie eine Gruppe von Personen sich im Hause von Glaukon versammelt. Es könnte sich sogar um denselben Glaukon handeln, dem Apollodoros im *Gastmahl* schon einige

14 Andrea Wilson Nightingale: *Spectacles of Truth in Classical Greek Philosophy: Theoria in Its Cultural Context*. Cambridge: Cambridge UP 2004, S. 3 (Übers. M.Z.).

Tage vor seinem unbekannten Gesprächspartner (und uns) von dem Bankett zu Ehren von Agathons Sieg erzählt hat. In der *Politeia* ist Sokrates sowohl der Erzähler als auch der Hauptcharakter des Dialogs. Das heißt, dass es in der *Politeia* anders als im *Gastmahl* nicht möglich ist, eine Situation zu kreieren, in der die Begründungen eines wichtigen Arguments wie „dass es die Aufgabe ein und desselben Mannes sei, sich auf die Dichtung von Komödie und Tragödie zu verstehen" hinter einem Schleier aus Rausch und Müdigkeit verborgen werden können.
Zu diesem Thema gibt es in Platons *Gesetze* eine direkte Referenz. Hier argumentiert der die Diskussion anführende Athener fast auf die gleiche Weise wie Sokrates am Ende des *Gastmahls*:

> Beides (nicht bloß das Ernste, sondern auch das Lächerliche) selbst in Ausübung zu bringen wird eben so wenig zulässig sein, wenn anders man auch nur einen geringen Grad von Tugend zu erreichen gedenkt. Vielmehr ist gerade deswegen auch die Kenntnis des Lächerlichen notwendig, um nicht selber aus Unwissenheit in Rede oder Tat etwas Lächerliches zu begehen, wo es doch gar nicht nötig wäre, und daher sind die Darstellungen desselben vielmehr Sklaven oder gemieteten Fremdlingen aufzutragen, wogegen ein ernstes Bemühen nie auch nur im Geringsten darauf verwandt werden [...] darf.[15]

Der Sprecher betont zwar die Notwendigkeit, sich nicht nur mit dem Tragischen, sondern auch mit dem Komischen vertraut zu machen, aber *nicht* zum Zwecke ihrer Verbindung, und steht somit also im Gegensatz zu dem, was Sokrates anscheinend am Ende des *Gastmahls* vorschlägt. In den *Gesetzen* ist das Argument, dass Sklaven und angemietete Fremdlinge ‚solche Dinge' lernen sollen, um an ihre Wertlosigkeit erinnert zu werden.

15 Platon: *Nomoi. Sämtliche Werke in zehn Bänden*, Bd. 9, hrsg. v. Karlheinz Hülser nach d. Übers. v. Friedrich Schleiermacher. Frankfurt am Main / Leipzig: Insel 1991, S. 583, 816e.

Wettstreit, *agon*

Die Platonischen Dialoge integrieren dramatisch-theatrale Formen des Schreibens in den philosophischen Diskurs – und es ist in diesem Zusammenhang unwichtig, ob es sich um die Positionen von Platon oder von Sokrates handelt –, obwohl sie immer wieder dafür argumentieren, die Künste (und speziell das Theater) aus dem idealen Staat zu verbannen. Aus diesem Grund können die Äußerungen über Drama und Theater nicht frei von Widersprüchen sein.[16] Diese Ambivalenzen oder Ambiguitäten der diskursiven Praktiken des Philosophierens und Theaterschaffens stellen aber nur eine partielle Erklärung jener wiederkehrenden Dilemmata dar, die in Platons Dialogen aufgeworfen werden. Im *Gastmahl* werden die Wechselbeziehungen zwischen den diskursiven Praktiken durch ein vielschichtiges Gefüge aus Wettbewerben ausgelöst, beginnend mit der Konkurrenz der Theaterautoren im Rahmen des Festivals der Lenäen, die sich in dem Wettstreit der Bankettteilnehmer um die beste Lobrede fortsetzt. Und dieser Wettstreit setzt in der Folge eine Konkurrenz der unterschiedlichen Wettbewerbe in Gang, die eine Art Meta-Wettstreit hervorbringen: Während die Gäste untereinander konkurrieren, inszeniert Platon Sokrates und Agathon/Aristophanes als Repräsentanten der Diskurspraktiken von Philosophie und Theater, die miteinander im Wettstreit liegen.

Der Wettstreit oder der *agon* – in der klassischen griechischen Kultur die konkurrierende Demonstration von Fähigkeiten in allen Disziplinen, die vom Boxen über das Flötenspiel bis hin zum Erringen erotischer Gefälligkeiten reicht – kann auch durch die Wechselrede zwischen Figuren in einem Stück eröffnet werden, die durch ihre Argumentationen Handlung vorantreiben. Das Prinzip Wettstreit kann uns dabei helfen, Licht auf die Beziehung zwischen philosophischen und theatralen Diskurspraktiken zu werfen. Im *Gastmahl* kann die Begegnung von Philosophie und Theater/Performance als *agon* beschrieben werden, in dem die performativen Aspekte von Philosophie und philosophischem Denken hervorgehoben werden. Platons Sokrates praktiziert Philosophie in einem konkurrierenden Geiste und ist offenbar der ultimative Sieger aller Wettbewerbe, die im

16 Beispiele hierfür sind James Arieti: *Interpreting Plato: The Dialogues as Drama*. Savage: Rowman & Littlefield 1991; Max Statkiewicz: Platonic Theater: Rigor and Play in the *Republic*. In: *MLN* 115 (2000), S. 1019–1051.

Dialog dargestellt werden: den intellektuellen ebenso wie den physischen. Während seines glorreichen Siegeszugs gerät er jedoch zugleich ins Straucheln.

Das Gastmahl besteht aus einem engmaschigen Netz der Wettbewerbe. Agathons Sieg im öffentlichen Wettstreit der Theaterautoren wird mit einem zweiten, häuslichen Wettstreit gefeiert, in dem die Teilnehmer um die beste Lobpreisung von Eros konkurrieren. Im Zentrum beider Wettbewerbe steht der Einsatz gesprochener Sprache. Sie bilden das performative Rückgrad von Platons Dialog und reflektieren damit einen wichtigen Aspekt dieser kulturellen Lebenswelt, in der das Wettstreiten – nicht nur mit physischer Kraft im Sport oder Krieg sondern auch als intellektuelle Fähigkeit, insbesondere im Gebrauch von Sprache als Instrument zur Beeinflussung und Überzeugung – sich zu einer zentralen Form von Ausdruck und Kommunikation entwickelt hat. Dem Wettstreit der Theaterautoren und der Konkurrenz um die beste Rede fügt *Das Gastmahl* einen Meta-Wettbewerb hinzu, der den „alten Streit zwischen Philosophie und Dichtkunst" in den Vordergrund rückt und in dramatischer Form präsentiert. Zwischen dem Wettkampf der Theaterautoren und den Lobpreisungen siedelt Platon also noch einen anderen *agon* an: den von Dramatik und Theater. Das letzte philosophische Argument, das Sokrates in seinem Bericht von der Unterhaltung mit Diotima anführt, leitet den ‚Showdown' in diesem Wettstreit ein, in welchem er den beiden erschöpften Autoren die Begrenzung ihrer individuellen Fähigkeiten vorwirft: Sie können eben nur entweder Tragödien oder Komödien verfassen.

Das Gastmahl kann als vielschichtiger Ausdruck dieses vom Wettbewerb bestimmten Geistes gelesen werden, den der Text selbst in Form und Inhalt als Wettstreit von Philosophie und Dramatik in Szene setzt. Der dramatische Text krönt Sokrates zum ultimativen Sieger sämtlicher Wettbewerbe, auch dem zwischen Dichtung und Philosophie, da sein philosophischer Diskurs offenbar im Stande ist, zwei getrennte Genres zu verbinden. Bei diesen vielschichtigen Beziehungen, die durch die unterschiedlichen Wettstreite gestiftet werden und die sich graduell zu dem Punkt verdichten, den ich als ‚Showdown' am Ende des Dialogs beschrieben habe – Sokrates stellt die Beschränkungen der beiden Dramatiker heraus –, handelt es sich um wichtige, aber bisher ungenügend beachtete Dimensionen von Performativität. Tatsächlich ist ein Wettstreit in all seinen Formen ein wichtiger Schauplatz des Performativen. Im *Gastmahl* werden die existierenden

Formen des dramatischen *agon* als beschränkt kritisiert, nämlich immer nur als entweder tragisch oder komisch, zugleich aber präsentiert der Dialog eine diskursive Methode, mit diesem Verständnis in einen Wettstreit zu treten – und zwar durch den philosophischen Diskurs, der von Sokrates dramatisch figuriert wird. Die Form des *Gastmahls* impliziert einen solch vielschichtigen Diskurs des *agon*.[17]

Es gibt allerdings keine öffentliche Ankündigung, dass die um den Tisch versammelten Gäste durch ihre Lobreden auf Eros miteinander in Konkurrenz treten. Niemand spricht offen aus, dass ein Wettkampf stattfinden wird. Aber Eryximachos deutet das zweifellos an, wenn er – Phaidros zitierend – auf einen allgemeinen Mangel an Lobpreisungen von Eros verweist und deshalb vorschlägt, ein jeder solle „von uns rechtsherum eine Lobrede auf Eros halten, so schön er es vermag." (12, 177d) Erst Sokrates weist tatsächlich explizit darauf hin, dass alle Reden Teil eines Wettkampfs sind. Nachdem Aristophanes Eros mit seiner Geschichte der drei Formen der vierbeinigen Kreaturen gehuldigt hat, sagt Eryximachos, der zusammen mit Phaidros in die Rolle eines ‚Schiedsrichters' getreten ist: „Und wenn ich mir nicht bewusst wäre, dass Sokrates und Agathon sich in Liebesdingen auskennen, hätte ich große Angst, dass sie um Worte verlegen sein werden, weil schon vieles und Vielfältiges gesagt wurde." (35, 193e) Nachdem er angefügt hat, dass er sich aber sicher ist, dass sie wohl noch etwas zu sagen finden werden, erwidert Sokrates: „Du hast dich ja selbst auch gut geschlagen[18], Eryximachos. Wenn du aber da wärest, wo ich jetzt bin, oder vielleicht eher, wo ich sein werde, wenn auch Agathon gut gesprochen hat, dann hättest du wohl große Angst und wärest in größerer Verlegenheit, genau wie ich jetzt." (35, 194a) Dieser sorgfältig temperierte ironische Kommentar kündet von Sokrates' Wunsch, Sieger eines Wettkampfs zu werden.

Agathon erwidert, dass Sokrates' Worte zweifellos das Ziel hätten, ihn noch nervöser zu machen. Sokrates reagiert auf diesen Kommentar mit einem direkten Vergleich des Wettstreits der Lobreden mit dem

17 Siehe hierzu P. W. Harsch: Plato Symposium 194B and a Raised Position in the Theater. In: *Classical Philology* 4,22 (1949), S. 116–117; Richard Hunter: *Plato's Symposium*. Oxford: Oxford UP 2004.

18 Der hier verwendete griechische Begriff *agônizomai* lässt sich mit „um einen Preis konkurrieren" übersetzen.

Wettstreit der Dramatiker einige Tage zuvor, dessen Sieger Agathon gewesen ist:

> Ich wäre doch wohl sehr vergesslich, Agathon, [...] wenn ich, nachdem ich deinen Mut und dein Selbstverstrauen gesehen habe, als du mit den Schauspielern auf die Bühne stiegst, einem so großen Publikum in die Augen schautest [...], wenn ich jetzt also glaubte, du würdest wegen uns wenigen Leuten durcheinanderkommen. (35, 194b)

Darauf antwortet Agathon: „Du glaubst doch wohl nicht, dass ich so vom Theater besessen bin, dass ich nicht wüsste, dass einem, der Verstand hat, wenige kluge Leute mehr Furcht einflößen als viele dumme?" (36, 194b) Da auch dieser Schlagabtausch von Sokrates und Agathon Teil des *agon* ist, antwortet Sokrates auf die Schmeichelei von Agathon mit der ironischen Nachfrage, ob Sokrates für ihn denn nicht auch Teil der ‚Dummen' sei, denn „wir waren ja auch dort anwesend und gehörten zur großen Masse." (36, 194c) An dieser Stelle nun interveniert Phaidros mit der Bitte, Agathon möge seine Rede beginnen, denn „wenn du dem Sokrates antwortest, wird es für ihn überhaupt keine Rolle mehr spielen, auf welche Weise auch immer was auch immer hier geschieht, wenn er nur jemanden hat, mit dem er sich unterhalten kann, noch dazu jemand, der so schön ist." (36, 194d) Obwohl es angeblich Phaidros ist, der sich auf diese Weise einmischt, impliziert dieser Kommentar auch eine Kritik Platons an Sokrates, der durch seine wiederholten Kommentare und Unterbrechungen den Wettstreit der Reden manipuliert. Diese Manipulationen sind integraler Bestandteil des Wettstreits selbst.

Alkibiades, der ja erst eintrifft, nachdem Sokrates seine Rede bereits gehalten hat, und ergo während dieser kurzen Diskussion gar nicht anwesend war, ist sich der wetteifernden Persönlichkeit von Sokrates ebenfalls tief bewusst. Weil er bei seiner Ankunft sehr betrunken ist und ihm die Kranzbänder, die er trägt, „vor seinen Augen hingen" (62, 213a), bevor er sie schließlich Agathon aufsetzt, bemerkt er Sokrates' Anwesenheit unter den Gästen zunächst nicht. Einige Zeit nach seinem dramatischen Auftritt stellt er jedoch fest, dass Sokrates ebenfalls zugegen ist und sogar neben ihm sitzt, woraufhin er Agathon bittet, ihm den Kranz zurückzugeben, den er ihm zu seinem Sieg geschenkt hat:

> Gib mir von den Bändern wieder etwas ab, damit ich auch sein [Sokrates', M. Z.] wunderbares Haupt umwinde und er mir nicht vorwirft, dass ich dich bekränzt habe, ihn aber, der mit seinen Reden alle Menschen besiegt – nicht nur einmal, wie du vorgestern, sondern immer –, nicht bekränzt habe. (63, 213e)

Alkibiades bringt hier zum Ausdruck, dass Sokrates seine philosophischen Argumentationen lieber durch alltägliche Wortgefechte gewinnt als im begrenzten Rahmen eines dramatischen Wettstreits. Auf diese Weise lenkt er die Aufmerksamkeit auf den Kampf zwischen diesen beiden Wettbewerben, die das performative Rückgrad des Platonischen Dialogs bilden.

All dies, so Alkibiades, sei motiviert von Eifersucht. „Seit der Zeit, da ich mich in ihn [Sokrates, M. Z.] verliebt habe, ist es mir nicht mehr möglich, auch nur einen einzigen Schönen anzuschauen oder mich mit ihm zu unterhalten, ohne dass er hier voller Eifersucht und Missgunst erstaunliche Dinge anstellt" (63, 213d). Und bevor er zu seiner eigenen Rede ansetzt, stellt Alkibiades fest, „einen betrunkenen Mann gegen die Rede von Nüchternen antreten zu lassen, ist wohl nicht ganz fair." (65, 214c) Eryximachos schlägt als Lösung dieses Problems vor, „wenn du willst, lobe den Sokrates" (65, 214d). In seinem theatralen, ‚dionysischen' Zustand möchte Alkibiades die Wahrheit über Sokrates enthüllen, verwandelt ihn so aber in eine göttliche Figur, einen höchsten Vertreter von Eros selbst. Sokrates ist also nicht nur der Sieger aller verbalen Auseinandersetzungen, sondern er wird auch noch in genau jene göttliche Figur verwandelt, welche alle anderen zuvor gelobt haben und die er, unter Zuhilfenahme von Diotima, implizit als Verkörperung seines eigenen Strebens entworfen hat: ein philosophischer Eros.

Alle Wettbewerbe im *Gastmahl* sind außerdem eng verwoben mit Agathons und Alkibiades' Konkurrenz um die erotische Aufmerksamkeit von Sokrates, der sich von diesem Wettstreit allerdings distanziert. Alkibiades beschuldigt den Philosophen nach seinem dramatischen Auftritt und der Entdeckung, dass Agathon neben Sokrates liegt, wie üblich mit ihm zu spielen: „Sokrates hier? Hast du dich wieder auf die Lauer nach mir gelegt, wie du ja schon immer gewohnt bist, plötzlich da aufzutauchen, wo ich dich am wenigsten vermuten würde?" (63, 213c) Es ist aber eigentlich Alkibiades, der unerwartet aufgetaucht ist und zu wissen verlangt: „Warum bist du jetzt hier und warum hast du dich gerade hierhin gelegt? Denn du liegst nicht bei Aristophanes und nicht bei einem anderen, der ein Witzbold ist oder sein will, sondern hast es so eingerichtet, dass du beim Schönsten von den Leuten hier drinnen zu liegen kommst." (63, 213c) Seine folgende Rede ist eine Litanei von Vorwürfen gegen Sokrates, weil dieser auf Alkibiades' wiederholte Verführungsversuche nicht eingegangen ist. Verführung und Lobrede werden zu zwei Seiten einer Medaille, allerdings mit diametral entgegengesetzten Zielen.

Die zu Beginn des *Gastmahls* von Pausanias gehaltene Rede über den Ausdruck und die Praktiken erotischer Beziehungen zwischen Männern bildet hier die Basis für das Verständnis:

> Unser Brauch [die komplexen Konventionen im Athen dieser Zeit, welche die Beziehungen zwischen Männern regeln] verlangt also, die Leute gut und gründlich zu prüfen und den einen zu Willen zu sein, die anderen aber zu meiden. Deshalb befiehlt er den Liebhabenden, die Geliebten zu verfolgen, den Geliebten aber, zu fliehen, indem er als Kampfrichter entscheidet und prüft, zu welcher der beiden Arten der Liebende und zu welcher der Geliebte gehört. (21, 184a)

Es ist also nicht überraschend, dass Sokrates seine Mitstreiter beständig testet und schließlich das *Gastmahl* in jenen Wettstreit mit den Theaterautoren gipfelt, den Sokrates selbst initiiert und in dem er ihre tragischen wie komödiantischen Autorenfähigkeiten als mangelhaft charakterisiert.

Das Sokratische Argument im letzten Teil des *Gastmahls* ist entscheidend für unser Verständnis dieser Reihe von Wettkämpfen. Wie ich bereits ausgeführt habe, bedient sich Platon einer narrativen Technik, welche die argumentativen Einzelheiten von Sokrates' finalem Sieg durch eine komplexe Verschachtelung von Berichten unterdrückt. Aus diesem Grund lässt sich lediglich mutmaßen, was denn tatsächlich Sokrates zentraler Punkt ist. Für mich – und ich habe diese Überlegungen schon dargelegt – scheint Sokrates' Argument zu sein, dass nur der Philosoph, der die ganze und vollständige ‚Wahrheit' (was auch immer das heißen mag) sucht, sowohl das Tragische als auch das Komische verstehen und erfassen kann.

Platon hat seinen Dialog so gestaltet, dass der Philosoph Sokrates die Fähigkeit hat, tragische und komische Ausdrucksweisen zu vereinen.

Aus diesem Grund ist er den beiden Dramatikern überlegen, die nur eines der beiden Genres beherrschen und damit nur die Hälfte eines Ganzen begreifen können. Wie ich im Zusammenhang mit Aristophanes' Rede deutlich machen werde, ist dieses Argument mit der Vorstellung von der Suche nach einer fehlenden Hälfte verbunden. Philosophie ist jene diskursive Praxis, in der Komödie und Tragödie in eine originäre Einheit zurückgeführt werden können. Aber Dichter, die sich dieser Tatsache im Allgemeinen nicht bewusst sind – wie Sokrates den beiden schläfrigen Autoren vermutlich mitteilt –, sind offenbar nicht in der Lage dazu, die fehlende Hälfte ihrer diskursiven Praxis zu finden. Sokrates dagegen hat seine fehlende Hälfte durch Diotima gefunden, die die Quelle seines Verständnisses von Eros ist und mit ihrer weiblichen Stimme sein Wissen (oder besser: seine Fähigkeit, Fragen zu stellen) um die Mysterien des Eros vervollständigt hat. Darüber hinaus impliziert das Ende von Platons Dialog, dass Sokrates den Schlüssel zu diskursiver Geschlossenheit gefunden hat, weil es eben der philosophische Diskurs ist, der personifiziert durch Sokrates selbst (als Eros) Komödie und Tragödie in einem allumfassenden Sinne vereinen kann. Aus diesem Grund gewinnt die Philosophie den „alten Streit" mit der Dichtkunst, deren diskursive Praktiken durch die Philosophie in einen Zustand von Einheit und Fülle zurückversetzt werden. Das Begehren nach Fülle, die Suche nach der fehlenden Hälfte, ist eben das, was sowohl Aristophanes in seiner Rede über die drei Arten von vierbeinigen Kreaturen als auch Sokrates in der Erzählung von seinem Gespräch mit Diotima zu vermitteln bestrebt sind. Und dies ist der Grund dafür, warum die Auseinandersetzung von Aristophanes und Sokrates den Kern des *Gastmahls* darstellt.

Vierbeinige und zweibeinige Kreaturen

Die außergewöhnliche Komplexität des *Gastmahls* führt uns nun zu Aristophanes' Lobrede auf Eros. Er beginnt mit einer Beschreibung von drei Arten kugelförmiger und vierbeiniger Kreaturen: „Sie besaßen nun gewaltige Stärke und Kraft, hatten ein ausgeprägtes Selbstbewusstsein und legten sich mit den Göttern an" (30, 190b). Wegen ihrer Aufmüpfigkeit wurden sie bestraft. Aristophanes beschreibt diese Bestrafung folgendermaßen:

> Zeus und die anderen Götter beratschlagten nun, was sie mit ihnen anstellen sollten, und waren ratlos. Denn es kam weder in Frage, sie zu töten und wie die Giganten mit dem Blitz zu erschlagen, um so ihr Geschlecht verschwinden zu lassen – so wären ja für die Götter auch die Ehrungen und Opfer von Seiten der Menschen verschwunden – noch ihr frevelhaftes Handeln zu dulden. Nach anstrengenden Überlegungen kam Zeus schließlich auf eine Idee und sagte: „Ich glaube, einen Ausweg zu haben, wie einerseits die Menschen weiterexistieren könnten, andererseits aber von ihrem Übermut ablassen würden, nämlich dadurch, dass sie geschwächt werden. Ich werde sie nämlich jetzt, jeden Einzelnen, in zwei Teile zerschneiden, und sie werden dadurch schwächer werden, aber auch nützlicher für uns, weil sie an Zahl zunehmen. Und sie werden aufrecht auf zwei Beinen gehen. Wenn sie sich aber weiterhin als aufsässig erweisen sollten und nicht bereit sind, Ruhe zu geben, dann werde ich sie noch einmal zerschneiden, sodass sie sich auf einem Bein hüpfend fortbewegen müssen." (30, 190c–d)

Und, so fährt Aristophanes fort, „nachdem nun ihre ursprüngliche Form auseinandergeschnitten war, sehnte sich eine jede Hälfte nach der ihr zugehörigen anderen und versuchte, mit ihr zusammenzukommen", und sie waren nicht bereit, „irgendetwas getrennt voneinander zu tun" (31, 191a–b).
Im Gegensatz zu vielen anderen Sprechern personifiziert Aristophanes Eros nicht, sondern er stellt ihn/sie/es als jene Energien und Begehren nach der Wiederherstellung einer originären, mythologischen Einheit dar, die in zwei Teile zerschnitten wurde. Das Ziel von Eros als dieser Kraft sei die Wiedervereinigung zweier Hälften – nicht notwendigerweise mit dem Ziel von Nachkommen. Dies wird noch deutlicher im weiteren Verlauf von Aristophanes' Rede, wenn er sagt:

> Seit so langer Zeit also ist das Liebesverlangen zueinander den Menschen eingepflanzt, führt die ursprüngliche Natur zusammen und versucht, eins aus zweien zu machen und die menschliche Natur zu heilen. Jeder von uns ist also das Bruchstück eines Menschen, da er aus einem Teil in zwei zerschnitten ist wie die Schollen. So also sucht immer ein jeder das zu ihm gehörende Bruchstück. (32, 191d)

Aristophanes fährt in seiner Erklärung fort, dass die Suche nach diesen Gegenstücken bedingt sei durch die geschlechtliche Zusammensetzung der vierbeinigen Originale, die drei unterschiedliche Möglichkeiten der Beziehung zwischen Menschen entwerfen: Mann und Frau (die Androgynen), Frau und Frau und Mann und Mann. Hier liege nicht nur die Ursache für die sexuellen Präferenzen jedes zweibeinigen Individuums, das Begehren nach der fehlenden Hälfte fungiert ebenso als Metapher für die Wiedervereinigung von Tragödie und Komödie durch die Philosophie, für die sich Sokrates vermutlich in seiner Diskussion mit den beiden müden Dramatikern einsetzt.

Es ist an dieser Stelle wichtig anzumerken, dass die narrativen Dynamiken des *Gastmahls* bereits jene historischen Dynamiken andeuten, die Nietzsche in *Die Geburt der Tragödie aus dem Geiste der Musik* (natürlich ebenfalls als narrative Konstruktion) entwickelt: Die Bewegung zwischen dem Status von Fülle und Einheit und dem Status von Trennung und dem Begehren nach der fehlenden Hälfte nehmen in *Die Geburt der Tragödie* die Form von zwei Kräften an – das Dionysische und das Apollinische. Zusammengebracht erzeugen sie eben jene Fülle, die für Nietzsche den unersetzbaren Ursprung der attischen Tragödie bildet und die für ihn durch das Einsetzen der sokratischen, rationalen Philosophie entzweit wurde. Ich werde allerdings in einem späteren Kapitel argumentieren, dass diese Trennung eine neue Form des Diskurses etabliert hat, dem gegenüber Nietzsche zwar kritisch ist, die er aber trotzdem auf komplexe, ambivalente und kühne Weise in seinen eigenen philosophischen Diskurs integriert hat.

Platons *Gastmahl* deutet an, dass der philosophische Diskurs performative Praktiken des Tragischen und des Komischen – vertreten durch Agathon und Aristophanes – in Einklang zu bringen hat, um Einheit und Fülle herzustellen. Dies impliziert, dass Philosophie ebenso wie die vierbeinigen Kreaturen vor ihrer Zerschneidung als rebellische, gar subversive Diskursform wahrgenommen wird. Die vierbeinigen Kreaturen in Aristophanes' Mythos waren so aufsässig, dass Zeus sie in zwei Hälften schnitt – und so besitzt auch Philosophie – zumindest potentiell – die Kraft der Subversion, weil sie als ein (all)umfassender, vereinigender Diskurs funktioniert, der tragische wie komische Formen berücksichtigen und erfassen kann. Jede*r Leser*in des *Gastmahls* sollte sich bewusst machen, dass Sokrates schließlich mit seinem Leben dafür bezahlen musste, dass er Philosoph war. Daher glaube ich, dass Sokrates' Argumentation gegenüber den beiden Theaterautoren – die genau wie Aristodemos zu müde zum Zuhören und Verstehen waren, auch wenn es sich hier um den Moment von Sokrates' endgültigem Triumph im Dialog handelt – auf die subversiven Potentiale der Philosophie verweist. Dies war jedoch offensichtlich ein Aspekt, auf den Platon in seinem Dialog nicht offen zu sprechen kommen konnte. Aristophanes' Rede aber rückt diesen Umstand ins Bewusstsein, denn er erwähnt jene Warnung, die Zeus gegenüber den zweibeinigen Kreaturen ausgesprochen hat: Würden sie sich weiter rebellisch verhalten, würde er sie erneut entzweischneiden, so dass sie nur noch auf einem Bein herumhüpfen könnten (siehe Zitat oben, 30, 190d).

Eine Stimme, viele Beine

In Aristophanes' Rede über die vierbeinigen Kreaturen, die in der Mitte geteilt wurden, um jene menschlichen Wesen zu werden, die wir kennen, gibt es noch einen anderen wichtigen Gesichtspunkt bezogen auf den „alten Streit zwischen Philosophie und Dichtkunst". Aristophanes' Rede antwortet nicht nur auf die Frage, wer oder was Eros, sondern auch auf die implizite Frage, was der Mensch ist. Diese beiden Fragen sind natürlich tiefgreifend miteinander verbunden. Nach Aristophanes ist der Mensch als zweibeinige Kreatur definiert, der/die seine/ihre verlorene Hälfte sucht und die/der ihr/sein menschliches Potential in der Wiedervereinigung mit dieser fehlenden Hälfte realisieren kann. Im Folgenden möchte ich zeigen, dass die Rede von Aristophanes – *dem* ‚archetypischen' Komödienautor – tiefgehende intertextuelle Verbindungen zu Sophokles' *König Ödipus* aufweist; ein Stück, das von Aristoteles als *das* zentrale tragische Werk in seiner Poetik kanonisiert wurde und das Platon sicherlich ebenfalls wohlbekannt gewesen ist. Auf gewisse Weise stellt *König Ödipus* sogar den wichtigsten Counterpart für Platons eigene Auseinandersetzung mit Dramatik und Theater dar. Ödipus hat die Eigenschaften eines Philosophen, aber die Voraussetzungen für seine Berufung sind denen von Sokrates fast diametral entgegengesetzt. Ich begreife Ödipus und Sokrates deshalb als die impliziten Kontrahenten im Kampf zwischen Philosophie und

Theater. Die Auseinandersetzung dieser beiden ist allerdings von anderer Natur als die Wettstreite, die in Platons Dialog austragen werden.
Es hat zahlreiche Interpretationen und Spekulationen über die Tatsache gegeben, dass Aristophanes an Schluckauf leidet, als er an der Reihe ist, seine Rede auf Eros zu halten.[19] Im Dialog gibt der Arzt Eryximachos zunächst einen medizinischen Rat und hält dann seine eigene Rede. Nachdem Aristophanes mitteilt, dass ihm das empfohlene Niesen geholfen habe, seinen Schluckauf loszuwerden, kommentiert Eryximachos: „Schon vor Beginn deiner Rede machst du Witze und zwingst mich dazu, zum Wärter deiner Rede zu werden, um aufzupassen, ob du etwas Lächerliches sagst, während du sonst in Ruhe reden könntest." (28, 189a) Darauf erwidert Aristophanes: „Bei dem, was ich jetzt sagen will, habe ich Angst – nicht davor, etwas Lustiges zu sagen (denn das wäre ja ein Gewinn und das Metier unserer Muse), sondern davor, mich lächerlich zu machen." (28, 189b) Nach seiner Rede bittet Aristophanes die anderen um Behutsamkeit: „Dies [...] ist meine Rede über Eros, [...] treibt keinen Spott mir ihr" (35, 193d). Wieso ist Aristophanes' Rede so deutlich gerahmt von Bemerkungen über ihre gattungsspezifische Zuordnung? Deutet Platon an, dass Aristophanes bereits jene Form der Vereinigung von Tragödie und Komödie geschaffen hat, die vielleicht mit jener Form der Einheitsstiftung in Konkurrenz steht, die Sokrates nach meiner Lesart in den finalen Zügen des *Gastmahls* herbeizuführen gedenkt? Und auf welche Weise steht die Erzählung von den vierbeinigen Kreaturen in Bezug zu anderen literarischen Genres, insbesondere der Tragödie, die ja im Kontext des *Gastmahls* den wichtigsten Bezugspunkt bildet?
Ich gehe davon aus, dass Aristophanes' Rede im *Gastmahl* eng auf Sophokles' *König Ödipus* bezogen ist. Beide Texte basieren auf einer Erzählung über die Veränderung der Anzahl von Beinen und stellen die Frage: „Was ist der Mensch?" Aristophanes präsentiert eine Reduktion der Beine von vier auf zwei und beschreibt das Begehren, wieder zu einer vierbeinigen Kreatur zu werden. Sophokles' Drama basiert indirekt genauso auf dem ‚Bein-Narrativ', das im Rätsel der Sphinx

19 Meine Lektüre unterscheidet sich radikal von der, die K.J. Dover vorlegt. Er behauptet, dass „Platon uns zeigen möchte, dass sowohl Thema als auch Rahmung von Aristophanes' Geschichte keinen Charakteristika der Komödie entsprechen, sondern vielmehr naiver, unliterarischer Folklore." (Kenneth James Dover: Aristophanes' Speech in Plato's Symposium. In: *Journal of Hellenic Studies* 86 (1966), S. 41–50, hier S. 45 (Übers. M.Z.).

geborgen ist, welches eine Kreatur beschreibt, die am Morgen auf vier, am Nachmittag auf zwei und am Abend auf drei Beinen geht. Ich werde dieses Rätsel später noch detaillierter untersuchen. Statt aber aus der Veränderung die autochthone ‚Geburt' des Menschen abzuleiten – also eine Geburt, die nicht aus einem anderen Menschen erwächst, sondern durch einen Schnitt, mit dem die mythologischen Vierbeiner zu Zweibeinern wurden –, lässt das Rätsel der Sphinx die Veränderung in der Anzahl von Beinen als Bestimmungsmerkmal des menschlichen Lebens verstehen. In seiner Analyse von Ödipus betont Claude Lévi-Strauss als eine zentrale Ironie des Mythos, dass der Held sich eigentlich so verhalte, als wäre er eine autochthone Kreatur. Statt in der Gebärmutter einer Frau entstanden zu sein, wäre er wie ein Baum gewachsen, der dann irgendwann vom Boden abgeschnitten worden sei und so die Narben an seinen Beinen empfangen habe, die in seinem Namen geborgen sind.[20] Ödipus lässt sich also von den Narben zu der irrigen Annahme verleiten, er sei eine autochthone Kreatur.

Auch Aristophanes' Erzählung lenkt die Aufmerksamkeit auf körperliche Narben – allerdings nicht an den Füßen, sondern als Folgen jenes Schnitts, der die vierbeinigen Kreaturen in zweibeinige Menschen verwandelt hat. Er erwähnt die physiologischen Veränderungen, die bei der Zerschneidung der ursprünglichen Kreaturen notwendig waren, „wie man Beeren zerteilt, die man einwecken will, oder wie man Eier mit Haaren zerschneidet." (30, 190e) Zeus habe Apoll nach der Zerschneidung auch damit beauftragt, die Köpfe der neuen Zweibeiner zu drehen, „damit der Mensch ständig seine eigene Teilung vor Augen habe und dadurch anständiger sei" (30f, 190e) – etwas, dem Ödipus offensichtlich trotz seiner Beinnarben nicht entspricht. Er nimmt seine Narben kaum wahr. In Aristophanes' Erzählung bittet Zeus Apoll sogar, jene Wunde zu heilen, die wir heute als den Bauch bezeichnen, und die Narben auf eine kleine Falte zu beschränken, den Nabel, „als Mahnmal für die einst erlittene Strafe" (31, 191a). Eine tatsächlich autochthone Kreatur hätte logischerweise keinen Nabel. Und erst später, als Zeus festgestellt habe, dass diese getrennten Kreaturen vor dem Aussterben stünden, weil sie sich weigerten, ohne ihre zweite Hälfte irgendetwas zu tun, habe er sich ihrer erbarmt und „schuf den Menschen einen neuen Ausweg, indem er ihre Geschlechtsteile an die

20 Claude Lévi-Strauss: *Strukturale Anthropologie*, aus d. Franz. v. Hans Naumann. Frankfurt am Main: Suhrkamp 1967, S. 235.

Vorderseite setzte" (31, 191b). Daraus folgt, wie bereits oben zitiert: „Seit so langer Zeit also ist das Liebesverlangen zueinander den Menschen eingepflanzt, führt die ursprüngliche Natur zusammen und versucht, eins aus zweien zu machen und die menschliche Natur zu heilen." (32, 191d)

Das Rätsel der Sphinx basiert auf einer völlig anderen Anordnung der Beine. Es kündet von einer tiefgehenden Unstimmigkeit zwischen Ödipus' Verständnis seines eigenen Namens, seines Körpers, seines Selbst einerseits und seinen philosophischen Einsichten andererseits. Dieses Rätsel ist ein entscheidender Teil des Ödipusmythos und der Verhandlung von Wandelbarkeit mit Blick auf die menschlichen Beine. Bemerkenswerterweise kommt dieses Rätsel in Sophokles' Text nicht vor (eine weitere wichtige Unstimmigkeit oder Trennung), wohl aber in einer Reihe anderer Quellen der gleichen Zeit. Der wiederholte Hinweis in Sophokles' Drama, dass Ödipus das Rätsel löst, weist darauf hin, dass es in den Reihen der Zuschauer und Leser des Dramas bekannt gewesen sein muss. In der Einleitung zu Euripides' *Phönikerinnen* findet eine dieser Quellen folgende poetische Formulierung:

> Rätsel:
> Es gibt auf Erden eine Kreatur mit zwei Beinen, vier Beinen und einer Stimme:
> dann auch drei Beinen. Es ist die einzige Kreatur auf Erden,
> die sich verändern kann
> in der Luft und im Meer. Aber je mehr Gliedmaßen sie benutzt sich auszuruhen,
> desto schwächer wird sie.
>
> Antwort:
> Ob du es magst oder nicht, du kranke geflügelte Sängerin des Todes,
> höre mir zu und ich werde deinem Spiel ein Ende machen.
> Du meinst den Menschen, der zunächst auf allen Vieren auf dem Boden kriecht
> und sich im Alter auf einen Stock als dritten Fuß lehnt,
> doppelt niedergedrückt durch die Lasten seines Lebens.[21]

21 Euripides: *Phoenician Women*, aus d. Altgr. v. Elizabeth Craik. Wiltshire: Aris & Phillips 1988, S. 61 (Übers. ins Deutsche nach der engl. Übers. M. Z.). Diese Formulierung findet sich ebenfalls in Sophocles: *The Plays and Fragments*,

In Aristophanes' Erzählung ist die vierbeinige Kreatur die stärkste und rebellischste – im Rätsel der Sphinx ist sie gemeinsam mit der Dreibeinigen die schwächste. In beiden Fällen ist die zweibeinige Kreatur der vollentwickelte Mensch.

Mit Blick auf Sophokles' Dramatisierung von Ödipus' Schicksal kann man sich schwerlich des Eindrucks erwehren, dass die Sphinx Ödipus auf irgendeine Weise vorsätzlich in die Falle lockt, den zweiten Teil des Orakelspruchs zu erfüllen, und damit seine ‚Lösung' des Rätsels überhaupt zur ‚richtigen' macht: dass er nämlich seine Mutter heiraten und mit ihr Kinder zeugen wird. Offensichtlich hat es vorangegangene, erfolglose Versuche gegeben, das Rätsel zu lösen – ein Rätsel muss immer auch eine ‚falsche' Antwort haben –, aber wir wissen nicht genau, was diese ‚falschen' Antworten sind. Wir kennen nur die ‚richtige' Lösung durch Ödipus.[22]

Man könnte sogar eine unheimliche Zusammenarbeit zwischen den zwei übernatürlichen Kreaturen annehmen, deren Verkündigungen in den Sophoklesdramen nur indirekt zitiert werden. Man stelle sich ein untergründiges Einverständnis zwischen dem Orakel von Delphi und der Sphinx vor oder sogar zwischen der Sphinx und Iokaste, durch das Ödipus in die inzestuöse Falle des Betts seiner Mutter geführt wird und damit zu einer eindeutig tabuisierten Form des Eros. Auch die von Aristophanes entworfene Suche nach der verlorenen Hälfte, die alle Menschen bestimmt, enthält diese inzestuöse Dimension: Alle Menschen suchen nach einem anderen Menschen, von dem sie bei ihrer ‚Geburt' getrennt wurden. Aristophanes spricht hier zwar nicht spezifisch von der Suche nach einer Mutter, aber die Tatsache, dass

aus d. Altgr. u. hrsg. v. Richard C. Jebb. Cambridge: Cambridge UP 1914, S. 6; Charles Segal: *Tragedy and Civilization*. Cambridge: Harvard UP 1981, S. 214, 454, Anm. 20; Apollodoros: *The Library*, aus d. Altgr. v. James George Frazer. London: Heinemann 1967 („What is that which has one voice and yet becomes four-footed and two-footed and three-footed?"); Athenaeus: *Deipnosophistae*, Bd. 4, aus d. Altgr. v. Charles Burton Gallick. Cambridge: Harvard UP 1961, S. 569 („There walks on land a creature of two feet, of four feet, and of three; it has one voice, but sole among the animals that grow on land or in the sky or beneath the sea, it can change its nature; nay, when it walks propped on most feet, then is the speed in its limbs less than it has ever been before").

22 In einem vorangegangenen Aufsatz habe ich darüber spekuliert, was diese ‚falschen' Antworten auf das Rätsel sein mögen: Freddie Rokem: One Voice and Many Legs: Oedipus and the Riddle of the Sphinx. In: Galit Hasan-Rokem / David Shulman (Hrsg.): *Untying the Knot: On Riddles and Other Enigmatic Modes*. New York / Oxford: Oxford UP 1996, S. 255–270.

das Ödipusdrama diesen inzestuösen Subtext dramatisch auserzählt, intensiviert die intertextuelle Verbindung der beiden Erzählungen vom Zweibeiner durch Aristophanes und in *König Ödipus*. Die Trennung bei der Geburt – die Ausgangspunkt für die kraftvoll erzählte inzestuöse Dynamik von Ödipus und Iokaste in Sophokles' Drama ist – ist eine doppelte Trennung: Die erste findet nach der Geburt statt, wenn die Nabelschnur zerschnitten wird, die zweite, wenn das Neugeborene am Berg Kithairon ausgesetzt und verlassen wird.

Ödipus' Lösung des Rätsels der Sphinx führt anfänglich zu seinem Triumph. Ähnlich wie bei traditionellen Rätselaufgaben bei Hochzeiten wird er durch seinen Erfolg Herrscher über Theben und Ehemann der königlichen Witwe. Ein künftiger Ehemann, der über abstraktes, ‚philosophisches' Wissen verfügt, wird mit dem fleischlichen Wissen des Ehebetts sowie oftmals mit politischer Macht belohnt. Indem Ödipus das Rätsel der Sphinx löst, in dem es ganz zentral um den menschlichen Körper und die Identität des Menschen geht, lenkt Ödipus die Aufmerksamkeit auf den entscheidenden – für ihn schlussendlich verheerenden – Unterschied zwischen seinem theoretischen, philosophischen Verstehen des menschlichen Daseins und seinem Wissen oder besser: Unwissen über sich selbst. Obwohl Ödipus das verworrene intellektuelle Rätsel einer allgemeinen Identitätsbestimmung des Menschen erfolgreich lösen kann, das offenbar im Raum der Philosophie angesiedelt ist, weiß er nicht, wer er wirklich ist. Besonders deutlich drückt sich dies in seiner Unfähigkeit aus, den eigenen Vater am Ort der drei sich kreuzenden Straßen zu erkennen oder auch seine Mutter, mit der er nach der Hochzeit das Ehebett teilt. In diesem Sinne ist Ödipus unfähig, das berühmte Diktum zu erfüllen, das sowohl Sokrates als auch dem Orakel von Delphi zugeschrieben wird: Erkenne dich selbst – *Gnôthi seautón*.

Ödipus' Befähigung, ein philosophisches Rätsel zu lösen, für dessen praktische Folgen und Fragen er zugleich blind ist – nämlich wer *er* als ‚Mensch' eigentlich ist –, verweist auf einige wichtige Aspekte in der Beziehung von philosophischem und theatralem Diskurs. Während das Orakel von Delphi die dramatische Handlung in Sophokles' Text in Gang setzt – sowohl nach Ödipus' Geburt, wenn ihn seine Eltern am Berg Kithairon aussetzen, als auch später, wenn er Korinth in Richtung Theben verlässt und sich der Orakelspruch erfüllt –, ist das Rätsel der Sphinx kein Text, der Handlung vorgibt oder nach dem man sich richten kann. Das Rätsel dringt viel tiefer in den existentiellen Kern des Stücks vor. Es gibt nicht vor, was der Held tun wird – und *drama* heißt im griechischen Sinne des Begriffs ‚tun' –, sondern bestimmt, wer er ist, sein Sein und sein Selbst als eine Kreatur, die beständiger Veränderung unterliegt.[23] Das Rätsel hat die Funktion eines versteckten philosophischen Subtexts, der entdeckt und zum Vorschein gebracht werden muss. Adriana Cavarero schlägt vor, „dass Ödipus sich im Angesicht der Sphinx als Philosoph offenbart."[24] Aber folgt man dieser Überlegung, muss das Rätsel nach seiner ersten Lösung, in welcher der Mensch ‚erkannt' wird, radikal neu formuliert und an unterschiedlichen Knotenpunkten des Sophoklesdramas erneut gelöst werden. Dies führt zur Antwort auf die Frage: „Wer ist Ödipus?" – ebenso wie, nach Ödipus' anfänglicher Lösung des Rätsels, die Anzahl der Beine des Menschen einer konstanten Veränderung unterliegt. Alle bekannten Versionen dieses auf sich selbst verweisenden Metatextes stimmen an dieser Stelle überein: Genau wie der Mensch *eine* Stimme und *viele* Beine hat, ist das Rätsel der Sphinx *ein* Text mit *vielen* Antworten.[25]

Das Rätsel umschreibt also eine fortlaufende und dynamische Dialektik von Einheit und Vielfalt. Der Gegensatz zwischen dem Einen und den Vielen (der im *Gastmahl* in Sokrates' Forderung an die beiden Theaterautoren widerhallt)[26] ist ein zentrales Thema in Sophokles' Drama und direkt verbunden mit der Frage nach Ödipus' möglicher

23 In Platons *Die Apologie des Sokrates* hat das Orakel von Delphi eine ganz andere Bedeutung für Sokrates: Es erklärt Sokrates nämlich zum weisesten Mann auf Erden, während es Ödipus zu dem Menschen erklärt, der am verfluchtesten ist.

24 Adriana Cavarero: *Relating Narratives: Storytelling and Selfhood*. London: Routledge 2000, S. 7 (Übers. M. Z.).

25 In Euripides' *Hippolytos* sagt Theseus: „Zwei Zungen müßten allen eigen sein: Die eine frei, die andre ohne Falsch. Von rechter Stimme würde stets entlarvt die falsche, keine Täuschung fände statt." (Euripides: *Hippolytos*, aus d. Altgr. v. Ernst Buschor. Stuttgart: Reclam 1987, S. 42.) Charles Segal argumentiert unter Rekurs auf dieses Zitat, dass *Hippolytos* als Kehrseite von *König Ödipus* verstanden werden kann, da hier ein Held fälschlicherweise des Inzests mit seiner Stiefmutter beschuldigt wird. Vgl. Charles Segal: *Oedipus Tyrannus, Tragic Heroism and the Limits of Knowledge*. New York / Oxford: Oxford UP 2001, S. 11.

26 Auch Aristophanes weist auf die Dialektik von Einheit und Vielheit hin: Wenn sich zwei Hälften vereinigen, haben sie viele Beine und nicht bloß zwei.

Verantwortung für den Mord an seinem Vater, dem alten König Laios. Die Frage dieser Verantwortung wird über den sich ausschließenden Widerspruch zwischen dem Einen und den Vielen verhandelt – der Hirte nämlich, der Zeuge des Mordes an Laios gewesen ist, behauptet zum Schutz von Ödipus, es habe mehrere Mörder gegeben. Ödipus aber, der weiß, dass er alleine einen Unbekannten an jenem Ort getötet hat, wo sich drei Straßen kreuzen, wird aus diesem Grunde nicht als Mörder des früheren Königs in Erwägung gezogen und hält sich auch nicht dafür. Zu dem Zeitpunkt, an dem diese Unterschiede im Stück selbst entscheidend werden, versucht Ödipus sich gegen die Anklage des Mordes mit folgendem Sprichwort zu verteidigen, das auch offensichtliche philosophische Konsequenzen hat: „Denn einer kann nicht gleichviele sein wie viele."[27] Durch die zunächst zurückgehaltenen Hinweise des Hirten, der sein erstes Zeugnis der *vielen* Mörder später zu *einem* Mörder korrigiert, erkennt Ödipus schließlich seine Verwicklung in dieses Verbrechen.

Aus einer strikt logischen Perspektive macht es Sinn, dass ‚einer nicht gleichviele sein kann wie viele', weil ‚Einer' und ‚Viele' sich wechselseitig ausschließen. Aber dieser Widerspruch scheint durch das Rätsel der Sphinx außer Kraft gesetzt, das danach fragt, was *gleichzeitig* eine Stimme und viele Beine hat. In Sophokles Stück gibt es einen weiteren Widerspruch bzw. eine Verkehrung von Einheit und Vielheit, die auf das Paradox verweist, beides gleichzeitig zu sein. Ursprünglich hat es nur einen einzigen Zeugen gegeben (den Hirten nämlich), der die vielen Räuber gesehen haben will, die Laios getötet haben. Aber im Stück stellen wir fest, dass auch Teiresias eine Art von Zeuge ist – zumindest weiß er, wer den alten König getötet hat –, es aber nur einen Mörder gegeben hat: nämlich Ödipus. Eine der zentralen Entwicklungen im Stück ist also eine Umkehr, in der aus einem Zeugen Viele werden, während viele Mörder zu Einem werden.

27 Sophokles: *König Ödipus*, S. 40. Im englischen Original zitiert Freddie Rokem hier S. Goodhart mit „The one and the many cannot be one and the same." (S. Goodhart: Leistas ephaska: Oedipus and Laius' Many Murderers. In: *Diacritics* 8,2 (1978), S. 55–71, hier S. 56.) In Fagles englischer Übersetzung liest sich die Zeile folgendermaßen: „One can't equal many." In der Übersetzung durch Jebb klingt sie weniger pointiert: „If then, he still speaks, as before, of several, I was not the slayer: a solitary man could not be held the same with that band." In seinen Notizen allerdings schreib Jebb: „One cannot be made to tally with (cannot be identified with) those many." (Sophocles: *Plays and Fragments*, S. 114.)

Die vielschichtigen Beziehungen von Einem und Vielen und die Tatsache, dass sie nicht identisch sein können, ist kein Problem, das nur auf der Ebene der dramatischen Handlung von *König Ödipus* gelöst werden muss, sondern ist zugleich ein zentrales Problem, mit dem sich die griechische Philosophie konfrontiert sah. Die Wahrnehmung des Wandels der materiellen Welt steht in beständigem Widerspruch zu dem Versuch, allgemeine philosophische oder metaphysische Prinzipien des Seins zu erkennen. In der vorsokratischen Philosophie findet sich diese Opposition exemplarisch zwischen Parmenides' unteilbarem ‚Ganzen' und Heraklits Universum des konstanten, sich stets verändernden Flusses – des *panta rhei*. Doch Platons Lehre in den Sokratischen Dialogen, in denen die Einheit der Ideen die unterschiedlichen Erscheinungen der Objekte in der materiellen Welt transzendiert, ist zweifellos die eleganteste und umfangreichste philosophische Formulierung dieses Konflikts in der griechischen Welt des Denkens. Platon überbrückt die Kluft zwischen Einheit und Vielheit und gestaltet die logischen Widersprüche in eine dialektische Metaphysik um, die das konstante Fließen der Welt in Bezug auf die ewigen Ideen erklärt.
Die Koexistenz von Einheit und Vielheit im Rätsel der Sphinx, das definiert, was ein Mensch ist, lässt in diesem Sinne die Platonische Dialektik von Einheit (ewige Ideen) und Vielheit (das individuelle Objekt, das an diesen Teil hat) bereits erahnen. Philosophische und theatrale Diskurspraktiken sind im Streben nach einer Lösung für diese grundlegende Inkonsistenz zwischen Einheit und Vielheit verbunden. In Sophokles' Drama trägt das Rätsel der Sphinx diesen Widerspruch aus und führt zur ultimativen Tragödie des Ödipus, der nach seinem ursprünglichen Triumph – nämlich das Rätsel zu lösen – die königliche Witwe heiratet und damit seine Mutter. Die Lösung des Rätsels leitet also Ödipus' endgültigen Niedergang ein, weil sich nun der zweite Teil des Orakelspruchs verwirklicht. Platon hingegen löst den logischen Widerspruch von Einem und Vielen durch metaphysische Prämissen. Und Sokrates vereint diese Widersprüche in der Figur eines ironischen Tricksters, der nicht nur Tragödie und Komödie zu vereinheitlichen weiß, sondern auch das Menschliche und das Göttliche.
In seiner Diskussion über Arithmetik im siebten Buch der *Politeia* behauptet Sokrates, dass der offenkundige Widerspruch von Einheit und Vielheit den Prozess des Denkens selbst einsetzt:

> Denn wenn die Einheit deutlich genug an und für sich gesehen oder von sonst einem Sinne ergriffen wird: so könnte sie dann keine Hinleitung sein zum Wesen, eben wie wir von dem Finger sagten. Wenn aber mit ihr zugleich immer irgend ein Widerspiel von ihr gesehen wird, so daß kein Ding mehr Eins zu sein scheint als auch das Gegenteil davon dann wäre schon eine weitere Beurteilung nötig, und die Seele würde müssen darüber bedenklich werden und den Gedanken in sich aufregend untersuchen und weiter fragen, was doch die Einheit ist.[28]

Darauf antwortet Glaukon unter offensichtlichem Bezug auf das Rätsel der Sphinx: „Eben dies aber [...] hat die Wahrnehmung, die es mit dem Eins zu tun hat, ganz besonders an sich. Denn wir sehen dasselbige Ding zugleich als Eins und als unendlich vieles."[29]
Nach Platon hat die Suche nach wahrem Wissen ihr Ziel erreicht, wenn der Widerspruch von Einheit und Vielheit ebenso wie im Rätsel über die Natur des Menschen eine philosophische Lösung erfährt, die den Differenzen zwischen einer menschlichen und einer übergeordneten Perspektive Rechnung trägt. Hier liegt allerdings ein radikaler Unterschied zwischen dem philosophischen und dem theatralen Diskurs vor – der Philosoph nämlich adelt sich dadurch, dass er diesen Widerspruch zu lösen vermag. Nach Sophokles aber muss Ödipus, der den (philosophischen) Überblick zu haben glaubt, sich stattdessen seinem tragischen Schicksal stellen, das direkt aus der ‚Lösung' des Rätsels über die Koexistenz von Einheit und Vielheit folgt. Auf diese Weise findet er erst heraus, wer er ist, als es schon zu spät ist. Auch er ist Einer und Viele; eine Person, die sowohl Sohn und Ehemann von Iokaste ist als auch Bruder wie Vater der vier Kinder. Erst, als er seine Füße betrachtet und seine Narben entdeckt, kann er auch das Rätsel seiner eigenen Identität lösen.

Intertextuelle Verbindungen und diskursive Praktiken

Die verschlungenen intertextuellen Bezüge, die Ödipus' philosophische Hybris und Sokrates' Verlangen nach der philosophischen Vereinigung von Komödie und Tragödie verbinden und die nachdrücklich Fragen von Einheit und Vielheit anstoßen, sind entscheidend für den

28 Platon: *Politeia*, S. 535, VII, 524d–e.
29 Ebd., S. 537, VII, 525a.

zentralen Gedankengang dieses Buchs. Die philosophischen Neigungen von Ödipus sind Vorbedingungen der Platonischen Eröffnung dieser Dialektik. Jean-Joseph Goux begreift die paradoxale Verfassung von Ödipus als proto-philosophisch und nimmt diese zum Ausgangspunkt eines Panoramablicks auf die Philosophie:

> *König Ödipus* untersucht und erschüttert zugleich die Szene der Philosophie, indem die Tragödie ans Licht bringt, was die Philosophie über sich selbst nicht weiß und was ihr innerhalb ihrer eigenen Sprache entgeht. Sophokles legt eine Kritik vor, die den Grenzen der Philosophie folgt und jene Haltung in den Blick nimmt, welche die Philosophie begründet und die sie zugleich selbst nicht bedenkt. Diese tragische Kritik – die sogar von denen nicht erkannt wurde, die wie Hegel davon ausgehen, dass Ödipus' Intelligenz am Ursprung des philosophischen Bewusstseins steht – ist schlussendlich viel bedeutsamer und wirkungsvoller als Heideggers Denken des ‚Seins'. *König Ödipus* nämlich untersucht jene protophilosophische Haltung, welche die Philosophie bis Descartes und Nietzsche als *Sieges*zug vorbereitet. Im Kontext der Moderne ist der enorme Wert solcher Überlegungen darin zu finden, dass sie die Voraussetzungen der philosophischen Position nicht außer Acht lassen. *König Ödipus* offenbart die vergessenen Ursprünge, das Gewebe der Philosophie. So ermöglicht die Tragödie es uns, den Grenzen der philosophischen Haltung nachzuspüren – Grenzen, derer sie sich selbst nicht bewusst ist – und sie umso bewusster zu übertreten und uns auf die andere Seite ihrer Einfriedung zu begeben, während Heideggers Nachsinnen diese Mauern beständig neu errichtet. Lassen Sie mich an dieser Stelle einmal pointiert formulieren, was ich später genauer darlegen werde: Was das westliche Denken seit der Aufklärung als ‚andere Szene' des vernünftigen Subjekts anzuerkennen hätte, ist ganz exakt das, was Ödipus – als Ursprung eines ‚Selbst'-bewussten Subjekts – nun gerade ausschließt und verleugnet. Ödipus' Gestus, mit dem er sich der ‚blöden Rätseltante' (*riddling bitch*) gegenüber als Helden der *Selbst*-Inauguration präsentiert, und sein Glaube, dass er sie mit dem Wort ‚Mann' bzw. ‚Mensch' überwinden könnte, bringt vielmehr genau jene Grenze hervor, die später als der Unterschied zwischen Bewusstsein und Unbewusstsein bezeichnet werden wird.[30]

30 Jean-Joseph Goux: *Oedipus, Philosopher.* Stanford: Stanford UP 1993, S. 132–133 (Übers. M. Z.).

Diesem Szenario folgend bietet Sophokles' Drama eine Suche nach menschlicher Identität an, welche die Philosophie nicht gänzlich bereitstellen kann. Aus dieser Perspektive müssen Dramen von Sophokles (auch für Platons Sokrates) zweifellos eine extrem schwierige Herausforderung dargestellt haben. *König Ödipus* zeichnet das Bild eines rebellischen, aber zugleich fehlerhaften Philosophen, der gerade ob seiner Blindheit zum tragischen Helden wird – diese Diskussion ließe sich mit einer Untersuchung von *Antigone* und *Ödipus auf Kolonos* ausweiten. Ödipus fehlt, was der Zuschauer im Theater besitzen muss: die Fähigkeit zu sehen und zu beurteilen. In seinen Theben-Stücken weist Sophokles bereits auf das Problem einer philosophischen Hybris hin, noch bevor sich die Philosophie als diskursive Praxis vollständig entwickelt hat. Auf ähnliche Weise zeichnet auch das *Gastmahl* einen zutiefst makelhaften Philosophen-Helden, der sich den vielschichtigen theatralen Diskurs von Tragödie und Komödie zu eigen macht.
Charles Segal hat einige wichtige Einsichten bereitgestellt, die auf einer ähnlichen Rezeption von *König Ödipus* basieren:

> *König Ödipus* konfrontiert uns mit dem Rätsel, in einer Welt zu leben, die den Ordnungen und Gerechtigkeitsvorstellungen des menschlichen Geistes nicht entspricht. Wir finden uns in ein tragisches Universum versetzt, in dem wir uns fragen müssen, ob all das von uns bezeugte Leid vorherbestimmt ist oder dem Zufall entspringt und damit auch, ob *unsere* Leben einem System folgen oder der Willkür. Wenn alles grundlos geschieht – eine Einstellung, der der moderne Leser vermutlich näher steht als der antike –, dann scheint das Leben absurd. Wenn aber alles vorherbestimmt ist, dann sind die Götter grausam und ungerecht, das Leben eine Hölle. Sophokles gibt uns hier keine endgültige Antwort, ebenso wenig wie Shakespeare uns eine belastbare Begründung für Hamlets Tragödie oder den Tod von Cordelia in *König Lear* liefert.[31]

Und Segal weiter:

> Die Täuschung der Sinne und die Verschleierung einer letztgültigen Realität unter falschen Erscheinungen sind zentrale Themen von Philosophie

31 Segal: *Oedipus Tyrannus. Tragic Heroism*, S. 5 (Übers. M. Z.).

> und Literatur dieser Zeit. *Ödipus* teilt die Sorge der Suche nach Wahrheit in einer Welt der Erscheinungen und ist, wenn auch indirekt, von neueren Sprachtheorien beeinflusst, die sich mit dem Problem des Verhältnisses von Wörtern und Realität beschäftigen und die Kraft der Sprache betonen, zu täuschen, moralische Fragen zu verwirren und in den Dienst der Ungerechtigkeit zu treten.[32]

In *Die Geburt der Tragödie aus dem Geiste der Musik* nimmt auch Nietzsche sich der Frage an, auf welche Weise Ödipus als Philosoph begriffen werden kann. Er hat zwar das Rätsel der Sphinx gelöst, gleichzeitig aber ist er der Mörder seines Vaters und Ehemann seiner Mutter. Im Versuch, diese „geheimnisvolle Dreiheit [der] Schicksalstaten“[33] von Ödipus zu erklären, berichtet Nietzsche von einem

> uralten, besonderen persischen Volksglauben, daß ein weiser Magier nur aus Inzest geboren werden könnte: was wir uns, im Hinblick auf den rätsellösenden und seine Mutter freienden Ödipus, sofort so zu interpretieren haben, daß dort, wo durch weissagende und magische Kräfte der Bann von Gegenwart und Zukunft, das starre Gesetz der Individuation, und überhaupt der eigentliche Zauber der Natur gebrochen ist, eine ungeheure Naturwidrigkeit – wie dort der Inzest – als Ursache vorausgegangen sein muß; denn wie könnte man die Natur zur Preisgabe ihrer Geheimnisse zwingen, wenn nicht dadurch, daß man ihr siegreich widerstrebt, d.h. durch das Übernatürliche?[34]

In Nietzsches Lesart – ebenso wie in der unmöglich zu ignorierenden Auslegung des Ödipuskomplexes durch Freud – ist die von Ödipus errungene Weisheit eine dionysische, ein „naturwidriges Greuel“[35], die sich radikal von Sokrates’ (Platons Sokrates wohlgemerkt) Versuch einer harmonisierenden Form der Weisheit unterscheidet.
Sowohl der philosophische als auch der theatrale Diskurs stehen in Verbindung mit dem Rätsel der Sphinx. Neben der dialektischen

32 Ebd., S. 11 (Übers. M. Z.).

33 Friedrich Nietzsche: *Die Geburt der Tragödie aus dem Geiste der Musik*. Frankfurt am Main / Leipzig: Insel 2000, S. 76.

34 Ebd., S. 76–77.

35 Ebd., S. 77.

Verhandlung von Einem und Vielen ist das Rätsel eine poetische Formulierung einer der fundamentalsten Fragen in jedem philosophischen System: der essentiellen Natur des Menschen. Das Rätsel der Sphinx beschreibt diese Natur über die Veränderung der Anzahl seiner Beine. Aristoteles' Diskussion verschiedener Möglichkeiten des Definierens in der *Zweiten Analytik* macht deutlich, dass sogar der rationalste Philosoph in der Lage ist, die Grenzen einer strikt logischen Diskursführung zugunsten einer verspielten Landschaft der Rätsel zu verlassen. Im Kapitel über Definitionen, die auf Trennung basieren (genau wie die vierbeinigen Kreaturen in Aristophanes' Erzählung getrennt werden) – ein Verfahren, das Aristoteles gegensatzlogisch aufbaut –, findet sich das folgende Beispiel: „Was ist ein Mensch? Lebewesen, sterblich, mit Füßen versehen, zweifüßig, ohne Flügel."[36] Diese fast absurde Definition des Menschen als ‚flügelloser sterblicher Zweibeiner' weist intertextuelle Bezüge zum Rätsel der Sphinx und Aristophanes' Rede im *Gastmahl* auf.

König Ödipus kann als schmerzliche Parodie des Diktums „Erkenne dich selbst" gelesen werden. Ödipus tragischer Fehler besteht nicht nur darin, dass er nicht weiß, wer er ist, sondern dass er seine eigenen Beine nicht wirklich kennt – und das trotz der Tatsache, dass er das ‚Bein-Rätsel' der Sphinx zu lösen vermag. Ödipus' Körper und im Besonderen seine Beine sind das eigentliche Rätsel, das er wahrzunehmen, zu verstehen und zu lösen hat. Die uneindeutige Inschrift auf seinen Füßen ist von entscheidender Bedeutung. Viele Kritiker*innen haben mit seinem Namen spielend auf die Tatsache aufmerksam gemacht, dass es der Mann mit den geschwollenen (*oidos*) Füßen ist, der die Lösung des Fuß-Rätsels der Sphinx weiß (*oida*). Obwohl Ödipus als der erste Sprecher des Dramas seinen eigenen Namen schon in

36 Aristoteles: *Zweite Analytik. Analytica Posterioria*, aus d. Altgr. v. Wolfgang Detel. Hamburg: Meiner 2014, S. 143, 91b 49–92a 1–2. Vgl. „Fremder: Ich meine nämlich, wir sollten gleich die Landgänger eingeteilt haben in zweifüßige und vierfüßige; und da wir dann die menschliche Gattung nur allein noch mit dem Federvieh zusammen die zweibeinige Herde bildend gefunden hätten, diese dann zerschneiden in einen nackten und einen gefiedererzeugenden Teil. Wäre sie nun so geteilt und dadurch die menschenhütende Kunst deutlich gezeigt worden, dann hätten wir unsern Staatsmann und König gebracht und wie den Wagenführer in den Staat hineingestellt, die Zügel desselben ihm übergebend, da hierin doch seine eigentümliche Kunst besteht." (Platon: Politikos. In: Ders.: *Sämtliche Werke in zehn Bänden*, Bd. 7, hrsg. v. Karlheinz Hülser nach d. Übers. v. Friedrich Schleiermacher. Frankfurt am Main / Leipzig: Insel 1991, S. 295–463, hier S. 331, 265d.)

der achten Zeile verwendet, fragt er niemals danach, warum er diesen Namen trägt, warum er geschwollene Füße hat (wie wir aus seinem Namen ableiten können) oder warum seine Füße als Resultat von etwas vernarbt sind, das ihm seine Eltern nach der Geburt angetan haben. Ödipus betrachtet seine Füße nicht einmal dann, als Iokaste erwähnt, dass das Kind von ihr und Laios auf dem Berg Kithairon mit durchstochenen und zusammengebundenen Füßen ausgesetzt wurde. Und auch seine Frau fragt ihn nicht danach, wie er seinen Namen bekommen hat – den sie, obwohl sie seine Mutter ist, ihm nicht gegeben hat – oder wieso er vernarbte Klumpfüße hat.
Das Rätsel der Sphinx, das von Ödipus gelöst wird, konzentriert sich auf die Füße des Menschen als Grundlage für eine Gattungsbestimmung; Ödipus' Name weist auf sein persönliches Schicksal und seine entstellten Füße hin. Und trotzdem kommt es erst zu folgender Unterhaltung, als Ödipus den Boten befragt, ob er, das Kind Ödipus, denn Schmerzen hatte, als er durch den Boten mitgenommen wurde:

> Bote: Deine Fußgelenke könnten es bezeugen.
> Ödipus: Ach, was erwähnst du dieses alte Übel?
> Bote: Ich löste dir die Fersen, die durchbohrten.
> Ödipus: Ja, furchtbare Schande aus den Windeln bracht ich mit!
> Bote: So dass du der nach diesem Unglück benannt mit Namen wurdest, der du bist.[37]

Ödipus, der glorreiche Rätsellöser, betrachtet seine eigenen Füße erst ganz am Ende, um dann die fatale Beziehung zwischen seinem Namen und seinem Körper, zwischen dem universalen Konzept des Menschlichen und seiner eigenen, individuellen Subjektivität zu erkennen.
Auch Aristophanes Geschichte im *Gastmahl* erzählt von Einschreibungen auf oder in den Körper, aber hier sind es ‚Muttermale' (*birthmarks*) der menschlichen Gattung, die einen allgemeinen Charakter haben und keine individuellen Wunden sind wie die von Ödipus. Vor dem Treffen mit dem Boten ist Ödipus' Unfähigkeit, sich selbst wahrzunehmen – seine Füße ebenso wie seinen Namen – und damit das Rätsel seiner Identität entschlüsseln zu können, sowohl mit seiner

37 Sophokles: *König Ödipus*, S. 48, 1032–1036.

metaphorischen Blindheit verbunden, die nach der schmerzhaften Erkenntnis willentlich in eine reale, physische Blindheit überführt wird, als auch mit seinem problematischen Status als ein Mensch, der eines der wichtigsten sozialen Tabus gebrochen hat, indem er seine Mutter heiratete.

Sogar Aristoteles, der *König Ödipus* in seiner *Poetik* als *das* zentrale Beispiel für tragische Dichtung wertet, übersieht die vernarbten Füße von Ödipus. Im 16. Kapitel der *Poetik*, in dem er die Idee des (Wieder-)Erkennens oder der Aufdeckung (*anagnôresis*) diskutiert, die direkt auf die Eingebundenheit philosophischer Fragen in den theatralen Diskurs verweisen, schreibt er: „Von den Arten der Wiedererkennung hat die erste am wenigsten etwas mit der Dichtkunst zu tun, und man verwendet sie aus Verlegenheit am häufigsten: die durch Zeichen", äußerliche Zeichen so wie Muttermale. Auch ‚Narben' werden als Teil dieser Kategorie begriffen. In diesem Zusammenhang bezieht sich Aristoteles an zwei Stellen auf Odysseus: Er „wird an seiner Narbe auf bestimmte Weise von der Amme erkannt und auf andere Weise von den Sauhirten."[38] Auch Odysseus' Narbe findet sich an seinen Füßen. Und trotzdem – und es ist sehr verlockend, diese ‚Blindheit' als Übertragung aus dem *Ödipus* zu lesen – findet sich in Aristoteles' *Poetik* kein Hinweis auf die Narben, die Ödipus seinen Namen gegeben und ihn für sein Leben gezeichnet haben. Der wichtigste Unterschied zwischen der Verwendung von Narben durch Homer und Sophokles ist, dass sie im erstgenannten Fall durch Menschen entdeckt werden, die den Helden umgeben, während Odysseus offenbar zeitlebens weiß, wer er ist. Ödipus dagegen beginnt sein Leben in einem Zustand der Ignoranz und seine Selbst-Entdeckung ist und begründet Tragödie als solche.

Es ist verwunderlich, dass die Narben auf Ödipus' Füßen in Aristoteles' Abhandlungen über die Tragödie – mit Sophokles' *König Ödipus* als zentralem Beispiel – nicht erwähnt werden; insbesondere, weil diese vernarbten Füße und die Füße im Rätsel zusammen mit dem Orakelspruch die zentralen Antriebskräfte des Sophoklestextes darstellen. Die vernarbten Füße machen die Figur Ödipus zu dem einsamen Reisenden. Der zentrale Grund dafür, dass Aristoteles diesen Umstand übersieht, ist seine Überzeugung, dass intellektuelle (oder

38 Aristoteles: *Poetik*, S. 51.

besser: philosophische) Formen der *anagnôresis* denen überlegen sind, die aus physischen Markierungen des Körpers herrühren. Für das Theater hingegen ist gerade die Präsenz von und das Bewusstsein für Körper entscheidend. Platons *Gastmahl* entfaltet eine komplexe Dialektik zwischen einem abstrakten, philosophischen Diskurs – insbesondere in Sokrates' Bericht von seinem Treffen mit Diotima – und der immer wiederkehrenden Beschäftigung mit dem menschlichen Körper. Das ist natürlich auch nicht verwunderlich in einem Text, der sich mit Eros beschäftigt. Immer wieder werden starke, unkontrollierbare Begehren entdeckt, so zum Beispiel Alkibiades' tiefsitzende Enttäuschung über Sokrates und die erotische Konkurrenz. In diesen Zusammenhängen wird meine Definition des Performativen als eine Form vorgeschriebener Verkörperlichung machtvoll deutlich. Insbesondere Aristoteles aber hat Ödipus' Narben, die Einschreibungen in seinen Körper, ebenso übersehen wie Ödipus selbst, der blind für sie ist, bis er sich mit jenem Boten trifft, der sein Leben auf dem Berg Kithairon gerettet hat.

Aristophanes' Einspruch

Dies wäre ein guter Moment, meine ohnehin schon etwas ausufernde Untersuchung der Begegnung von Sokrates und den zwei Theaterautoren sowie ihrer intertextuellen Bezüge abzuschließen, wäre da nicht noch ein kleines Detail in diesem meisterhaften Text, das mich während meiner Arbeit mit dem Dialog immer wieder beschäftigt hat. Dieses Detail, auf das ich mich jetzt noch konzentrieren möchte, ist Apollodoros' Beschreibung dessen, was nach Sokrates Rede passiert:

> Nachdem Sokrates dies gesagt hatte, lobten ihn die einen, Aristophanes aber schickte sich gerade an, etwas zu sagen, weil Sokrates in seiner Rede eine Anspielung auf ihn und seine Worte gemacht hatte, da entstand plötzlich durch heftiges Klopfen an der Hoftür großer Lärm wie von einer Gruppe von Zechern, und man hörte die Musik einer Flötenspielerin. (62, 212c)

Das Klopfen an der Tür und die Ankunft von Alkibiades geben dem Dialog eine völlig neue Wendung und Aristophanes bekommt keine Gelegenheit mehr zu sagen, was ihn an Sokrates' Präsentation gestört hat. Platon deutet nur an, dass es sich um einen Rückbezug in Sokrates' Rede auf Aristophanes handeln könnte, aber inhaltlich wird Aristophanes' Einspruch nicht ausformuliert. Genau wie an der Stelle von Sokrates' Vortrag über Komödie und Tragödie am Ende des *Gastmahls* klafft auch hier eine offensichtliche Leerstelle in Platons Text. Dieser unhörbare Protest hat aber noch einen größeren Einfluss auf das Verständnis des Platonischen Dialogs als jener finale Moment, da die beiden Dramatiker ebenso wie Aristodemos eingeschlafen sind. Mit Aristophanes' Einspruch nämlich untergräbt Platon die Sokratische Autorität, ja, er subvertiert sie sogar.

Aristophanes' Widerspruch bezieht sich vermutlich auf eine kurze Seitenbemerkung von Sokrates über die für Aristophanes entscheidende Definition der zweibeinigen Kreaturen, die ihre verlorene Hälfte suchen. Aber es ist eben nicht wirklich Sokrates, der hier reagiert – es ist Diotima, die Sokrates mit einer Geschichte zitiert, „dass diejenigen lieben, die ihre andere Hälfte suchen." (52, 205d) Und ohne auf Sokrates' Reaktion zu warten, fügt sie hinzu: „Meine Geschichte besagt aber, dass die Liebe weder auf ein Halbes noch ein Ganzes aus ist, wenn es nicht auch in irgendeiner Weise gut ist, mein Freund" (52, 205e). Unabhängig davon, ob die Suche nach einer solchen anderen Hälfte gut oder schlecht ist, scheint Diotima hier mehr zu wissen, als innerhalb des durch den Dialog geschaffenen Rahmens logisch möglich ist.

Aus diesem Grund wirft Aristophanes' Protest eine Reihe von komplexen Fragen auf. Die erste Frage ist, wie es für Diotima innerhalb des fiktionalen Universums von Platon möglich sein sollte, einen Bezug zu Aristophanes' Geschichte der vierbeinigen Kreaturen herzustellen. Aristophanes hat seine mythische Geschichte der Androgynen und der zwei anderen originären Geschlechter bereits erzählt, als Sokrates von seiner Unterhaltung mit Diotima berichtet. Wäre diese mythische Erzählung allgemein bekannt und Gegenstand zeitgenössischer Diskussionen gewesen, wäre das kein Problem, weil sich Diotima dann einfach auf etwas beziehen würde, was vielen Menschen ihrer Zeit bekannt gewesen wäre. Aber diese Überlegungen scheinen kein Alltagswissen gewesen zu sein. Der von Aristophanes erzählte Mythos existiert in keiner anderen zeitgenössischen griechischen Quelle und kann sehr wohl Platons eigene Erfindung sein, die er Aristophanes in den Mund legt. Aber wenn Platon diesen Mythos seinen Leser*innen erstmalig im *Gastmahl* zu ‚hören' gegeben hätte, dann ist es seltsam,

dass Diotima sich auf diesen – obwohl sie beim Bankett überhaupt nicht zugegen ist und nur durch Sokrates zitiert wird – direkt beziehen kann.[39]
Die hier entscheidende Unsicherheit zwischen neuen und nacherzählten Geschichten wird in meiner Diskussion um Benjamin als Erzähler wiederkehren und ist ohne Zweifel ganz bewusst von Platon so gesetzt. Jedes Detail seines Texts unterliegt seiner inszenatorischen Konstruktion und so auch der Einspruch von Aristophanes. Warum also gibt es dieses Detail? Als erfahrener Komödienautor wusste Aristophanes, dass eine Figur sich nicht auf ein Ereignis beziehen kann, dem sie oder er nicht beigewohnt oder von dem sie oder er nicht berichtet bekommen hat. Und natürlich ist sich Platon dieser Tatsache ebenso bewusst gewesen. War es also Platons Wunsch, Sokrates' Glaubwürdigkeit zu unterwandern, indem er seine Leser*innen zu der Schlussfolgerung verleitet, Sokrates hätte einige der Dinge erfunden, die angeblich Diotima gesagt hat? Oder kann es gar sein (und ich schreibe dies mit großem Zögern), dass Sokrates Diotima erfunden hat? Und wenn dies der Fall wäre, wenn Diotima also Sokrates' Fiktion wäre, wäre es dann ihre Funktion, die Quellen seiner eigenen Philosophie zu verschleiern? Platon hat dieses kleine und scheinbar unwichtige Detail mit Sicherheit in seinen Text eingefügt, um die Basis für genau solch eine Möglichkeit zu legen. Das heißt nicht, dass Platon sich gänzlich gegen die philosophischen Ideen wendet, die Sokrates in seinem Bericht von der (zumindest teilweise ausgedachten) Unterhaltung mit Diotima entwirft. Aber es zeichnet den Charakter Sokrates in einem deutlich anderen Licht als in allen anderen Dialogen Platons.
Es ist nicht leicht, diese Zweifel an Sokrates' persönlicher Integrität mit der umfassend erzählten Geschichte zu vereinbaren, wie er durch die Unterweisung durch Diotima eine geheimnisvolle Leiter der Erkenntnis erklimmen konnte. Diese Zweifel sind aber bereits in dem Verhör angelegt, dem Sokrates Agathon nach dessen Rede unterzieht, bevor er seine eigene Geschichte erzählt. Mit Bezug auf die rhetorischen Übertreibungen, derer sich Agathon bedient habe, sagt Sokrates auf für ihn typisch ironische Weise: „Denn ich glaubte in meiner Einfalt, dass man über ein jedes, was gelobt wird, die Wahrheit

39 Siehe hierzu Plato: *Selected Myths*, hrsg. u. mit einer Einleitung v. Catalin Partenie. Oxford: Oxford UP 2004. Partenie hat diesen Umstand in mehreren Gesprächen bestätigt und ich danke ihm für seine wertvollen Hinweise und Vorschläge.

sagen müsse" (42, 198d). Er fügt hinzu, dass er nach der Rede Agathons nun denken würde, es ginge gar nicht darum, „irgendetwas auf schöne Weise zu loben, sondern einem Gegenstand möglichst große und schöne Attribute zu verleihen, ob sie nun berechtigt waren oder nicht" (42, 198e). Und er fährt fort, eine Zeile paraphrasierend, die Euripides Hippolytos[40] zugeschrieben hat: „*Die Zunge* nun hat es versprochen, *der Verstand* aber nicht" (42, 199a). In diesem Kontext bedeutet das, dass Sokrates am Beginn des Abends (noch) nicht davon ausgegangen ist, dass die Lobpreisungen von Eros auf Erfindungen beruhen dürfen, derer er sich dann aber auch bedient.

Auch Austin zitiert diese Zeile aus *Hippolytos* in seiner Diskussion über die Ernsthaftigkeit von Aussagen. In *Zur Theorie der Sprechakte* schreibt er über das Scheitern von Versprechen: „Zum Beispiel darf ich sie weder scherzhaft äußern noch als Verszeile niederschreiben."[41] Austin, der behauptet: „Genauigkeit und Moral finden sich beide auf der Seite des klaren ‚Ein Mann, ein Wort'", schließt „,solche märchenhaften inneren Akte aus'".[42] Dies belegt Austins anti-theatrale Haltung, die sich in folgender Bemerkung fortsetzt: „In einer *ganz besonderen Weise* sind performative Äußerungen unernst oder nichtig, wenn ein Schauspieler sie auf der Bühne tut oder wenn sie in einem Gedicht vorkommen oder wenn jemand sie zu sich selbst sagt."[43] Mit Blick auf meine Interpretation der Sokrates-Figur im *Gastmahl* muss die Debatte um Austin und seine Verwendung des *Hippolytos*-Zitats im Kontext seiner eigenen anti-ästhetischen Argumentation neu betrachtet werden.[44]

Indem er nahelegt, dass Sokrates sich vieles von dem, wovon er berichtet, schlicht ausgedacht hat, untergräbt Platon die Sokratische Ironie ebenso wie die Autorität seines Lehrer-Helden. Und mit dem dramatischen Auftritt des Militärkommandanten Alkibiades – der auf der Bühne der Geschichte den *agon* zwischen Leben und Tod auf dem

40 Euripides: *Hippolytos*, S. 29.

41 Austin: *Zur Theorie der Sprechakte*, S. 31.

42 Ebd., S. 32.

43 Ebd., S. 43.

44 Zur Einführung in diese komplexe Debatte vgl. Hent de Vries: Must We (Not) Mean What We Say? Seriousness and Sincerity in the Work of J. L. Austin and Stanley Cavell. In: Ernst von Alphen / Mieke Bal / Carel Smith (Hrsg.): *The Rhetoric of Sincerity*. Stanford: Stanford UP 2009, S. 90–118; J. Hillis Miller: *Speech Acts in Literature*. Stanford: Stanford UP 2001.

Schlachtfeld erfahren hat – macht er es sich zur Aufgabe, Aufmerksamkeit auf die rätselhaften Widersprüche von Sokrates' Charakter zu lenken. Alkibiades' Vergleich von Sokrates mit den hohlen Statuen der Silenen ist in diesem Zusammenhang sprechend:

> Denn wenn einer die Reden und Gedanken des Sokrates anhören wollte, dürften sie ihm zunächst ganz lächerlich erscheinen, in solche Worte und Ausdrücke sind sie äußerlich eingehüllt, so eine Art Fell eines frechen Satyrs. [...] Er scheint immerfort mit denselben Worten dasselbe zu sagen, sodass jeder unerfahrene und unvernünftige Mensch seine Reden und Gedanken verspotten dürfte. Wenn einer sie aber geöffnet sehen und ihrer innewerden sollte [*if you see them when they open up like the statues, if you go behind their surface*[45]], wird er zuerst herausfinden, dass sie als Einzige unter allen Reden Verstand haben. (75f, 221e–222a).

Dem Komödienautor Aristophanes ist keine ähnliche Gelegenheit gegeben, die Sokratischen Täuschungen auszustellen. Wenn Aristophanes' Einspruch gehört und diskutiert worden wäre, wäre er sicherlich wirkungsvoller in der Erschütterung von Sokrates' Argumentation gewesen, als es die emotional belasteten Angriffe von Alkibiades vermögen. Aber Alkibiades' Beschuldigungen sind dramatischer und theatraler als alles, was Aristophanes mit den Werkzeugen der Logik zur Demaskierung von Sokrates hätte vorbringen können.

Ausgang

Die letzten Zeilen von Platons *Gastmahl* künden von einem neuen Tag:

> Sokrates aber stand, nachdem er sie [Aristophanes und Agathon, M.Z.] in den Schlaf geredet habe, auf und ging weg, woraufhin ich [Aristodemos, M.Z.] ihm, wie üblich, folgte. Sokrates ging ins Lykeion, badete und verbrachte danach den Rest des Tages wie gewöhnlich. Gegen Abend begab er sich nach Hause und ruhte sich aus. (78, 223d)

45 Um das Argument deutlich zu machen zitiere ich hier auch die englische Übersetzung, auf die sich Rokem bezieht. Plato: *Symposium*, aus d. Altgriech. v. Alexander Nehamas / Paul Woodruff. In: Ders.: *Complete Works*, hrsg. v. John Cooper. Cambridge: Hackett 1977, S. 457–505, hier S. 503.

Am Ende des Dialogs wird der Fokus auf Sokrates' gesunden, selbstbestimmten Körper gerichtet. Einerseits steht er im Gegensatz zu den schlafenden Körpern von Aristophanes und Agathon, dem unkontrollierten Begehren von Alkibiades und den vernarbten Körpern aus Aristophanes' mythischer Erzählung. Andererseits kontrastiert Sokrates' Körper den selbstverstümmelten Ödipus und seine blutenden Augen. Der Philosoph nimmt ein Bad und verbringt den Tag entsprechend seiner üblichen Routinen.
Auch Nietzsche beschäftigt sich in *Die Geburt der Tragödie aus dem Geiste der Musik* mit den alltäglichen Verrichtungen des Sokrates, der sich nach einer Nacht intensiver Diskussion, hin und her gerissen zwischen Männern, die um seine intellektuelle wie körperliche Aufmerksamkeit wetteifern, um sich selbst kümmert. Für Nietzsche deuten diese finalen Momente des *Gastmahls* schon auf etwas viel Endgültigeres hin, nämlich den Moment vor Sokrates' Tod. Nietzsche schreibt, dass Sokrates

> nach Platons Schilderung als der letzte der Zecher im frühen Tagesgrauen das Symposion verläßt, um einen neuen Tag zu beginnen; indes hinter ihm, auf den Bänken und auf der Erde, die verschlafenen Tischgenossen zurückbleiben, um von Sokrates, dem wahrhaften Erotiker, zu träumen.[46]

Wie ich weiter unten ausführlich diskutieren werde, verwandelt Nietzsche Sokrates in den ultimativen tragischen Helden des von ihm vorgeschlagenen historiographischen Szenarios, das die Grundlage einer Geburt der Philosophie aus den Ruinen der Tragödie bildet. Trotz Nietzsches' Aufwertung des dionysischen Lebens und seiner harschen Kritik an einer rationalen Philosophie – insbesondere von Sokrates als dem ‚Grund' für den Untergang der Tragödie – gibt es in *Die Geburt der Tragödie aus dem Geiste der Musik* eine ‚Unterströmung', die Platons philosophierenden Helden als ‚wahrhaften Erotiker', als ultimative Verkörperung von Eros lesbar macht. Nachdem der tragische Geist, der aus der Vereinigung des Dionysischen und Apollinischen entstanden ist, unter dem Ansturm der rationalen Philosophie (vertreten durch Sokrates) zusammengebrochen ist, zeigt Nietzsche, wie aus diesem Zerfall eine neue Form der Tragödie entsteht. Dies ist die Tragödie des Sokrates, der die beiden schlafenden Dramatiker zurücklässt

46 Nietzsche: *Die Geburt der Tragödie*, S. 106.

und sich selbst bereits willentlich auf den Weg zu seinem eigenen Todesurteil begibt. Nietzsche impliziert also, dass Sokrates über das Theater siegreich war. Tatsächlich spiegeln sich die philosophische Vereinigung von Tragödie und Komödie und Sokrates' Tod durch Gift ineinander und verwandeln ihn in einen tragischen Helden.
Auch für Walter Benjamin ist *Das Gastmahl* ein Text, der zu einem tiefen Verständnis der Beziehung von Philosophie und Kunst führt, wie er es in der „Erkenntniskritischen Vorrede" zum *Ursprung des deutschen Trauerspiels* entwickelt. Benjamin begreift *Das Gastmahl* als einen möglichen Entwurf für die wechselseitige Abhängigkeit dieser beiden diskursiven Praktiken, denn es enthält

> zwei in diesem Zusammenhang entscheidende Aussagen. Es entwickelt die Wahrheit – das Reich der Ideen – als den Wesensgehalt der Schönheit. Es erklärt die Wahrheit für schön. Einsicht in die Platonische Auffassung vom Verhältnis der Wahrheit zur Schönheit ist nicht nur ein oberstes Anliegen jedes kunstphilosophischen Versuchs, sondern für die Bestimmung des Wahrheitsbegriffs selbst unersetzlich.[47]

Benjamin bezieht sich ebenfalls direkt auf die letzte Szene des *Gastmahls* und erklärt Sokrates zu einem wahren Dichter:

> Wenn am Ende des *Symposion* Sokrates, Agathon und Aristophanes einsam einander gegenübersitzen – sollte es nicht das nüchterne Licht seiner Dialoge sein, das Platon da überm Diskurs vom echten Dichter, der gleicherweise Tragik und Komödie in sich halte, mit dem Morgen über den Dreien hereinbrechen läßt? Im Dialog tritt die reine dramatische Sprache diesseits von Tragik und Komik, ihre Dialektik, auf.[48]

Die entscheidende Frage ist natürlich, ob es überhaupt möglich ist, eine solche reine dramatische Sprache darzustellen, und wenn dies der Fall wäre, welche Form sie annehmen würde.

47 Walter Benjamin: Ursprung des deutschen Trauerspiels. In: Ders.: *Gesammelte Schriften*, Bd. I.1, hrsg. v. Rolf Tiedemann / Hermann Schweppenhäuser. Frankfurt am Main: Suhrkamp 1989, S. 203–409, hier S. 210.
48 Ebd., S. 297.

2.
„Wer da?“
Hamlet als Philosoph *und* Theatermacher

Nun, ist das Ding heut wiederum erschienen?
William Shakespeare: *Hamlet* (I.1, 21)[1]

Es gibt mehr Ding' im Himmel und auf Erden
Als Eure Schulweisheit sich träumt, Horatio.
William Shakespeare: *Hamlet* (I.5, 166–167)

Der tragische Held hat nur eine Sprache, die ihm
vollkommen entspricht: eben das Schweigen.
So ist es von Anfang an.
Franz Rosenzweig: *Der Stern der Erlösung*[2]

William Shakespeares dramatischer Text *Hamlet* ist ebenso wie der titelgebende Protagonist strategisch genau auf der Schwelle zwischen den Diskursen von Philosophie und Theater platziert. Hamlet strebt danach, *sowohl* Philosoph *als auch* Theatermacher zu sein, und dieses Begehren hat zentralen Anteil an seinem tragischen Schicksal. Er bedarf der Mittel des Theaters, um existentielle philosophische Fragen zu lösen, während seine Überlegungen zum Sinn des Lebens immer

1 William Shakespeare: Hamlet, Prinz von Dänemark. In: Ders.: *Sämtliche Dramen*, nach der 3. Schlegel-Tieck-Gesamtausgabe von 1843/44. Zürich: Artemis & Winkler 2001, Bd. 3, S. 589–702. Alle Zitate aus *Hamlet* sind in Klammern im Fließtext nach folgendem Muster angegeben: Akt. Szene, Zeile.

2 Zit. n. Benjamin: Ursprung des deutschen Trauerspiels, S. 286.

wieder theatralischen Charakter annehmen. Er ist nicht dazu im Stande, die beiden diskursiven Praktiken voneinander zu trennen, und die Spannung zwischen ihnen wird durch den Modus des Selbstgesprächs hervorgehoben; jene Form der Rede, in der Shakespeare Hamlet zu einem wahren Meister gemacht hat. Hamlet versucht, den Spannungen zwischen einer Identität als Philosoph und einer Identität als Theatermacher zu trotzen und beides zu sein. Auch das Shakespearestück selbst oszilliert in Sprache, Motiven und Komposition sowie in unzähligen Wortspielen, Anspielungen und intertextuellen Referenzen beständig zwischen philosophischem und theatralem Diskurs. Immer wieder setzt der Text die beiden diskursiven Praktiken nebeneinander und stellt sie sogar einander gegenüber. Bereits mit der ersten berühmten Zeile – „Wer da?“ – wird diese Dimension des Stücks eingeführt. Sie bezieht sich auf die konkrete Situation der Wachablöse und die Angst der Männer, auch in dieser Nacht könne der Geist erneut erscheinen. Zugleich aber spielt die Zeile auf den ontologischen Status der Schauspieler in der theatralen Situation selbst an. In meiner Lesart kann diese Frage auch auf die Identitätsspaltung von Hamlet bezogen werden: „Wer da?“ Die Antwort auf diese Frage wäre: *sowohl* ein Philosoph *als auch* ein Theatermacher. In diesem Kapitel werde ich zunächst dieser radikalen Spaltung von philosophischem und theatralem Diskurs in Shakespeares Stück nachgehen, um danach kurz die philosophischen Einsätze von Hegel, Marx und Derrida zu diskutieren, die den Geist dazu ‚einladen‘, die Rolle einer utopischen Figur zu spielen.

Wie wir in Platons *Gastmahl* sehen konnten, strebt Sokrates eine Form des Philosophierens an, die das Theatrale – und zwar sowohl das Tragische wie das Komische – einzuschließen vermag und durch die der Philosoph in eine angenommene Vorherrschaft gegenüber den Künsten im Allgemeinen und den beiden Theaterautoren im Konkreten tritt. Aber wir konnten auch feststellen, dass Platon mittels des Einspruchs von Aristophanes gegenüber seinem Philosophenhelden eine komplexe, kritische Ironie entwickelt, die den Sokratischen Sieg unterwandert. Shakespeares *Hamlet* entwirft eine ähnlich ironische Perspektive, allerdings in viel größerem Maßstab, die mit der berühmten ersten Zeile ihren Anfang nimmt. Diese steht der vorsichtigen, nahezu untergründigen narrativen Strategie von Platon deutlich entgegen. Im *Hamlet* werden Philosophie und Theater nicht als

Gegensätze begriffen oder als etwas, durch das Individuen um Aufmerksamkeit und Vorherrschaft kämpfen. Die beiden diskursiven Praktiken sollten vielmehr als Konflikt verstanden werden, der sich innerhalb des Protagonisten selbst abspielt, während sie sich wechselseitig beständig aus veränderter Perspektive beleuchten. Wettkämpfe enden normalerweise mit Sieg oder Niederlage. In Platons Dialog ist Sokrates siegreich – und zwar trotz oder gerade aufgrund der sophistischen Mittel, die er einsetzt. In *Hamlet* nimmt die Opposition der diskursiven Praktiken die Form eines inneren Kampfes an. Und wie in jeder wahren Tragödie gibt es keinen wirklichen Gewinner außer Fortinbras, den marginalisierten Vertreter der Geschichte, dem Shakespeare aber weder Zeit noch Sprache gibt, um über diese Umstände zu reflektieren. Aus diesem Grund kann Shakespeares *Hamlet* ebenso wie Sophokles' *König Ödipus* als eine indirekte Kritik an der Philosophie gelesen werden: In beiden Fällen kreisen die Stücke um einen Helden, dessen Philosophieren zentralen Anteil an seiner Hybris hat und zu seinem Niedergang führt.

Das spannungsreiche und paradoxe Aufeinandertreffen von philosophischem und theatralem Diskurs wird in Shakespeares Stück durch viele metatextuelle Referenzen, die buchstäblich, aber auch figurativ ‚hinter' Hamlets Rücken spielen, wiederholt, verstärkt und stellenweise gar subvertiert. Shakespeares Text ‚performt Philosophie' und ‚philosophiert Performance' immer wieder – und zwar auf Arten und Weisen, derer sich die Figur des Hamlet nicht bewusst ist. Shakespeares Stück verweist auf die Konsequenzen dieser multiplen, gespaltenen Perspektiven, indem sowohl der Charakter als auch der Text zahllose, simultane Begegnungen und Konflikte zwischen Philosophie und Theater/Performance ‚inszenieren'. Nach meinem besten Wissen ist diese Lesart bisher von keiner*m Leser*in des Stücks in den Blick genommen worden.[3] Im Fall von Hamlet ist sein Versuch einer Verbindung der beiden diskursiven Praktiken integraler Bestandteil seines tragischen Schicksals, während in Shakespeares Stück – das natürlich auch Hamlets Scheitern beinhaltet – die Begegnungen von

3 Michel de Montaignes möglicher Einfluss auf *Hamlet* ist aus unzähligen Perspektiven diskutiert worden und für die philosophischen Tiefenschichten des dramatischen Texts zweifelsohne von Bedeutung. Er spielt allerdings keine direkte Rolle im Zusammenhang der hier untersuchten Frage eines Spannungsgefüges zweier diskursiver Praktiken.

Charakter und Text hochgradig aufgeladen, manchmal aber auch sehr komplex und verwirrend werden.

Die vielfältigen und sich beständig verändernden Perspektiven erzeugen eine Art Metadialog zwischen den dramatischen Charakteren – besonders Hamlet und Polonius –, dem Protagonisten und den impliziten Stimmen von Autorität und Autorschaft. Dies schließt die Stimme des Geistes ‚hinter' bzw. manchmal gar buchstäblich ‚unter' dem Text – nämlich in der Unterbühne – ein, sowie zumindest in der ersten Produktion auch die der unterschiedlichen Schauspieler auf der Bühne. Diese extrem durchdachten Metadialoge zwischen Schauspielern, Charakteren und dem Text haben sicherlich einen gewichtigen Anteil daran, dass Shakespeares *Hamlet* seine einzigartige Position im anschließenden philosophischen wie auch theatralen Diskurs erlangt hat. Aber natürlich ist das Stück auch einzigartig in seiner Wahrnehmung subjektiven Innenlebens, wie es vom psychoanalytischen Denken beschrieben wurde.

Ich vermute, dass diese komplexen Multiperspektiven der Grund dafür sind, dass T. S. Eliot in seinem bekannten Essay „Hamlet" davon spricht, dass das Stück an den Spannungen von Charakter und Drama gescheitert sei:

> Hamlets Leichtfertigkeit, seine Wortwiederholungen, seine Witze gehören nicht zu einem wohlerwogenen Plan der Verstellung, sondern sind eine Art Gefühlserleichterung. Bei Hamlet als Bühnengestalt ist es das Possenspiel eines Gefühls, das keinen Ausweg ins Handeln finden kann; beim Dramatiker ist es das Possenspiel eines Gefühls, das er nicht in künstlerischen Ausdruck umsetzen kann. Das gesteigerte Empfinden, verzückt oder schreckhaft, das gegenstandslos ist oder über seinen Gegenstand hinausreicht, hat jeder empfindsame Mensch kennengelernt; ohne Zweifel ist es ein Stoff für pathologische Forschung. [...] Wir müssen einfach zustehen, daß Shakespeare hier eine Aufgabe angriff, die sich für ihn als zu groß erwies. Warum er sich überhaupt an ihr versuchte, ist ein unlösbares Rätsel. Unter dem Druck welcher Erfahrung er versuchte, das unaussprechlich Grausige auszusprechen, können wir nie in Erfahrung bringen.[4]

4 T. S. Eliot: Hamlet, aus d. Engl. v. H. H. Schaeder. In: Ders.: *Essays II*. Frankfurt am Main: Suhrkamp 1969, S. 94–100, hier S. 99–100.

Eliot behauptet, dass es Shakespeare nicht gelungen sei, den Diskrepanzen von Aktion und Emotion sowohl bezogen auf den Charakter Hamlet als auch auf seine Autorschaft Herr zu werden. Ich werde hingegen argumentieren, dass es gerade diese Spannungen sind, die den zentralen Grund für die unzähligen Lektüren und Interpretationen von Shakespeares *Hamlet* darstellen. Es geht hier im Gegensatz zu Eliots Behauptung nicht um Possenspiele, sondern das Stück beschäftigt sich mit den Abgründen von Schweigen und Tod und präsentiert sich als faszinierender, sogar brillanter Balanceakt sich kaleidoskopisch verschiebender Perspektiven.
Ich werde damit beginnen, die geteilte Hinwendung zu Theater und Philosophie zu untersuchen, wie sie durch die Hamlet-Figur zum Ausdruck gebracht wird. Aus den Ereignissen während der ersten Ratssitzung des neuen Königs (Beginn 1. Akt, 2. Szene) – also nach dem Begräbnis des alten Hamlets, nach Claudius' Heirat mit Gertrude und seiner Krönung – erfahren wir, dass Hamlet in Wittenberg studiert hat, als sein Vater starb, und er von dort aus zum Begräbnis nach Hause (Helsingör) gerufen wurde. Die Ratssitzung beginnt damit, dass Claudius einige dringende diplomatische Probleme in Angriff nimmt. Nach kurzer Beratung mit Polonius erlaubt er Laertes die Rückkehr nach Paris, von wo aus er nach Helsingör gekommen ist, um „bei Eurer Krönung meine Pflicht zu leisten" (I.2, 53). Dann wendet sich Claudius an Hamlet und bittet ihn, in Dänemark zu bleiben:

> Was Eure Rückkehr
> Zur hohen Schul in Wittenberg betrifft,
> So widerspricht sie höchlich unserm Wunsch,
> Und wir ersuchen Euch, beliebt zu bleiben
> Hier in dem milden Scheine unsres Augs
> Als unser erster Hofmann, Vetter, Sohn. (I.2, 112–117)

Gertrude, Hamlets Mutter und nun auch die Frau von Claudius, unterstützt diese Bitte umgehend: „Ich bitte, bleib bei uns, geh nicht nach Wittenberg." (I.2, 119) Hamlet antwortet: „Ich will Euch gerne gehorchen, gnäd'ge Frau." (I.2, 120) Shakespeare unternimmt keine Anstrengung, diese emphatischen Ansprüche anders zu begründen, als dass sie ihn im („milden Scheine ihres") Auge(s) behalten wollen.

Hamlets Studium und seine Freunde in Wittenberg werden als eine unbestimmte Bedrohung für Claudius und Gertrude lesbar. Und er muss natürlich auch in Helsingör bleiben, damit die Verschwörung ihren Gang nehmen kann. Bevor sie sich zurückziehen, um „dies will'ge, freundliche Nachgeben Hamlets" (I.2, 123) – so die zynische Äußerung – zu feiern, wiederholt Claudius, wie erfreut er über Hamlets ‚liebe' und ‚schöne Antwort' sei, um seine nächste Zeile mit einem hochgradig herausfordernden und zugleich vieldeutigen Imperativ zu beginnen. Sie beginnt mit dem Verb ‚sein' (*to be*), *dem* philosophisch herausforderndsten Verb des Stücks, wenigstens für Hamlet: „*Seid* [*be*] wie wir selbst in Dänemark." (I.2, 120–121; Herv. F. R.) Kurz vorher sagt Gertrude zu Hamlet: „Du weißt, es ist gemein: was lebt, muß sterben / Und Ew'ges nach der Zeitlichkeit erwerben", worauf Hamlet bestätigt: „Ja, gnäd'ge Frau, es ist gemein." Sie entgegnet darauf: „Nun wohl, [*if it be*] / Weswegen scheint es so besonders dir?" (I.2, 72–75; Herv. F. R.). Und Claudius zitiert diesen Punkt umgehend mit dem Teilsatz „Wovon man weiß, es muß *sein*" (I.2, 98; Herv. F. R.). Bereits also während seines ersten Treffens mit Gertrude und Claudius werden die existentiellen Dimensionen des Verbs ‚sein' eingeführt, die später entscheidend für das philosophische Denken Hamlets werden.
Nachdem die beiden abgegangen sind, bleibt Hamlet das erste Mal alleine auf der Bühne zurück und hält seinen ersten Monolog, der mit den Worten „O schmölze doch dies allzu feste Fleisch" (I.2, 129–159) beginnt. Er macht sich erste Gedanken über das Gebot gegen Selbstmord, die später in dem berühmten „To be or not to be"-Monolog kulminieren (III.1, 56–88). Hamlet positioniert sich mit seiner allgemeinen Abneigung gegen die Welt – „Wie ekel, schal und flach und ersprießlich / Scheint mir das ganze Treiben dieser Welt!"– in einem diskursiven Universum, in dem philosophische und existentielle Probleme von entscheidender Bedeutung sind, dem er aber zunächst mit einem Eid des Schweigens begegnet: „Doch brich, mein Herz! denn schweigen muß mein Mund." (I.2, 159) Nach seiner ersten Begegnung mit dem Geist verlangt Hamlet von Marcellus und Horatio, dass sie dreimal schwören, „niemals von dem, was ihr gesehn, zu sprechen" (I.5, 153; mit leichten Abwandlungen 144 und 158). Nachdem er zu Horatio gesagt hat: „Es gibt mehr Ding' im Himmel und auf Erden, / Als Eure Schulweisheit sich träumt,

Horatio" (I.5, 166–167),[5] bringt Hamlet dann ein Gefühl davon zum Ausdruck, dass „die Zeit [...] aus den Fugen" (I.5, 189) geraten sei.

Es gibt viele Schweigegelübde in diesem Stück, das auf die Gefahr des Denkens und des Äußerns bestimmter Dinge hinweist. Das prominenteste Gelübde ist sicherlich Hamlets Eid, nachdem er dem Geist zum dritten Mal begegnet ist. Aber auch schon die letzte Zeile des ersten Monologs lässt eine philosophisch-existentielle Haltung erkennen, die sich später in seinen letzten Worten wiederfindet, nachdem er durch die vergiftete Schwertspitze tödlich verwundet worden ist: „Der Rest ist Schweigen." (V.2, 337) Und dann, direkt nach Hamlets Tod, werden seine Worte „Doch brich, mein Herz" aus dem ersten Monolog von Horatio zitiert: „Da bricht ein edles Herz." (V.2, 338) Shakespeare hat seinen Text zweifellos auf diese Weise strukturiert, um weitreichende Beziehungen zwischen den zentralen philosophischen Themen seines Stücks herzustellen.

Retrospektiv macht es also Sinn, dass nach Hamlets erstem Monolog Horatio in der Begleitung von Marcellus und Bernardo auftritt. Leser*in wie Zuschauer*in sind zu diesem Zeitpunkt bereits mit beiden bekannt geworden – sie tauchen nämlich während der Wachablöse in der ersten Szene des Stücks auf. Jetzt kommen sie, um Hamlet über ihre Begegnung mit dem schweigsamen Geist zu informieren. Aus Hamlets Frage an Horatio lässt sich ablesen, dass es sich bei diesem Treffen um das erste nach dem Tod von Hamlets Vater handelt – es sei denn natürlich, es handele sich bei dem darauffolgenden Dialog um einen scherzhaften. Auch wenn das durchaus eine Möglichkeit ist, scheint sie doch eher unwahrscheinlich. Das Treffen beginnt mit einer leichten Peinlichkeit, weil Hamlet so in seine Gedanken versunken ist, dass er verwirrt fragen muss, ob er sich an den Namen seines Freundes richtig erinnert: „Horatio – wenn ich nicht mich selbst vergesse?" (I.2, 162) – fast so, als würde er unbewusst die erste Zeile des Stücks zitieren: „Wer da?"

5 Es gibt einige interessante Echos von *Hamlet* in *König Lear*, das im Jahr 1605 uraufgeführt wurde. In der Sturmszene (III.4) fragt Kent Gloucester: „Wer da?" (III.4, 113) Darüber hinaus adressiert Lear Edgar wiederholt als „Philosophen" (III.4, 137, 154, 159) und verweist damit auf die gleiche Verbindung von Wahnsinn und Philosophie, die in *Hamlet* so prominent verhandelt wird.

Nachdem er von Horatio die Bestätigung erhalten hat, dass dies wirklich sein Name ist, fährt Hamlet fort: „Vertauscht mir jenen Namen" (I.2, 165). Vielleicht ist es die ‚ratio' – die *Ratio*nalität – in Horatios Namen, die ihn anzieht, auch wenn er Horatio nach der Begegnung mit dem Geist ausdrücklich unterstellt, dass ihm genau diese Eigenschaft fehlen würde („Es gibt mehr Ding' im Himmel und auf Erden, / Als Eure Schulweisheit sich träumt, Horatio"). Aber Horatios Name ist ebenso wie sein grundlegend rationalistisch-philosophisches Denken eine zentrale Herausforderung für Hamlet. Offenbar sind sie beide Studenten der Philosophie und Hamlet stellt sich die Frage, ob Horatios rationales Denkvermögen dafür ausreiche, die Situation zu bewältigen, in der er sich befindet. Kurz vor seinem Tod kommt Hamlet auf Horatios Namen zurück und sagt: „Welch ein verletzter Name, Freund" (V.2, 323). Dies könnte heißen, dass alles, was stattgefunden hat, der grundlegenden Ratio in Horatios Namen widerspricht – oder aber auch andeuten, dass Horatio nach Hamlets Tod zum Erzähler (*orator*) werden wird: „Und laßt der Welt, die noch nichts weiß, mich sagen, / Wie alles dies geschah" (V.2, 358–359). Diese Aussage impliziert sogar, dass das Stück selbst eine Erzählung jener irrationalen Ereignisse ist, die zu Hamlets Tod geführt haben und die für die Zuschauer*innen in Form einer Aufführung wiederholt werden. Während für Hamlet ‚der Rest Schweigen ist', wird Horatio (weiter) sprechen:

> Von Taten, fleischlich, blutig, unnatürlich,
> Zufälligen Gerichten, blindem Mord;
> Von Toden, durch Gewalt und List bewirkt,
> Und Plänen, die verfehlt zurückgefallen
> Auf der Erfinder Haupt. (V.2, 360–364)

In der ersten Szene des Stücks taucht das Verb ‚sprechen' vierzehn Mal auf – neun Mal handelt es sich um Imperative, die Horatio nach der Begegnung mit der schweigenden Geistererscheinung verwendet. Die durch Shakespeare entworfene Dialektik von Sprechen und Schweigen hat einen tiefen philosophischen Nachhall.[6]

6 Shakespeare inszeniert mit *Hamlet* auch eine Dialektik von Sprechen und Schreiben. Hamlet schreibt Briefe und nach seiner ersten Begegnung mit dem Geist sitzt er am Tisch, um etwas aufzuschreiben. Darüber hinaus verfasst er auch

Nachdem die Frage von Horatios Namen geklärt ist, fragt Hamlet: „Was macht ihr hier von Wittenberg, Horatio?" (I.2, 164). Nachdem er Marcellus und Bernardo kurz begrüßt hat, wiederholt Hamlet seine Frage beinahe wortwörtlich: „Was führt' euch weg von Wittenberg?" (I.2, 168) Horatios Behauptung eines „müßiggängerische[n] Hang[s]" (*truant disposition*) (I.2, 169) – wobei *truant* sowohl Herumtreiber meint (Handelt es sich bei Horatio also eigentlich um einen weiteren Reisenden?) als auch jemanden, der sich unerlaubt aus der Schule entfernt – scheint Hamlet offenbar nicht zu befriedigen, weshalb er seine Frage ein drittes Mal wiederholt: „Doch was ist eur Geschäft in Helsingör?" (I.2, 174) Dieses Mal benutzt er den Namen des Ortes, an dem sie sich gerade befinden, anstelle von Wittenberg, der Stadt, die sie beide wegen der unheilvollen Ereignisse in Helsingör verlassen haben. Horatio antwortet erst nach dreimaliger Frage nach den Gründen für seine Anwesenheit in Helsingör: „Ich kam zu Eures Vaters Leichenfeier." (I.2, 176) Darauf antwortet Hamlet zynisch: „Ich bitte, spotte meiner nicht, mein Schulfreund; / Du kamst gewiß zu meiner Mutter Hochzeit." (I.2, 178)

Diese plötzliche Wendung ist ebenso merkwürdig und verblüffend wie die geradezu obsessiv wiederholte Frage Hamlets. Wie ist es möglich, dass die beiden gemeinsam in Wittenberg studierenden Hamlet und Horatio – die bis zu Hamlets Tod enge Freunde bleiben werden – sich in Helsingör noch nicht begegnet sind? Ihre enge, auf wechselseitigem Vertrauen basierende Freundschaft ist entscheidend für die nachfolgende Handlung des Stücks. Da Horatio in der stummen Geistererscheinung Hamlets Vater erkennen kann, muss er ihn vor seiner studienbedingten Abreise nach Wittenberg getroffen haben. Es ist daher seltsam, dass weder Shakespeares Text beantwortet, warum Claudius und Gertrude sich so hartnäckig gegen Hamlets Rückkehr nach Wittenberg wehren, noch das Stück eine Erklärung dafür gibt, warum Hamlet und Horatio sich in Helsingör noch nicht begegnet sind. Offenbar haben sie sich weder während der Beerdigung gesehen, deretwegen Horatio doch angeblich zurückgekehrt ist, noch bei der Heirat von Gertrude und Claudius oder zur Inthronisierung

ungefähr ein dutzend Zeilen, die der Aufführung des Stücks für den König hinzugefügt werden sollen. Zu untersuchen wäre aber, warum Shakespeare Hamlet zu einem so unbeholfenen Jungautoren macht und zugleich zu einem solch ausgezeichneten mündlichen Poeten.

des neuen Königs. In der Handlung des Stücks gibt es tatsächlich keine Gründe, die ein Treffen hätten verhindern können – außer der intrinsischen Logik, dass Horatio Hamlet erst von dem Geist berichten kann, nachdem Hamlet verboten worden ist, nach Wittenberg zurückzukehren, und sich der Konflikt mit seinem Onkel und seiner Mutter zu jener Krise ausgeweitet hat, deren Zeug*innen wir gerade geworden sind.

Die beiden kurzen Begegnungen (zu Beginn und Ende der 2. Szene des 1. Akts) – in denen Claudius und Gertrude Hamlet davon abhalten, nach Wittenberg zurückzukehren, und Hamlet Horatio zum ersten Mal nach seiner Rückkehr wiederbegegnet – geben Hinweise auf die Beunruhigung und Ungewissheit, die mit dem Ort Wittenberg verbunden wird. Eine der ältesten deutschen Universitäten, 1502 gegründet – also 100 Jahre, bevor *Hamlet* erstmals zur Aufführung kam –, ist interessanterweise heutzutage immer noch am selben Ort situiert.[7] Sogar der Geist ist indirekt mit Wittenberg verbunden – als er nämlich zum ersten Mal im Stück auftaucht, sagt Marcellus zu Horatio: „Du bist gelehrt [*Thou art a scholar*], sprich du mit ihm, Horatio." (I.1, 42, Herv. F. R.) Marcellus impliziert, dass nur jemand, der an einer Universität studiert hat, sich angemessen mit einem Geist auseinandersetzen kann. Nach seiner Begegnung mit dem Geist bezeichnet Hamlet Horatio und Marcellus als *scholars* (I.5, 141), und nachdem Hamlet Ophelia ins Kloster verbannt hat, bezeichnet sie ihn in ihrem kurzen Lamento über seinen verlorenen Verstand ebenfalls als *scholar* (III.1, 145).

Wittenberg, eine Stadt, die zu Shakespeares Zeiten eine große internationale Studierendenschaft hatte und für Martin Luthers Anschlag der 95 Thesen an der Tür der Schlosskirche bekannt war, umgibt eine irgendwie unheimliche Atmosphäre.[8] Aber Wittenberg ist auch die Stadt von Dr. Faustus, einer Figur, mit der Shakespeare zweifellos

7 Heute heißt die Universität Martin Luther Universität Halle-Wittenberg und ist in den beiden gleichnamigen deutschen Städten beheimatet. Es gibt auch ein lutherisches College in Springfield, Ohio: die Wittenberg University.

8 Die religiösen Überzeugungen Shakespeares – vermutlich Sympathie, vielleicht gar Identifikation mit dem katholischen Glauben – haben sicherlich Einfluss auf die Rolle Wittenbergs in *Hamlet* gehabt. Vgl. Stephen Greenblatt: *Hamlet im Fegefeuer*, aus d. Engl. v. Klaus Binder. Frankfurt am Main: Suhrkamp 2008; ders.: *Will in der Welt: Wie Shakespeare zu Shakespeare wurde*, aus d. Engl. v. Martin Pfeiffer. Berlin: Berlin 2004.

durch Christopher Marlowes Stück und vermutlich auch durch andere Quellen vertraut war.[9] Darüber hinaus hat auch Paul d'Eitzen, die erste Person, die von einer Begegnung mit Ahasver, dem ‚wandernden Juden', außerhalb von Hamburg 1564 berichtet hat, bei Luther und Philipp Melanchthon in Wittenberg studiert. Dieser ‚Bericht' von der Begegnung mit dem ‚wandernden Juden' wurde 1602 publiziert und damit mehr oder weniger zu der Zeit, als *Hamlet* uraufgeführt wurde.[10] Diese Legende und ihre starken Wurzeln in den antisemitischen Anlagen des Protestantismus der Zeit – eine andere Form von Beunruhigung und Angst vor dem Fremden – zeigt zugleich eine neue Beweglichkeit an, die sich in dieser frühen Zeit der Moderne entwickelte. Auch Shakespeares Stück spiegelt diese Entwicklung: Seine Charaktere reisen beständig zwischen Dänemark, England, Frankreich, Deutschland, Norwegen und Polen umher. *Hamlet* zeichnet eine Karte von Reisen durch Europa.

Wittenberg ist der Ort auf dieser Karte, wo wissenschaftliches Lernen und Argumentieren in philosophisch-theologische Debatten über religiösen Dissens und künstlerische Kreativität in Form von Literatur und Theater verwandelt werden. Auch andere Figuren des Stücks haben hier ihre Ausbildung erhalten – und zwar ebenso im Bereich Philosophie wie im Theater. Wittenberg stellt also neben Helsingör, dem Schauplatz der politischen Spannungen, den zweiten zentralen Ort in Shakespeares Stück dar. Ich werde argumentieren, dass das zentrale Motiv des *Hamlet* in der Frage liegt, auf welche Weise Hamlet sein in Wittenberg erlerntes Wissen auf die politisch herausfordernde Situation in Helsingör übertragen kann. Für Laertes und Hamlet stehen Paris bzw. Wittenberg für akademische und erotische Freiheiten, während Helsingör offensichtlich in beiden Fällen restriktiv ist.

9 Die Geschichte des Faust taucht in Deutschland erstmals im Jahr 1587 auf und wird 1592 als *The History of the Damnable Life and Deserved Death of Doctor John Faustus* ins Englische übersetzt. Man geht davon aus, dass Marlowe die Geschichte von Johann Faust gehört oder gelesen haben muss und seinen *Doktor Faustus* irgendwann zwischen 1588 und 1592 geschrieben hat. Uraufgeführt wurde es 1594, in *London's Stationer's Register* erschien es 1601.

10 Zur Figur des wandernden Juden, die im *Hamlet* zwar eine marginale Position einnimmt, nichtsdestotrotz aber dem akademisch-kreativen Milieu zugeordnet werden kann, in dem Hamlet studiert, vgl. Galit Hasan-Rokem / Alan Dundes (Hrsg.): *The Wandering Jew: Interpretations of a Christian Legend*. Bloomington: Indiana UP 1986.

Claudius hat auch nach Rosenkranz und Güldenstern geschickt, die in Wittenberg zusammen mit Hamlet studieren und, wie Claudius uns informiert, „von Kindheit auf mit ihm erzogen / und seiner Laun und Jugend nahe" (II.2, 11–12) sind. Jetzt werden sie nach Helsingör geladen, um Hamlet auszuspionieren. Während ihres ersten Treffens, das nach Hamlets erster Begegnung mit dem Geist stattfindet, macht Hamlet einen seiner bekanntesten philosophischen Kommentare: „Welch ein Meisterwerk ist der Mensch!" (II.2, 286) – von Ferne hallt hier das Chorlied über den Menschen aus Sophokles' *Antigone* nach. Nach Alfred Ferguson dient dieses Lamento über die Natur des Menschen „im Grunde in *Antigone* dem gleichen Zweck wie in Shakespeares Stück – als Erinnerung für die Zuschauer an die doppelte Natur des Menschen, die Janusköpfigkeit ihres menschlichen Schicksals."[11]

Hamlets Verwunderung über die außergewöhnlichen Fähigkeiten des Menschen, werden ebenso wie in seinem ersten Monolog – „O schmölze doch dies allzu feste Fleisch" – schnell in ein Gefühl von Ablehnung und Ekel verwandelt. Ebenso wie alle anderen philosophischen Wortklaubereien von Hamlet und seinen zwei ‚Freunden' muss auch diese Rede als Spiegel der Routinen und des Jargons gelesen werden, die sie in ihrem akademischen Leben in Wittenberg miteinander geteilt haben. Bezogen auf die Situation in Helsingör informiert Hamlet seine Kommilitonen: „Es liegt hier etwas Übernatürliches, wenn die Philosophie es nur ausfindig machen könnte." (II.2, 337–338) In Hamlets Verständnis des Begriffs ist Philosophie offenbar eine Methode, mit der man die Wahrheit herausfinden kann und die noch weiter reicht als die okkulten Praktiken des Dr. Faustus. Schwierigkeiten treten allerdings in dem Moment auf, als Hamlet sich entscheidet, seine Suche nach der Wahrheit nicht länger mit philosophisch-theologischen Methoden zu bestreiten, sondern mit theatralen. Er macht sich eine Inszenierung zunutze, um seine kriminologischen Nachforschungen voranzutreiben – oder, wie er am Ende der langen Szene ausführt, in der er erstmals Rosenkranz, Güldenstern und die Schauspieler*innen trifft: „Das Schauspiel sei die Schlinge, / in die den König sein Gewissen bringe." (II.2, 556–557) Statt sich auf die Aussage eines Geistes zu verlassen, dem Hamlet nicht

11 Vgl. Alfred R. Ferguson: Politics and Man's Fate in Sophocles' Antigone. In: *The Classical Journal* 70,2 (1974–1975), S. 41–49, hier S. 44 (Übers. M. Z.).

traut, scheint das Theater einen rationaleren, aufklärerischeren Weg bereitzustellen, um die Wahrheit zu finden.

Viele Charaktere in *Hamlet* sind schon vor Beginn der dramatischen Handlung mit Theater in Kontakt gekommen, sowohl als Zuschauer als auch als aktive Teilnehmer. Als Rosenkranz Hamlet über die Ankunft von Schauspieler*innen informiert, die er und Güldenstern unterwegs überholt haben („sie kommen her, um Euch ihre Dienste anzubieten" (II.2, 297)), fragt Hamlet danach, um welche Schauspieltruppe es sich handele. Rosenkranz antwortet: „Dieselbe, an der Ihr so viel Vergnügen zu finden pflegtet, die Schauspieler aus der Stadt." (II.2, 304–305) Diese reisende Theatertruppe hatte offenbar auf ihrer Tour bereits auch Wittenberg besucht und ist nun, vermutlich von Claudius, nach Helsingör geladen, um Hamlet abzulenken. Wir müssen davon ausgehen, dass es Claudius und nicht Hamlet gewesen ist, der die Truppe eingeladen hat, weil Hamlet auf die Informationen von Rosenkranz nichts erwidert. Als die Schauspieler*innen eintreffen, wird allerdings klar, dass Hamlet sie gut kennt: „Ach, alter Freund, wie ist dein Gesicht betroddelt, seit ich dich zuletzt sah!" (II.2, 386–387) – womit er darauf anspielt, dass der Bart des Gegenübers seit ihrer letzten Begegnung gewachsen ist. Zu eine Frau der Truppe sagt er: „Ihr seid dem Himmel um die Höhe eines Absatzes näher gerückt, seit ich Euch zuletzt sah." (II.2, 388–389) Hamlet weist damit auf die dicken Sohlen ihrer Schuhe hin, die den Plateauschuhen ähneln, die in den Aufführungen der späten Antike zum Einsatz kamen, die aber zugleich eine Modeerscheinung in Shakespeares Zeit waren, weil sie ihre Träger*innen vor Matsch schützten. Es ist auch wichtig zu bemerken, dass es weibliche Mitglieder in dieser Truppe gibt, auch wenn diese Figuren zu Shakespeares Zeit vermutlich wiederum von männlichen Schauspielern gespielt wurden. Die Tatsache, dass ein männlicher Schauspieler eine weibliche Schauspielerin spielt (die Teil der fiktionalen Welt von *Hamlet* ist), erzeugt einen komplexen Auflösungsprozess, der mit den sozialen Konventionen ebenso ‚spielt' wie mit der Ontologie des Theaters. Wie wir später noch sehen werden, handelt es sich hier nicht um den einzigen Moment, an dem Shakespeare einen solchen Strudel im theatralen Zeichensystem etabliert.[12]

12 Jerzy Limon hat mich darüber informiert, dass „es Hinweise darauf gibt, dass es in den Schauspieltruppen jenseits des Meeres Schauspielerinnen gab – obwohl diese Hinweise auf später datieren. George Jolly hat zum Beispiel in den 1650er Jahren

Das Treffen mit den Schauspieler*innen aktiviert zeitgleich verschiedene theatrale Ebenen und obwohl Shakespeare manchmal Spielchen hinter Hamlets Rücken ‚spielt', scheint Hamlet sie an dieser Stelle (noch) alle zu beherrschen. Aus dem Dialog mit den Schauspieler*innen erfahren wir, dass Hamlet eine ihrer Aufführungen gesehen hat, die auf „Äneas' Erzählung an Dido" basiert, „besonders da herum, wo er von der Ermordung Priams spricht." (II.2, 404–405) An dieser Stelle vergleicht Hamlet nach der Begegnung mit dem Geist seines Vaters – den er, wie Pyrrhus rächen muss – seine Situation erstmals mit einer Theaterinszenierung. Dieser Vergleich wird zu einem der zentralen Themen des Stücks, insbesondere natürlich durch das Stück im Stück *Die Mausefalle*. Hamlet bittet darum, dass die Schauspieler*innen etwas „Wie die Ermordung meines Vaters spielen" (II.2, 548), und möchte an den Reaktionen seines Onkels ablesen, ob Claudius tatsächlich des Mordes schuldig ist oder nicht. Dieses Vorgehen wirft einige grundlegende epistemologische Fragen in Bezug auf Theater und dahingehend auf, ob es im Stande ist, „der Natur gleichsam den Spiegel vorzuhalten" (III.2, 18) und damit zu bestätigen, was der Geist des alten Hamlet seinem Sohn über seine Ermordung berichtet hat. Während seines ersten Treffens mit den Schauspieler*innen zitiert Hamlet einige Zeilen aus dem Stück, das er gesehen hat – eine Leistung, die Polonius beeindruckt: „Bei Gott, mein Prinz, wohl vorgetragen: mit gutem Ton und gutem Anstande." (II.2, 424–425)
Sowohl Hamlet als auch Polonius haben ein ausgeprägtes Interesse an der Theorie sowie der Praxis des Theaters und ihre Äußerungen und ihr Austausch über diese Themenfelder sind sorgfältig in den Shakespearetext hineingewoben. Die bekannteste Rede aus dem Bereich theoretischer Aussagen über das Theater ist Hamlets Anweisung an die Schauspieler*innen zu Beginn der 2. Szene des 3. Akts. Schon vor der Ankunft der Schauspieler*innen beschreibt Polonius ironisch die Fähigkeiten der Truppe: „Die besten Schauspieler in der Welt, sei es für Tragödie, Komödie, Historie, Pastorale, Pastoral-Komödie, Historiko-Pastorale, Tragiko-Historie, Tragiko-Komiko-Historiko-Pastorale, für Einheit des Ortes oder unbegrenzte

angegeben, dass es in seiner Schauspieltruppe ‚begnadete Frauen' gab. Einige der Schauspieler sind mit ihren Familien gereist und man kann vermuten, dass einige ihrer Frauen und Kinder in den Aufführungen mitgewirkt haben." (Email von Jerzy Limon an Freddie Rokem, 20.11.2008, Übers. M.Z.)

Handlung.“ (II.2, 363–366) Hamlet antwortet, indem er auf die biblische Figur der namenlosen Tochter Jephthas verweist. Damit spielt er auf eine allseits bekannte Ballade an, ein Genre, das Polonius in seiner Aufzählung nicht bedacht hat, und auf die Tatsache, dass Polonius eine Tochter hat, die er konstant einem Risiko aussetzt, sowie Jephtha seine Tochter geopfert hat. Die übertriebene Liste von Polonius spiegelt offensichtlich die frühneuzeitliche Debatte über die dramatischen Gattungen basierend auf dem klassischen Modell. Auf zumindest indirekte Weise bezieht sich seine Liste auch auf den Sokratischen Kommentar über Komödie und Tragödie am Ende des *Gastmahls*.

Einige Zeit später, kurz bevor die Schauspieler *Die Mausefalle* am Helsingörer Hof zur Aufführung bringen, wendet sich Hamlet an Polonius und deutet an, dass er über wichtige Informationen über ihn verfügen würde: „Ihr spieltet einmal auf der Universität, Herr?“ (III.2, 87–88) Polonius antwortet: „Das tat ich, gnädiger Herr, und wurde für einen guten Schauspieler gehalten.“ (III.2, 89) Da Wittenberg im Stück die einzige Stadt ist, die für ihre Universität Erwähnung findet, ist es logisch davon auszugehen, dass Polonius ebenfalls dort Student und Schauspieler war – auch wenn es keinen großen Unterschied machen würde, wenn er eigentlich irgendwo anders studiert hätte. Der relevante Punkt ist vielmehr, dass Polonius aus seiner Studienzeit als erfahrener Schauspieler hervorgegangen ist, und wir haben bereits erfahren, dass das auch auf Hamlet zutrifft. Auf Hamlets Frage, welche Rolle Polonius gespielt habe, antwortet dieser: „Ich stellte den Julius Cäsar vor: ich wurde auf dem Kapitol umgebracht; Brutus brachte mich um.“ (III.2, 91–92) Auf der dramatischen Ebene kündigt diese Szene bereits an, dass Hamlet Polonius zwei Szenen später im Schrank von Gertrude erstechen wird. Aber in *Hamlet* spielt Polonius nicht die Rolle eines fiktionalen Charakters wie in der Universitätsproduktion von *Julius Caesar*, ebenso wie die von Hamlet gegrüßte Schauspielerin keine fiktionale Rolle spielt, auch wenn sie durch einen männlichen Schauspieler verkörpert wird.

Shakespeare hat hier ein ausgeklügeltes metatheatrales Spiel hinter dem Rücken seiner Charaktere inszeniert, das über Hamlets Fragen an Polonius nach seiner Karriere als Schauspieler an der Universität eröffnet wird. Die beiden Schauspieler, die in der ersten Aufführung Hamlet und Polonius gespielt haben, kommunizierten sowohl untereinander als auch mit den Zuschauer*innen direkt über ihre Rollen innerhalb der Aufführung. Ihre eigenen Schauspielkarrieren sind ebenso Gegenstand des Gesprächs wie die ihrer fiktionalen Charaktere. Kritiker haben darauf hingewiesen, dass John Hemmings sowohl den Cäsar gespielt hat (in Shakespeares *Julius Caesar*, 1599–1600) wie später Polonius (in *Hamlet*, 1600–1601), während Brutus und Hamlet in diesen beiden Aufführungen jeweils von Richard Burbage gespielt wurden.[13] Wenn also Hamlet (Burbage) zu Polonius (Hemmings) sagt: „Es war brutal von ihm, ein so kapitales Kalb umzubringen" (III.2, 93), dann adressiert Burbage gleichzeitig auch Hemmings und ihre gemeinsame Schauspielkarriere. Das *Bru*tale verweist sowohl auf Burbage als Brutus, der Hemmings in der früheren Aufführung ‚getötet' hat, als auch darauf, dass Burbage/Hamlet in *Hamlet* diese Tat nur einige Szenen später erneut ausführen und Hemmings/Polonius erstechen wird.[14] In *Hamlet* gibt es einige Anspielungen auf den Mord an Julius Cäsar und die bedeutungsschweren Konsequenzen, die nicht nur als historische Parallelen dienen, sondern die Zuschauer*innen auch an die vorangegangenen Aufführungen der Schauspieler erinnern.[15]

Shakespeares zeitgenössisches Publikum hat diese Anspielungen sicher verstanden, womit der Eröffnungsfrage „Wer da?" eine weitere Dimension hinzugefügt wäre. Diese Metakommunikation zwischen zwei Schauspielern, die schließlich mit der Erdolchung im Schrank enden wird, hat mit einem Wortduell von Hamlet und Polonius in einer früheren Szene begonnen. Nachdem Polonius sagt, dass er sich davonstehlen möchte, bekommt er folgende Antwort: „Ihr könnt nichts von mir nehmen, Herr, das ich lieber fahren ließe – bis auf mein Leben, bis auf mein Leben." (II.2, 209–210) Die zeitgenössischen Zuschauer*innen werden sicherlich verstanden haben, dass es eigentlich Hamlet ist, der hier Polonius' Leben ‚stehlen' will. Oder nun Burbage, der

13 Dieser Hinweis stammt von Philip Edwards in seiner Einleitung zu *Hamlet, Prince of Denmark*, S. 5. Er bezieht sich damit auf E. A. J. Honigmann: The Date of *Hamlet*. In: *Shakespeare Survey* 9 (1956), S. 27–29.

14 Vgl. hierzu die berühmte „Die Welt ist eine Bühne"-Rede von Jaques in *Wie es euch gefällt* mit der Zeile: „Sein Leben lang spielt einer manche Rollen" (II.7), die uns darauf hinweist, dass derselbe Schauspieler unterschiedliche Rollen verkörpert.

15 Marvin Carlson diskutiert die Frage, wie die verschiedenen Rollen, die ein*e Schauspieler*in spielt, nicht nur unsere Einschätzung ihrer / seiner künstlerischen Fähigkeiten beeinträchtigen, sondern auch jede weitere Rolle einfärben, welche diese*r Schauspieler*in spielt: Ders: *The Haunted Stage*. Ann Arbor: University of Michigan Press 2001.

die Rolle Hamlet spielt, Hemmings Charakter ebenso töten wird, wie Burbage bereits Hemmings Cäsar in *Julius Caesar*.
Hamlet und Polonius sind sich als fiktionale Charaktere dieser Anspielungen auf der professionellen, metafiktionalen, selbstreflexiven Ebene der Aufführung natürlich nicht bewusst. Die Scherze zwischen den beiden Schauspielern mit ihren komischen, distanzierenden Effekten stehen in direktem Gegensatz zu jedweder emotionalen Involviertheit der Schauspieler. Hamlet thematisiert eine solche Form emotionalen Schauspiels in einem langen Monolog nach dem Treffen mit den Schauspieler*innen, der den zweiten Akt beendet und seine eigene Ernsthaftigkeit auf komische Weise unterwandert. In diesem Monolog fragt Hamlet nämlich, wie es für einen Schauspieler möglich sein kann, mit seiner Rolle restlos zu verschmelzen, während er (als Hamlet) nicht im Stande ist, genügend Emotionalität aufzubringen, um jene Rache auszuführen, die der Geist von ihm verlangt. Vielmehr verspüre er eine Art emotionaler Lähmung nach der Begegnung mit dem Geist seines Vaters und dem Auftrag, seinen vorzeitigen Tod zu rächen:

> Ist's nicht erstaunlich, daß der Spieler hier
> Bei einer bloßen Dichtung, einem Traum
> Der Leidenschaft, vermochte seine Seele
> Nach eignen Vorstellungen so zu zwingen,
> Daß sein Gesicht von ihrer Regung blaßte,
> Sein Auge naß, Bestürzung in den Mienen,
> Gebrochne Stimm und seine ganze Haltung
> Gefügt nach seinem Sinn. Und alles das um nichts!
> Um Hekuba!
> Was ist ihm Hekuba, was ist er ihr,
> Daß er um sie soll weinen? Hätte er
> Das Stichwort und den Ruf zur Leidenschaft
> Wie ich: Was würd er tun? (II.2, 503–514)

Shakespeare entwirft eine umsichtig gestaltete Dialektik zwischen zwei Formen des Schauspielens – involviert und/oder distanziert –, was raffinierte Spiele mit der Ontologie und der emotionalen Wahrnehmung von Schauspielern und Charakteren ermöglicht.
Es ist bemerkenswert, dass auch Polonius eine philosophische Ausbildung genossen hat, die aber ebenso wie sein Theaterverständnis im

Stück beständig parodiert wird. Ein prominentes Beispiel dafür ist der Moment, in dem Polonius im Versuch, Claudius und Gertrude von Hamlets Wahnsinn zu überzeugen, über das Wesen der Zeit zu philosophieren beginnt, die für Hamlet „aus den Fugen“ (I.5, 189) ist.[16] Statt aber zu debattieren (*expostulate* ist seine Formulierung), „Warum Tag Tag [ist]; Nacht Nacht; die Zeit die Zeit: / Das hieße, Nacht und Tag und Zeit verschwenden“ (II.2, 86–89), möchte Polonius direkt zum Punkt kommen, wenn er Gertrude erklärt: „Eur edler Sohn ist toll, / Toll nenn ich's: denn worin besteht die Tollheit, / Als daß man gar nicht anders ist als toll?“ (II.2, 92–94) Polonius macht sich für sein Argument einen Zirkelschluss zunutze und kommt zu folgender Schlussfolgerung: „Wenn eine Spur mich leitet, will ich finden, / Wo Wahrheit steckt, und steckte sie auch recht / Im Mittelpunkt.“ (II.2, 155–157) Es handelt sich hier um eine weitere Parodie seiner philosophischen Ausbildung, weist aber zugleich darauf hin, dass auch der Kern des Stücks flüchtig und kaum fassbar ist.

Shakespeares Stück inszeniert eine Reihe verschlungener Wettkämpfe zwischen Hamlet und Polonius, die alle um ihr Wissen über Theater und Philosophie kreisen. Daneben wetteifern sie auch um die Zuwendung Ophelias. Es handelt sich allerdings um einen anders gelagerten rhetorisch-theatralen wie auch erotischen Wettstreit als im *Gastmahl*. Hamlet und Polonius nutzen nahezu gegensätzliche Formen von ‚Theatralität‘ als Modelle für ihr eigenes Verhalten. Polonius ist ein schmeichelnder, kalkulierender Höfling, der sich nicht von seiner offiziellen Rolle am Hof zu distanzieren vermag. Hamlet hingegen, so nach dem Mord an Polonius zu seiner Mutter: „I essentially am not in madness, / But mad in craft.“ Im Deutschen: „Es ist kein Wahnsinn, was ich vorgebracht, / Bringt mich zur Prüfung.“ (III.4, 188–189) Das englische Original macht hier deutlich: Wahnsinn ist eine Rolle, die Hamlet spielt, ein Handwerkszeug. Im Hinblick auf die Korrespondenz zwischen Nietzsche und Strindberg werde ich ausführlicher diskutieren, was die Frage des Wahnsinns (gespielt oder real) zu denken gibt. An dieser Stelle ist zunächst einmal die Feststellung wichtig, dass die machtvolle Gegenüberstellung von Hamlet und Polonius durch

16 Jacques Derrida: *Marx' Gespenster. Der Staat der Schuld, die Trauerarbeit und die neue Internationale*, aus d. Franz. v. Susanne Lüdemann. Frankfurt am Main: Suhrkamp 1996. Hier widmet Derrida diesem Hamlet-Zitat eine ausführliche philosophische Untersuchung.

die Frage bestimmt wird, wie sie ihre Aufmerksamkeit auf die Felder von Theater und Philosophie verteilt haben. Polonius missversteht die Suche nach der Wahrheit ebenso wie Hamlet im Sinne einer Theaterinszenierung. Am prägnantesten zeigt sich dies in der Szene, in der er sich in Gertrudes Gemach hinter einem Wandteppich versteckt, was schließlich zu seinem Tod führt. Offensichtlich glaubt Polonius daran, dass das Versteck hinter dem Wandbehang ihn ebenso schützt wie einen Zuschauer, der sich außerhalb der theatralen Fiktion befindet. Auf der anderen Seite kämpft Hamlet mit dem Problem, dass er unfähig ist, die gleiche Gefühlsintensität zu empfinden wie der Schauspieler, der um Hekuba weint.

Während Polonius eigentlich konstant parodiert oder ironisiert wird, erscheint Hamlet oft als verwirrter, zugleich aber absolut ernsthafter und engagierter Theatermacher – so zumindest Hamlets eigene Perspektive. Eines der meist diskutieren Themen in *Hamlet* sind Rollenspiel und dessen Auswirkungen. Wie die bisherigen Ausführungen allerdings zeigen, theatralisiert Hamlet nicht nur sein Denken und beschreibt seine eigene Subjektivität in performativen Begrifflichkeiten (*being mad in craft*). Er benutzt gleichzeitig das Theater für rein philosophische Zwecke – insbesondere wenn er mit der Aufführung der *Mausefalle* herauszufinden versucht, ob der Geist die Wahrheit gesprochen hat. Die Theatralisierung seines Selbst und der Einsatz des Theaters im Dienste philosophischer Arbeit sind im Fall Hamlets zwei Seiten einer Medaille, die zu seinem fatalen liminalen Zustand beitragen. Hamlet ist sowohl Philosoph als auch Theatermacher, aber er ist unfähig, klar zwischen diesen beiden Identitäten zu unterscheiden.

Eine der ersten Gelegenheiten, bei der sich diese Verwirrung zeigt, findet sich kurz vor dem Verbot der Rückkehr nach Wittenberg, wenn Gertrude von Hamlet verlangt, „wirf, guter Hamlet, ab die nächt'ge Farbe" (I.2, 68) und „such nicht beständig mit gesenkten Wimpern / Nach deinem edlen Vater in dem Staub." (I.2, 70–71) Sie beendet ihre Bitte mit der Frage: „Was lebt, muß sterben [...] Weswegen scheint es so besonders dir?" (I.2, 73–75) In seiner Antwort versucht Hamlet eine philosophische Sitzfindigkeit: „Scheint, gnäd'ge Frau? Nein, ist; mir gilt kein ‚scheint'" (I.2, 76). Er bemüht hier sowohl ontologische als auch epistemologische Argumente bezogen auf das innere Selbst einer Person bzw. ihrer Subjektivität, die von äußerlichen, theatralischen Zeichen vollkommen unabhängig sei und durch diese nicht ausgedrückt werden könne. Äußerliche Zeichen der Trauer wie

das Tragen schwarzer Kleidung oder feuchte Augen sind nicht das, „was wahr mich kundgibt" (I.2, 83), so Hamlet, denn „dies scheint wirklich:/ Es sind Gebärden, die man spielen könnte. / Was über allem Schein, trag ich in mir." (I.2, 83–85) Hamlet begreift sein Inneres als sein wahres Selbst, während äußerliche bzw. eben theatrale Zeichen dieses verfehlten. Seine Argumentation ist, dass das, was wir von einer anderen Person sehen können, immer irreführende Darbietungen seien. Das wahre Selbst bleibe unseren Blicken verborgen.
Nachdem er aber den Geist seines Vaters getroffen hat, verfolgt Hamlet plötzlich einen Weg, der seiner gerade skizzierten Vorstellung einer vollständigen Trennung von äußeren Anzeichen und innerem Wesen einer Person zumindest teilweise widerspricht. Am Ende seines langen Hekuba-Monologs verkündet Hamlet seinen Plan, das Theater im Stile eines epistemologischen Werkzeugs zu verwenden, ja, fast wie einen Polygraphen, mit dem er untersuchen will, ob der König jener Tat schuldig ist, derer ihn der Geist angeklagt hat – oder ob vielmehr der Teufel sich der Mittel des Theaters bedient hat und in Form des väterlichen Geists erschienen ist. „Ich habe gehört", sagt Hamlet gegen Ende seines Monologs,

> daß schuldige Geschöpfe,
> Bei einem Schauspiel sitzend, durch die Kunst
> Der Bühne so getroffen worden sind
> Im innersten Gemüt, daß sie sogleich
> Zu ihren Missetaten sich bekannt:
> Denn Mord, hat er schon keine Zunge, spricht
> Mit wundervollen Stimmen. Sie sollen was
> Wie die Ermordung meines Vaters spielen
> Vor meinem Oheim: ich will seine Blicke
> Betrachten, will ihn bis ins Leben prüfen:
> Stutzt er, so weiß ich meinen Weg. (II.2, 541–551)

Mit Hamlet gedacht kann also das Theater, das auf der Veräußerlichung von Zeichen und Spuren basiert, mit den verhüllten Anteilen einer menschlichen Seele in Kontakt treten, so dass wir unbewusst oder gar gegen unseren Willen unsere Geheimnisse preisgeben.
Hamlet wird im Laufe des Stücks immer wieder auf diese fundamentalen Überlegungen zurückkommen – am deutlichsten in seiner Rede an die Schauspieler*innen (III.2, 1–36), welche die längste

Prosapassage in Shakespeares Stück ist. Diese Passage ist als Shakespeares eigenes Traktat über Schauspielkunst interpretiert worden, mit dem er Schauspieler dazu anleitet, „die Gebärde dem Wort, das Wort der Gebärde" anzupassen und „der Natur gleichsam den Spiegel vorzuhalten: der Tugend ihre eignen Züge, der Schmach ihr eignes Bild und dem Jahrhundert und Körper der Zeit den Abdruck seiner Gestalt" (III.2, 18–20). Auf diese Anweisungen, die – so mag es scheinen – Hamlets tiefes Verständnis der Theaterkunst präsentieren, folgen zwei Aufführungen: zunächst das stumme Pantomimenspiel und dann *Die Mausefalle*; eigentlich eine Aufführung von *Der Mord von Gonzago* durch sprechende Schauspieler. Teil dieser Inszenierung ist „eine Rede von zwölf bis sechzehn Zeilen" (II.2, 494), die Hamlet selbst verfasst und dem Ersten Schauspieler gegeben hat. Es ist unmöglich, genau zu bestimmen, welche Zeilen Hamlet hinzugefügt hat. Aber die Tatsache, dass er dies getan hat, verweist auf seine tiefe Hingabe an das Theater. Sie sind Ausdruck eines fast schon naiven Glaubens, dass er das moralische und emotionale Rätsel, mit dem er konfrontiert ist, durch Theatermachen lösen kann.
Die diskursiven Praktiken von Theater und Philosophie konvergieren sowohl für Hamlet als auch in der Tradition, für die er typischerweise steht, in der theologischen Frage, die am Ende des Hekuba-Monologs aufgeworfen wird. Aus dieser Frage nämlich leitet er seine Idee ab, das Gewissen des Königs durch eine Theateraufführung zu prüfen:

> Der Geist,
> Den ich gesehen, kann ein Teufel sein;
> Der Teufel hat Gewalt, sich zu verkleiden
> In lockende Gestalt; ja, und vielleicht,
> Bei meiner Schwachheit und Melancholie
> – Da er sehr mächtig ist bei solchen Geistern –
> Täuscht er mich zum Verderben: ich will Grund,
> Der sichrer ist. Das Schauspiel sei die Schlinge,
> In die der König sein Gewissen bringe. (II.2, 551–558)

Der Teufel spielt Spielchen auf dieselbe Weise wie Schauspieler*innen. Und vor der Aufführung weist Hamlet Horatio an, seinen Onkel sorgfältig zu beobachten:

> Ein Auftritt kommt darin dem Umstand nah,
> Den ich von meines Vaters Tod dir sagte.
> [...]
> Wenn die verborgne Schuld
> Bei einer Rede nicht zum Vorschein kommt,
> So ist's ein höll'scher Geist, den wir gesehen. (III.2, 66–73)

Hier kommt Hamlet erneut auf das doppelte Dilemma zu sprechen, welches er mittels Theater zu lösen versucht – nämlich herauszufinden, ob der König ein Mörder ist und ob der Geist vom Teufel geschickt wurde.
Im Stück *Hamlet* ist dies der Punkt, an dem die philosophische Methode einer Suche nach Wahrheit und der Verhandlung moralischer Fragen mit dem Theater als einer Form der Repräsentation verschmilzt bzw. die Grenzen der beiden Praktiken undeutlich werden. Stephen Orgel hat gezeigt, dass die von Hamlet vertretenen Ideen bereits kursierten, als Shakespeare sein Stück verfasste, und ein Jahrzehnt später, nämlich 1612, von Thomas Heywood in seinem Essay „Apology for Actors" zum Gegenstand gemacht wurden. Orgel weist darauf hin, dass dieser Aufsatz

> auf dem Argument gründet, dass ein dramatischer Text genuin therapeutische Natur habe, und es sogar schafft, einige Begründungen für diese Behauptung zu versammeln. Eines der Beispiele ist eine Frau, die gerade ihren Ehemann ermordet hat und angesichts einer Inszenierung um ein ähnliches Verbrechen dazu gebracht wird, reumütig zu gestehen.[17]

Shakespeare positioniert seinen Hamlet also inmitten einer zeitgenössischen Debatte über den Einfluss und die Legitimität von Theater, wobei er sich auf bereits durch Platon und Aristoteles vorgebrachte Argumentationen bezieht. Der Charakter Hamlet spricht in aristotelischer Manier, wenn er sich vorrangig auf den kathartischen, epistemologischen Effekt von Theater beruft und die Frage aufwirft, wie die Art und Weise des Schauspielens die Gefühle des Schauspielers anregt

17 Stephen Orgel: Shakespeare and the Kinds of Drama. In: *Critical Inquiry* 6,1 (1979), S. 107–123, hier S. 117 (Übers. M. Z.). Vgl. ebenso Ramie Targoff: The Performance of Prayer: Sincerity and Theatricality in Early Modern England. In: *Representations* 60 (1997), S. 49–69.

und diese ihrerseits die Zuschauer*innen beeinflussen. Zugleich macht der Autor Shakespeare auf die ontologischen Fragen aufmerksam, die für Platon Ausgangspunkt seiner zensierenden Kritik am Theater waren. Sowohl Platon als auch Shakespeare nehmen das Theater offenkundig sehr ernst: der erste mit der (so zumindest offiziellen) Intention, es zu verbannen; der zweite, um eine komplexe Dialektik zwischen den verschiedenen Ebenen des theatralen ‚Seins' (*being*) zu entwickeln, indem er das Theater mit Hamlets naivem Glauben an seine Kraft konfrontiert, die inneren Gedanken eines Individuums zu enthüllen. Diese komplexe Dialektik lässt sich zumindest partiell auch in den diskursiven Praktiken erkennen, die Platon im *Gastmahl* präsentiert.

Shakespeare hat seinen Helden in einem Strudel platziert, in dem philosophischer und theatraler Diskurs mit emotionaler, moralischer und theologischer Bedeutung aufgeladen werden und es für Hamlet trotz seiner poetischen wie philosophischen Sensibilität unmöglich wird, sich in der Situation in Helsingör zurecht zu finden – oder wie er im „Sein oder Nichtsein"-Monolog ausdrückt: „Sich [zu] waffne[n] gegen eine See von Plagen" (III.1, 59). Dieser Monolog und viele andere von Hamlets Äußerungen über Philosophie und Theater spiegeln das akademische Milieu von Wittenberg wider, die dort kontinuierlich stattfindenden theologischen und philosophischen Diskussionen ebenso wie die Theateraktivitäten und die wiederkehrenden Einflüsse durch reisende Theatergruppen der Zeit. Hamlet versucht, dieses Wissen auf Helsingör zu übertragen. Aber wegen der politischen Unruhen und seiner eigenen Krise aufgrund des Todes seines Vaters verschmilzt Hamlet die beiden diskursiven Praktiken miteinander. Er interpretiert die philosophischen Fragen bezogen auf seine eigene Identität und andere existentielle Probleme in theatralen Termini und vice versa.

Diese schwerwiegende Ambiguität kann bereits aus den ersten Zeilen des Stücks während des Wachwechsels auf dem Festungswall des Schlosses herausgelesen werden. Bernardo, der Francisco von seiner Wache ablösen wird, fragt: „Wer da?" Er adressiert diese Frage an jene Figur, die er bei seinem Ein- bzw. Auftritt wahrnimmt. Francisco, der im Dienst ist, gibt die Frage mit einer Gegenfrage zurück: „Nein, mir antwortet: steht und gebt Euch kund." (I.1, 1–2) Unabhängig von der Konventionen, wer in solchen Situationen eigentlich die Frage stellen sollte, ist „Wer da?" mehrdeutig. Indem er denjenigen adressiert, der sich schon auf der Bühne befindet, fragt der Schauspieler des Bernardo damit den anderen Schauspieler nämlich auch, wen er spielt. Und mit der Antwort „steht und gebt Euch kund" verlangt der Schauspieler, der Francisco spielt, das Gleiche von dem Schauspieler, der Bernardo spielt.

Nachdem sie die Frage der Wachablösung diskutiert haben, wird die Ausgangsfrage des Stücks etwas emphatischer noch einmal durch Francisco wiederholt, als Horatio und Marcellus Bernardo auf seiner Wache zur Seite treten: „He! Halt! Wer da?" (I.1, 13)[18] Ein paar Zeilen später erfahren wir, dass die Anspannung und Vorsicht dieses Szenenbeginns nicht alleine vom Wachwechsel herrührt, sondern von der Erfahrung der vorausgegangenen Nächte: Sie haben ein „Schreckbild" (I.1, 25) gesehen, eine Geistererscheinung. Deswegen fragt Marcellus (oder nach dem zweiten Quarto Horatio) die von ihm abgelösten Wachen: „Nun, ist das Ding heut wiederum erschienen?" (I.1, 21)[19] Viele Kritiker*innen, darunter vielleicht am überzeugendsten und interessantesten Herbert Blau, verstehen diese Zeilen als stark mit metatheatralen Energien aufgeladen: Sie bezögen sich nicht nur auf die fiktionale Situation, sondern auf die Welt von Theater und Performance. In dieser Lesart bezieht sich die Frage dann nicht nur auf die Erscheinung des Geistes, sondern, und zwar jede Nacht erneut, auf die Theateraufführung als solche. Darüber hinaus enthüllt die Frage den komplexen theatralen Apparat, mit dem Theater Nacht für Nacht solche übernatürlichen Phänomene sichtbar macht. Das Theater ist selbst eine Geistererscheinung geworden.

Philosophen lesen *Hamlet*: The Worthy Pioneers

Im philosophischen Nachleben von *Hamlet* werden Interpretationen bevorzugt, die den Geist als eine unheimliche Figur begreifen, die in eine utopische Zukunft weist. Diese Position müsste eigentlich – zumindest im idealen Sinne – Hamlet, dem Sohn, vorbehalten sein. Dieser aber verlangt *Schweigen* für den *Rest*, seine letzte Ruhe. Stattdessen nimmt der beständig wiederkehrende Geist von Hamlets

18 Die Frage „Wer da?" taucht in verschiedenen Stücken Shakespeares auf. Insgesamt finden wir sie über vierzig Mal, wobei am bekanntesten natürlich die erste Zeile von *Hamlet* ist.

19 Sowohl F als auch Q1 ordnen diese Zeile Marcellus zu. Q2 gibt sie an Horatio.

Vater – der denselben Namen wie sein Sohn trägt – diese/seine Position ein: eine paradoxe Verkehrung also jener chronologischen Ordnung, in welcher der alte Hamlet einen Sohn nach sich benennt, um seine Erbfolge zu sichern und eine Zukunft zu entwerfen.[20]
Kein anderer dramatischer Text hat eine so facettenreiche und philosophisch eingefärbte Rezeption durch so viele unterschiedliche Denker*innen erfahren – vielleicht mit Ausnahme der Theben-Stücke des Sophokles und hier insbesondere *Antigone* und *König Ödipus*. Die bis zu diesem Punkt nachgezeichnete Identitätsspaltung von Hamlet in Philosoph und Theatermacher hat sicherlich zu dem außergewöhnlichen Interesse an dieser literarischen Figur beigetragen, das Psychoanalytiker wie Sigmund Freud und Jacques Lacan oder auch Autoren wie Johann Wolfgang von Goethe und James Joyce gezeigt haben – nicht zu vergessen die Philosophen von Georg Wilhelm Friedrich Hegel über Karl Marx zu Friedrich Nietzsche, Walter Benjamin und erst kürzlich Jacques Derrida.[21] Schlussendlich aber ist es in all diesen Fällen die literarische Raffinesse von Shakespeares Stück, welche eine hermeneutische Freiheit ermöglicht, die all diese Denker aus so unterschiedlichen Feldern und Schulen angezogen hat und aus der sich das bemerkenswerte Nachleben von *Hamlet* speist.
In *Marx' Gespenster* untersucht Derrida den komplexen intertextuellen Dialog zwischen dem *Manifest der Kommunistischen Partei* und Shakespeares *Hamlet* und fragt: „Wie kann man zum Ende der Geschichte zu spät kommen?“ Er antwortet sogleich mit der hintergründigen Klarheit, zu der er fähig war:

> Die Frage ist aktuell […], denn sie zwingt dazu, noch einmal – wie wir es seit Hegel tun – darüber nachzudenken, was nach der Geschichte passiert und den Namen eines *Ereignisses* verdient. Sie zwingt dazu, sich zu fragen, ob das Ende der Geschichte nicht bloß das Ende eines *bestimmten Begriffes* der Geschichte ist.[22]

20 Wir erfahren durch ihr erstes Treffen davon, dass sie den gleichen Namen tragen. Hamlet sagt: „Ich nenn dich Hamlet, / Fürst, Vater, Dänenkönig“ (I.4, 44–45). In dieser Formulierung liegt etwas Hypothetisches. Und erst im 5. Akt erfahren wir von dem Sieg des alten Hamlet über den alten Fortinbras.

21 Für eine neue Diskussion dieser Tradition vgl. Margreta de Grazia: Teleology, Delay and the 'Old Mole'. In: *Shakespeare Quarterly* 50,3 (1999), S. 251–267.

22 Derrida: *Marx' Gespenster*, S. 31. Dieses Buch basiert auf einer Reihe von Vorträgen aus dem Jahr 1993.

Wir müssen uns also fragen, ob nach einem von Derrida gedachten ‚bestimmten Begriff der Geschichte' die Utopie folgt. Was heißt denn Derridas Aufforderung, „noch einmal" zu denken? Ist es angesichts von Hamlets „der Rest ist Schweigen" (V.2, 337) eigentlich möglich, „mein [also sein] Geschick zu melden" (V.2, 328), wie Hamlet von Horatio erbittet? Und macht Horatios darauf folgender Vorschlag immer noch Sinn, „der Welt, die noch nichts weiß, [zu] sagen, / Wie alles dies geschah" (V.2, 358–359)? Ich hoffe, dass es so ist und dass wir uns immer noch um den ‚Grund' seines verfrühten Todes sorgen, von dem Horatio nach Hamlets Wunsch ‚berichten' soll – obwohl ich ernsthafte Zweifel an der Durchschlagskraft eines solchen Berichts habe.

Bei dem Versuch, sehr vorläufige Antworten auf diese Fragen zu geben, werde ich mich auf zwei Aspekte konzentrieren. Der erste ist mit der Überlegung verbunden, wie wir uns auf Geschichte beziehen, wenn wir uns Utopien im Theater oder auf einer Bühne vorstellen. Die Utopien des 20. Jahrhunderts beruhten auf komplexen Verflechtungen von Vergangenheit und Zukunft. Einerseits wurden erhoffte utopische Zustände als Korrektive oder gar als Heilung einer fehlerhaften Vergangenheit verstanden. Andererseits gab es einen nostalgischen Blick auf das Utopische, das als Rückkehr zu einer idyllischen Vergangenheit mit offenkundigen Anklängen von Rückgewinnung oder gar Reaktivierung eines verlorenen Paradieses begriffen wurde.

Das zweite Anliegen ist direkter mit dem Theater verbunden: Es ist die Frage, wie Geistererscheinungen auf der Bühne zugleich auf diesen ambivalenten Geschichtsbezug zwischen Scheitern und Nostalgie verweisen, während sie in Richtung einer Zukunft weisen. Geistererscheinungen auf der Bühne haben immer wieder genau diese konkrete Verbindung zwischen Vergangenheit und Zukunft hergestellt. Und im Gegensatz zu Hamlets Wunsch vor seinem Tod ist auf einer Bühne ‚der Rest' gewöhnlich kein Schweigen. Ganz im Gegenteil: Die Toten kehren nicht nur als Gespenster oder Geister aller möglichen Arten wieder, sie sprechen auch ohne Unterlass und konfrontieren die Überlebenden mit realen oder ausgedachten Forderungen und Drohungen.

Das Theater und in jüngster Zeit auch das Kino haben sich das Privileg genommen, die Toten in Formen zu ‚materialisieren', die die meisten von uns in unserem Alltagsleben für unmöglich oder gar unannehmbar halten. Hanoch Levin, ein israelischer Theaterautor, lässt einen seinen Charaktere sagen, dass die Toten nur in unseren Träumen und nur zu speziellen Gelegenheiten erscheinen können, zum Beispiel an Jahrestagen. Aber zugleich sind viele seiner Inszenierungen von den physischen Erscheinungen Toter auf der Bühne nahezu überbevölkert. Wir haben theatralen und kinematographischen Repräsentationen ein Recht gewährt, das im Konflikt mit unserem rationalen und alltäglichen Weltverständnis steht.[23]

Der Geist von Hamlets Vater ist jener *worthy pioneer*, der sowohl für die unterschiedlichen Formen des Vergangenheitsbezugs als auch für eine utopische Zukunft steht. Hamlet verwendet den Begriff „*worthy pioneer*" nach seinem ersten Treffen alleine mit dem Geist (den aber auch das Publikum bezeugt). Aber als Horatio und Marcellus, die während dieser Begegnung nicht anwesend waren, auf die Bühne zurückkehren, bittet sie Hamlet: „Macht nie bekannt, was ihr die Nacht gesehen." (I.5, 144) Hamlet nimmt diesen Befehl kurz vor seinem Tod zurück, als er Horatio dazu auffordert zu sprechen und rückt damit die fast unüberbrückbaren Spannungen von Sprechen und Schweigen in den Blick. In dem Moment, da Hamlet seine Freunde ihr Schweigen beschwören lässt, wiederholt der Geist diese Forderung aus der Unterbühne (der szenischen Metapher des Fegefeuers). Und Hamlet reagiert mit den Worten: „Brav, alter Maulwurf! Wühlst du so hurtig fort? / O trefflicher Minierer!" („Well said old mole, canst work i'th'earth so fast? / A worthy pioneer", I.5, 162–163).[24]

23 Für eine allgemeine Einführungen in Levins Stücke in englischer Sprache siehe Freddie Rokem: Introduction. In: Hanoch Levin: *The Labour of Life. Selected Plays*, aus d. Hebr. v. Barbara Harshav. Stanford: Stanford UP 2003, S. ix–xxxv. Für eine Einführung in deutscher Sprache siehe Matthias Naumann: *Dramaturgie der Drohung. Das Theater des israelischen Dramatikers und Regisseurs Hanoch Levin*. Marburg: Tectum 2006.

24 Anm. d. Übers.: Diese Passage stellt für eine deutsche Übersetzung ein gewichtiges Problem dar. Rokem wird im Folgenden auf die Problematiken der bisherigen deutschen Shakespeare-Übersetzungen verweisen, inklusive der von Schlegel und Tieck, der auch die hier verwendete Übersetzung folgt. Aber die hier zitierte deutsche Übersetzung des englischen *pioneers* ist nicht geeignet, die Argumentation Rokems zu unterstützen. Aus diesem Grund verwende ich im Folgenden das englische Original.

Die zentrale Bedeutung von *pioneer* (dt.: Pionier, Vorreiter, Wegbereiter, Vorkämpfer) ist zu Shakespeares Zeit militärischer Natur und bezeichnet die Mitglieder einer Infanterietruppe, die vor der Armee oder dem Regiment laufen und Gräben ziehen, Straßen reparieren und das Terrain für den Hauptteil der Truppe sichern. Aber *pioneer* hatte zudem schon eine eher abstrakte Bedeutung bekommen und bezeichnete eine Person, die für und vor anderen einen Weg eröffnet, der eine neue Unternehmung oder eine neue Form des Verhaltens ermöglicht. An dieser Stelle kommt eine utopische Dimension ins Spiel, die den *pioneer* mit der Avantgarde verbindet; ein Terminus, der ab der Mitte des 19. und mit Beginn des 20. Jahrhunderts im ästhetischen Diskurs Frankreichs auftaucht. Im Englischen ist der *pioneer* synonym mit dem ‚Erfinder' – und zwar spezifisch in den Künsten – und wurde bereits zu Shakespeares Zeit (wenn auch nicht von ihm selbst) für jemanden verwendet, der sich vor der Masse bewegt. In all diesen Bedeutungsfacetten ist auch der Geist von Hamlets Vater ein *pioneer*. Die militärischen Aspekte werden von Horatio explizit erwähnt: Er hebt hervor, dass der Geist bei seiner ersten Sichtung vollständig in militärische Uniform gekleidet war.

Allerdings reichen Geister oder Gespenster auf einer Bühne nicht aus, damit sich dieser Blick in eine utopische Zukunft vollständig materialisiert. Genau auf eine solche Möglichkeit aber verweist Derrida in seiner Lesart des *Manifests der Kommunistischen Partei* von 1848 und ganz besonders des inzwischen sprichwörtlichen Beginns: „Ein Gespenst geht um in Europa – das Gespenst des Kommunismus."[25] In *Der achtzehnte Brumaire des Louis Bonaparte* schreibt Marx noch deutlicher:

> Die Revolution ist gründlich. Sie ist noch auf der Reise durch das Fegefeuer begriffen. Sie vollbringt ihr Geschäft mit Methode. Bis zum 2. Dezember 1851 hatte sie die Hälfte ihrer Vorbereitung absolvirt, sie absolvirt jetzt die andre. [...] Und wenn sie diese zweite Hälfte ihrer Vorarbeit vollbracht hat, wird ganz Europa von seinem Sitze aufspringen und jubeln: Brav gewühlt, alter Maulwurf![26]

25 Zit. n. Derrida: *Marx' Gespenster*, S. 16.

26 Karl Marx: Der achtzehnte Brumaire des Louis Bonaparte. In: *Marx-Engels-Gesamtausgabe*, Bd I.11. Berlin-Ost: Dietz 1985, S. 96–189, hier S. 178.

In einem späteren Vortrag von 1856 behauptet Marx gar, dass der „alte[...] Maulwurf, der so hurtig wühlen kann, [...] die Revolution"[27] ist.
Marx' Ideen geben uns nicht nur einen Hinweis auf seine eigenen utopischen Visionen, sondern sie spiegeln auch Hegels Interpretation des Geists von Hamlets Vater in *Vorlesung über die Geschichte der Philosophie*. Dort wird der Geist als Figur der Transformation von Dichtung in reinen Geist verstanden, der nach Hegel schon fast einer vulkanischen Eruption oder einem Erdbeben vergleichbar sei:

> Er schreitet immer vorwärts zu, weil nur der Geist ist Fortschreiten. Oft scheint er sich zu vergessen, verloren zu haben; aber innerlich sich entgegengesetzt, ist er innerliches Fortarbeiten – wie Hamlet vom Geiste seines Vaters sagt, „Brav gearbeitet, wackerer Maulwurf" –, bis er, in sich erstarkt, jetzt die Erdrinde, die ihn von seiner Sonne, seinem Begriffe, schied, aufstößt, daß sie zusammenfällt. In solcher Zeit hat er die Siebenmeilenstiefel angelegt, wo sie, ein seelenloses, morschgewordenes Gebäude, zusammenfällt und er in neuer Jugend sich gestaltet zeigt. Diese Arbeit des Geistes, sich zu erkennen, sich zu finden, diese Tätigkeit ist der Geist, das Leben des Geistes selbst. Sein Resultat ist der Begriff, den er von sich erfasst: die Geschichte der Philosophie die klare Einsicht, daß der Geist dies gewollt in seiner Geschichte.[28]

Diese Passage beschreibt eine Bewegung von inneren Regionen der Erde zum Licht und entwirft das Ende der Geschichte als ein Fortschreiten aus der Dunkelheit zur Erleuchtung. Wenn wir dieser Genealogie der *worthy pioneers* über Derrida zu Marx und von dort zurück zu Hegel und Shakespeare folgen, werden wir ‚involviert' (*involved*) in eine ‚sich stetig erneuernde' (*revolving*) Bewegung im Sinne einer beständig wiederkehrenden Revolution. Auf diese Weise gestikulieren wir in Richtung einer Utopie, indem wir durch eine Figur hindurchschauen, die die Vergangenheit repräsentiert, welche, wie Marx in einer häufig zitierten Passage aus *Der achtzehnte Brumaire* schreibt, zur Farce wird: „Hegel bemerkt irgendwo, daß alle

27 Karl Marx: Rede auf der Jahresfeier des *People's Paper*, London, 14.04.1956. In: *Marx Engels Werke*, Bd. 12. Berlin-Ost: Dietz 1961, S. 3–4.

28 Georg Wilhelm Friedrich Hegel: *Vorlesungen über die Geschichte der Philosophie III. Werke*, Bd. 20. Frankfurt am Main: Suhrkamp 1986, S. 456.

großen weltgeschichtlichen Thatsachen und Personen sich so zu sagen zweimal ereignen. Er hat vergessen hinzuzufügen: das eine Mal als eine große Tragödie, das andre Mal als lumpige Farce."[29] An dieser Stelle hallt die Dialektik von Tragödie und Komödie aus dem *Gastmahl* wieder: Das wiederkehrende Auftauchen des Geistes – und die Wiederkehr des Geistes ist der Kern von Shakespeares Stück – ist eine Farce; wenigstens in der Art und Weise, wie sich hier Geschichte darstellt.

Ein weiteres merkwürdiges Faktum in der Rezeptionsgeschichte des ‚alten Maulwurfs' ist die Tatsache, dass sowohl Hegel als auch Marx Shakespeare an dieser Stelle falsch zitieren. Anstelle von Hamlets „*Well said, old mole*" präsentiert uns Marx: „Brav gewühlt, alter Maulwurf". Vor ihm übersetzte Hegel: „Brav gearbeitet, wackerer Maulwurf."[30] Die deutschen Shakespeare-Übersetzungen, welche die beiden benutzt haben, sind sicherlich ein Grund für diese Verschiebungen. Peter Stallybrass verweist auf die Übersetzung von August Wilhelm Schlegel und Ludwig Tieck, die Marx kannte und in der das Verb gestrichen wurde: „Brav, alter Maulwurf."[31] Dieser Wandel vom *Sagen* zum *Tun* wie ‚wühlen' oder ‚arbeiten' müsste eingehender untersucht werden, als es in diesem Zusammenhang möglich ist. Es sei aber an dieser Stelle nochmals auf die Sprachphilosoph*innen des 20. Jahrhunderts verwiesen – sehr prominent natürlich J. L. Austin und John Searle, aber auch Judith Butler und die wichtigen, von ihr getroffenen Unterscheidungen zwischen Sagen und Tun. Aber unter ihnen erweist sich besonders Austin als feindlich gegenüber der komplexen Verbindung von Sagen und Tun, die das Theater bestimmt.[32]

Die hypothetischen Formen des theatralen Ausdrucks ebenso wie des utopisches Diskurses widersprechen den allgemeingültigen Kriterien von Ernsthaftigkeit, Authentizität und Wahrheit, die Austin festlegt,

29 Marx: Der achtzehnte Brumaire, S. 96.

30 Ich bin Ned Lukacher zu großem Dank verpflichtet, der Hegels falsche Zitierweise aufarbeitet: Ned Lukacher: *Primal Scenes: Literature, Philosophy, Psychoanalysis*. Ithaca / London: Cornell UP 1986, Kap. 6. Zum Hinweis auf Marx siehe Peter Stallybrass: 'Well Grubbed, Old Mole': Marx, Hamlet, and the (Un)fixing of Representation. In: *Cultural Studies* 12,1 (1998), S. 3–14.

31 Stallybrass: Well Grubbed, S. 13.

32 Eine bissige Kritik an Austins Position, die nachweist, dass es sich bei *Zur Theorie der Sprechakte* um ein literarisches Werk handelt, gibt Miller: *Speech Acts in Literature*.

um zu bestätigen, dass zum Beispiel diejenigen, die während einer Hochzeitszeremonie ‚Ja' sagen, wirklich meinen, was sie sagen. Austin argumentiert, dass ohne die Voraussetzung seiner Kriterien der Ernsthaftigkeit die Performativität des Sprechakts ausgezehrt werde. Demgegenüber unternimmt Judith Butler in *Antigones Verlangen* große analytische Anstrengungen – auch auf den Spuren von Hegel –, um die paradoxe Differenz von Sagen und Tun zu überbrücken, indem sie die rechtlichen Kontexte auslotet, die das Sophoklesstück rahmen. Butler konzentriert sich auf die Frage, was es bedeutet, eine Forderung bzw. einen Anspruch (*claim*) zu formulieren, und an dieser Stelle scheint die Verbindung von Theater und Recht auf: Eine gemeinsame Eigenschaft von juridischem Diskurs und Theatralität ist ihre enge Beziehung zu utopischer Vorstellungskraft.[33]

Aus einer ganz anderen Perspektive ist es genauso wichtig, neben dem Geist dem militärischen *pioneer* in Shakespeares Stück Raum zu geben. Ich denke hier natürlich an Fortinbras, den norwegischen Prinzen, der vielleicht weniger „wertvoll" (*worthy*) als der Geist ist, aber ohne Zweifel noch mehr *pioneer*. Im ersten Akt des Stücks werden die von Fortinbras geführten Kriege kurz erwähnt, dessen Vater den gleichen Namen trug und dem alten Hamlet im Krieg unterlegen war. Krieg bleibt durchgehend eine potentielle Bedrohung für die Stabilität des Königreichs. Fortinbras gehört in die Sphäre der Politik und seine Kriege und Eroberungen bilden den Hintergrund der Hamlet'schen Tragödie. Sie sind nicht die Tragödie als solche, stellen aber Geschichte in ihrer barbarischsten und gewalttätigsten Form dar. Diese explizit historisch-politische Dimension tritt erst in der letzten Szene des Stücks vom Bühnenrand ins Zentrum, wenn Fortinbras selbst auftritt. Als Horatio nach Hamlets Tod sein Vorhaben ankündigt, über die Dinge sprechen zu wollen, die stattgefunden haben, antwortet Fortinbras zwar nonchalant: „Eilen wir zu hören" (V.2, 365), ist aber weder im Stande zuzuhören noch darüber zu reflektieren, was *wir* gesehen haben. Fortinbras schenkt nicht einmal den Details jener Tragödie Aufmerksamkeit, die mit Hamlets Tod gerade ihr Ende erreicht hat. Stattdessen befiehlt er munter: „Nehmt auf die Leichen! [...] Geht, heißt die Truppen feuern!" (V.2, 380, 382) Horatio aber hatte gerade darum gebeten, man solle „Hamlet auf die Bühne / Gleich einem

33 Butler: *Antigones Verlangen*.

Krieger tragen" (V.2, 374), um das düstere Spektakel, dessen Zeug*innen wir geworden sind, in Theater zu überführen und den Flug von Engel anzurufen, dass sie Hamlet zur letzten Ruhe geleiten. Während Horatio nur Hamlets Tragödie und nicht die größeren historischen Kontexte sehen kann, werden diese Engel für Walter Benjamin schlussendlich zum Engel der Geschichte werden, dem *Angelus Novus*.

Der Geist von Hamlets Vater stellt auch eine Gefährdung für die Stabilität des Königreichs dar, allerdings auf einer anderen Ebene: Er bedroht Hamlet mit seinem Rachebedürfnis, statt wie Fortinbras zu drohen, in Dänemark einzumarschieren. Wir müssen also die Tatsache anerkennen, dass es in Shakespeares *Hamlet* eigentlich zwei *worthy pioneers* gibt. Zunächst ist da der Geist, der für Hamlets private Tragödie steht und der im Fokus jener Leser*innen stand, mit denen ich mich oben beschäftigt habe. Aber auch der ambitionierte junge General Fortinbras als Repräsentant jener politischen Ereignisse, die die Geschichte verändern und schreiben, ist ein *pioneer*. Die Verbindung von Tragödie und Geschichte, welche das Auftreten dieser beiden *pioneers* erlaubt und gar eine Spannung zwischen ihnen erzeugt, ist ein zentrales Kennzeichen der Moderne – und wie ich argumentieren würde, noch viel mehr der Postmoderne – geworden. Fortinbras unterläuft genau jene utopische Vision, auf die der Geist mit Hegel und Marx gesprochen verweist.

Georg Büchners *Dantons Tod* und seine Kritik der Französischen Revolution ist ein wichtiger Meilenstein im Sichtbarwerden solch dystopischer Verbindungen von Geschichte und Tragödie. Und in Heiner Müllers Neuinterpretationen der Klassiker ist diese Verbindung ein konstant wiederkehrendes Merkmal. Seine *Hamletmaschine*, eine radikale Adaption von Shakespeares Stück, beginnt mit den Worten: „Ich war Hamlet. Ich stand an der Küste und redete mit der Brandung BLABLA, im Rücken die Ruinen von Europa."[34] Es handelt sich hierbei zweifellos um einen Ausdruck des Teufelskreises von Geschichte und Tragödie, in dem das Utopische einen technischen K.O.-Schlag erfahren hat. Bei Heiner Müller findet Benjamins *Angelus Novus*, der hilflose Engel der Geschichte inmitten von Trümmern, über denen der Sturm der Geschichte immer wieder seinen tragischen Verlauf

34 Heiner Müller: Die Hamletmaschine. In: Ders.: *Werke*, Bd. 4: Stücke 2, hrsg. v. Frank Hörnigk. Frankfurt am Main: Suhrkamp 2001, S. 545–554, hier S. 545.

nimmt, seinen Widerhall, worauf ich später eingehen werde. Müller inszeniert eine Situation, in der es unmöglich ist, die schwächer werdenden Stimmen der Horatios zu hören, die uns auch nach Hamlets „Der Rest ist Schweigen" erklären, wie sich die Dinge zutrugen. Es bleibt das Rauschen des Ozeans.

In *Die Geburt der Tragödie aus dem Geiste der Musik* schlägt Nietzsche eine diametral entgegengesetzte Lesart vor. Er beschreibt, wie die Figur Hamlet schließlich durch eine Lähmung transformiert werde, einen Stillstand, ein „*lethargische[s]* Element, in das sich alles persönlich in der Vergangenheit Erlebte eintaucht [und] die Welt der alltäglichen und der dionysischen Wirklichkeit voneinander"[35] scheidet. Nietzsche fährt fort, „[s]obald aber jene alltägliche Wirklichkeit wieder ins Bewusstsein tritt, wird sie mit Ekel als solche empfunden; eine asketische, willenverneinende Stimme ist die Furcht jener Zustände."[36] Dies trifft für Nietzsche ebenso auf den dionysischen Menschen wie auf die Figur Hamlet zu, die beide

> einmal einen wahren Blick in das Wesen der Dinge getan [haben], sie haben *erkannt*, und es ekelt sie zu handeln; denn ihre Handlung kann nichts am ewigen Wesen der Dinge ändern, sie empfinden es als lächerlich oder schmachvoll, dass ihnen zugemutet wird, die Welt, die aus den Fugen ist, wieder einzurichten.[37]

Hier sind keine *worthy pioneers* in Sicht: „Jetzt verfängt kein Trost mehr, die Sehnsucht geht über eine Welt nach dem Tode, über die Götter selbst hinaus, das Dasein wird, samt seiner gleißenden Widerspiegelung in den Göttern oder in einem unsterblichen Jenseits, verneint."[38] Aus dieser Negation der Götter leitet Nietzsche die Behauptung ab, es handele sich um einen Zustand extremer Gefahr, in der Kunst als „rettende, heilkundige Zauberin" auftritt: „Sie alleine vermag jene Ekelgedanken über das Entsetzliche oder Absurde das Daseins in Vorstellungen umzubiegen, mit denen sich leben läßt".[39]

35 Nietzsche: *Die Geburt der Tragödie*, S. 64.

36 Ebd.

37 Ebd., S. 64–65.

38 Ebd., S. 65.

39 Ebd.

Nietzsche, der Sokrates Beharren auf einem philosophischen Entwurf wiederholt, durch welche die beiden dramatischen Genres zu vereinen seien, verweist auf „das *Erhabene* als die künstlerische Bändigung des Entsetzlichen und das *Komische* als die künstlerische Entladung vom Ekel des Absurden."[40] Schrecken und Absurdität sind für Nietzsche zwei Seiten derselben Medaille, der sich die Figur Hamlet in ihrem manchmal nahezu optimistischen Vorwärtsstreben aber nicht wirklich bewusst ist. Oder wie er sich nach der ersten Begegnung mit dem Geist ausdrückt:

> Die Zeit ist aus den Fugen: Schmach und Gram,
> Daß ich zur Welt, sie einzurichten, kam!
> Nun kommt, laß uns zusammen gehen. (I.5, 189–191)

Obwohl „die Zeit aus den Fugen" ist – oder vielleicht gerade deshalb – macht es zumindest an dieser Stelle immer noch Sinne, „zusammen zu gehen", Kräfte zu vereinen.

Wie ich im nächsten Kapitel untersuchen werde, darf es überhaupt nicht als sicher gelten, dass Kunst und die Freiheit des Geistes, nach der Nietzsche strebt, diese Form eines erlösenden Potentials für den Philosophen dionysischer Ekstase unterstützen oder gar aufrechterhalten können. Indem er Hamlet als dionysische Figur verherrlicht, entwirft Nietzsche vielmehr die Bühne für eine viel kraftvollere Konfrontation mit Wahnsinn und Geisteskrankheit, als Hamlet sie selbst vollzieht. Schon als er *Die Geburt der Tragödie aus dem Geiste der Musik* verfasste, war Nietzsche klar, dass es nicht möglich sei, sich wie Hamlet hinter „wunderlichem Wesen" (I.5, 172) zu verstecken – selbst wenn er „Ding' im Himmel und auf Erden" heraufbeschwor, von denen Horatio noch nicht einmal zu träumen vermochte.

Diese ‚Dinge', die heute Nacht wieder erscheinen werden – wie Benjamin den *Ursprung des deutschen Trauerspiels* beendet –, basieren zweifellos auf dem christlichen, theologischen Untergrund von Shakespeares Stück (welches sowohl das Studium als auch die Theologie aus Wittenberg nach Helsingör bringt), aber sie müssen, so fügt er hinzu, aus einer größeren historischen Perspektive betrachtet werden. In

40 Nietzsche: *Die Geburt der Tragödie*, S. 64.

seinem Buch leitet Benjamin einen seiner Verweise auf Shakespeares Stück mit einem Zitat aus Hamlets letztem Monolog ein: „Wie jeder Anlaß mich verklagt und spornt" (IV.4, 32). Hamlet fragt noch einmal, diesmal in fast direkter Referenz zu Sophokles' *König Ödipus*:

> Was ist der Mensch,
> Wenn seiner Zeit Gewinn, sein höchstes Gut
> Nur Schlaf und Essen ist? Ein Vieh, nichts weiter.
> Gewiß, der uns mit solcher Denkkraft schuf,
> Voraus zu schaun und rückwärts, gab uns nicht
> Die Fähigkeit und göttliche Vernunft,
> um ungebraucht in uns zu schimmeln. (IV.4, 33–39)

Benjamin liest hier nicht nur „ein Stück germanischen Heidentums und finsteren Glaubens an die Schicksalsverfallenheit", mit der sich genauso gut die klassische griechische Weltsicht beschreiben ließe, sondern auch etwas Neues: „eine leere Welt", die sowohl vom Calvinismus als auch dem Luthertum mit großem Argwohn betrachtet wurde.[41] Für Benjamin problematisiert *Hamlet* über Nietzsches introspektive Interpretation hinaus umfassendere historische Entwicklungen.
Für Benjamin lehnt sich Shakespeares Stück aber auch gegen jene Glaubensakte auf, die von den Reformatoren eingeführt wurden und die zu verstehen geben, dass das Leben von einem

> Grauen bei dem Gedanken [ergriffen wurde], so könne sich das ganze Dasein abspielen. Tief entsetzt es sich vor dem Gedanken an den Tod. Trauer ist die Gesinnung, in der das Gefühl die entleerte Welt maskenhaft neubelebt, um ein rätselhaftes Genügen an ihrem Anblick zu haben. Jedes Gefühl ist gebunden an einen apriorischen Gegenstand und dessen Darstellung ist seine Phänomenologie. Die Theorie der Trauer, wie sie als Pendant zu der von der Tragödie absehbar sich zeigte, ist demnach nur die Beschreibung jener Welt, die unterm Blick des Melancholischen sich auftut, zu entrollen.[42]

41 Benjamin: Ursprung des deutschen Trauerspiels, S. 317.
42 Ebd., S. 318.

In Shakespeares *Hamlet* ist jene reine dramatische Sprache zerfallen, die Benjamin bereits im *Gastmahl* gefunden hatte, und lässt uns mit dem ‚melancholischen' Mann zurück, der

> Zuschauer von Gottes Gnaden [ist]; aber nicht was sie ihm spielen, sondern einzig und allein sein eigenes Schicksal kann ihm genügen. Sein Leben, als vorbildlich seiner Trauer dargeliehener Gegenstand, weist vor dem Erlöschen auf die christliche Vorsehung, in deren Schoß seine traurigen Bilder sich in seliges Dasein verkehren. Nur in einem Leben von der Art dieses fürstlichen löst Melancholie, indem sie sich begegnet, sich ein. Der Rest ist Schweigen.[43]

Für diesen melancholischen Mann – und dies trifft anscheinend auch auf Sokrates zu – kann die erlösende Dimension, die Nietzsche verworfen hat, wieder zurückgeholt werden. Sokrates sagt in *Phaidon*: „Diejenigen, die sich auf rechte Art mit der Philosophie befassen, mögen wohl, ohne daß es freilich die Anderen merken, nach gar nichts anderem streben, als zu sterben und tot zu sein."[44] Das Schweigen in diesem Moment ist für Hamlet sowohl theatral als auch philosophisch.

Ludwig Wittgensteins 1921 publizierter Text *Tractatus logico-philosophicus*, der während des Ersten Weltkriegs geschrieben wurde und dessen Einleitung durch den Autor auf 1918 datiert ist, hat eine ähnliche narrative Struktur wie Shakespeares *Hamlet*. Wittgensteins Abhandlung beginnt mit dem rätselhaften Satz: „Die Welt ist alles, was der Fall ist."[45] „Was der Fall ist", ist auf das engste verbunden mit den Un*fällen* und Katastrophen, die wir Geschichte nennen, beinhaltet aber gleichzeitig eine utopische, gar mystische Dimension, die mit der kurzen und erneut rätselhaften Aussage von Wittgenstein unter der Nummer sieben endet: „Wovon man nicht sprechen kann,

43 Benjamin: Ursprung des deutschen Trauerspiels, S. 335.

44 Platon: Phaidon. In: Ders.: *Sämtliche Werke in zehn Bänden*, Bd. 4, hrsg. v. Karlheinz Hülser nach der Übers. v. Friedrich Schleiermacher. Frankfurt am Main / Leipzig: Insel 1991, S. 185–347, hier S. 207.
aus d. Altgr. v. Rudolf Kassner. Düsseldorf / Köln: Insel 1979, S. 21.

45 Ludwig Wittgenstein: Tractatus logico-philosophicus. In: Ders.: *Werkausgabe*, Bd. 1: Tractatus logico-philosophicus. Tagebücher 1914–1916. Philosophische Untersuchungen. Frankfurt am Main: Suhrkamp 1984, S. 7–86, hier S. 11.

darüber muß man schweigen.“[46] Das, über das wir nicht sprechen können, existiert trotzdem, denn darüber ist zu schweigen – wie ein Pilot, der über „eine See von Plagen“ fliegt, gegen die wir uns immer noch ‚waffnen‘ können, wie Hamlet in seinem „Sein oder Nichtsein“-Monolog sagt, „und durch Widerstand sie enden“ (3.1.58–59). Diese Überlegung führt Hamlet direkt zu Selbstmordgedanken. Wittgensteins Abhandlung hat eine ‚Hamlet'sche‘ Struktur, die mit einer Erzählung der Welt und der Frage „Wer da?“ beginnt und mit einer Paraphrasierung von Hamlets berühmten letzten Worten endet: „Der Rest ist Schweigen“. Diese Aspekte von Philosophie, Performance und Geschichte sind direkt und profund mit jenem ‚Rest‘ verbunden, der nach dem Schweigen kommt – sowohl als einem *Ort* der Ruhe als auch der *Überreste*; der Trümmer, welche die Geschichte hinterlässt und die nach Wittgenstein, wieder und wieder, im Schweigen *weiter*-gegeben werden.

46 Ebd., S. 85.

3.
In-Szene-Setzungen des Selbst
Der Briefwechsel zwischen Nietzsche und Strindberg

> Diese Woche habe ich dazu benutzt, „Werthe umzuwerthen". – Sie verstehen diesen Tropus? – Im Grunde ist der Goldmacher die verdienstlichste Art Mensch, die es giebt: ich meine der, welcher aus Geringem, Verachtetem etwas Werthvolles und sogar Gold macht. Dieser allein bereichert; die anderen wechseln nur um. Meine Aufgabe ist ganz kurios dies Mal: ich habe mich gefragt, was bisher von der Menschheit am besten gehaßt, gefürchtet, verachtet worden ist: – und daraus habe ich mein „Gold" gemacht.
> Daß man mir nun nicht Falschmünzerei vorwirft! Oder vielmehr; man wird es thun. –
> Friedrich Nietzsche an Georg Brandes, 23.05.1888[1]

Die Korrespondenz zwischen Friedrich Nietzsche und August Strindberg umfasst weniger als ein Dutzend Briefe, die in einer Zeitspanne von nicht mehr als sechs Wochen geschrieben wurden. Der intensive Austausch endete abrupt mit einem kurzen Brief Nietzsches, datiert auf den 8. Januar 1889, der aus sechs Wörtern besteht und mit „Der Gekreuzigte" unterschrieben ist. Er kündigt den Ausbruch von Nietzsches endgültiger Geisteskrankheit an. Der erste direkte Kontakt der beiden Männer bestand aus einer Widmung Nietzsches in seinem

1 Friedrich Nietzsche an Georg Brandes, 23.05.1888, Nr. 1036. In: Ders.: *Kritische Gesamtausgabe*, Bd. III.5, hrsg. v. Giorgio Colli / Mazzino Montinari. Berlin / New York: de Gruyter 1984, S. 317–319, hier S. 318.

Buch *Götzen-Dämmerung*, welches er Strindberg über den dänischen Kritiker Georg Brandes im November 1888 zukommen ließ. Die Widmung liest sich folgendermaßen: „Sollte man das nicht übersetzen? Es ist Dynamit." Unterzeichnet hat Nietzsche mit „Der Antikrist."[2] Was für Nietzsche mit etwas Explosivem begann, das übersetzt werden sollte, endete im totalen Chaos und einem kurzen Brief, den er als „Der Gekreuzigte" unterschrieben hat. Diese totale Rollenverkehrung – vom „Antikristen" zum „Gekreuzigten" – bildet die Rahmung dieses komplexen, performativen Dialogs, in dem die zwei Korrespondenten auf je ihre Weise die flüchtige Grenzlinie zwischen gesundem Menschenverstand und Wahnsinn durch und in den brieflichen ‚Inszenierungen' ihrer Selbst umspielen.

Strindberg, der voller Respekt bemüht war, die schnellen und unerwarteten Wendungen von Nietzsches Briefen nachzuvollziehen und auf sie zu antworten, begriff nicht wirklich, in was er sich verstrickte. Er hatte gerade seine eigene französische Übersetzung von *Der Vater* (auf Schwedisch 1887 geschrieben) publiziert und sie Émile Zola zukommen lassen, der dieses Stück in einem Brief für seine Abstraktheit kritisierte. Dieser Brief wurde Teil der französischen Übersetzung, die Strindberg später mit einer Widmung an Nietzsche schickte. In der gleichen Woche, in der seine Korrespondenz mit Nietzsche begann, erschien außerdem Strindbergs *Fräulein Julie* (geschrieben im Sommer 1888). In beiden Stücken sterben die Hauptcharaktere – der Kapitän im *Vater* durch eine Herzattacke, *Fräulein Julies* titelgebender Charakter durch Selbstmord –, nachdem sie die Grenze zum Wahnsinn überschritten haben.

Dennoch: Nietzsches briefliche Ausbrüche waren von einer anderen Größenordnung, als es Strindberg je zuvor erlebt oder selbst inszeniert hatte, und wie wir sehen werden, haben sie ihn schockiert bzw. sogar geängstigt. Ihre Briefe durchquerten Europa fast mit der Geschwindigkeit von E-Mails. Nietzsche schrieb auf Deutsch aus Turin in Italien und Strindberg antwortete auf Französisch aus dem kleinen Dorf Holte in der Nähe von Kopenhagen. Diese Korrespondenz zeigt uns zwei völlig unterschiedliche Verständnisse und Entwürfe dieser schwer fasslichen Grenze, an der die Vernunft endet und

2 Vgl. Friedrich Nietzsche an Georg Brandes, Anfang Dezember 1888, Nr. 1170. In: Ders.: *Kritische Gesamtausgabe*, Bd. III.5, S. 500–502.

der Wahnsinn beginnt. Strindberg spielte offensichtlich die ‚Rolle' von Hamlet, der „mad in craft" (III.4, 189) ist, während Nietzsche sich wie Ophelia gebärdete; nicht im Stande, die Ausbrüche seines Wahnsinns zu kontrollieren.

Im ersten Teil dieses Kapitels wird der kurze Briefwechsel zwischen Nietzsche und Strindberg und die Rolle des dänischen Kritikers Georg Brandes untersucht, der zum Hauptpersonal des ‚erweiterten Dramas' gehört. Brandes nämlich hatte die Begegnung von Nietzsche und Strindberg in die Wege geleitet, nachdem er sie einander zuvor wechselseitig in einigen Briefen beschrieben hatte. Auch nachdem sich ein unmittelbarer Kontakt zwischen den beiden eingestellt hatte, fuhr Strindberg fort, Brandes hinsichtlich der Bedeutung und Absichten von Nietzsches Kommunikationen zu konsultieren, die er teilweise als irrational empfand. Strindberg und Nietzsche sind sich niemals von Angesicht zu Angesicht begegnet; Brandes und Strindberg – die zu dieser Zeit nah beieinander in Dänemark lebten – sicherlich.

Der zweite Teil des Kapitels untersucht einen Brief von Strindberg an Siri von Essen, der am 20. Juni 1876 geschrieben wurde und damit über 12 Jahre vor der Nietzsche-Strindberg-Korrespondenz. An diesem Tag wurde die aufstrebende Schauspielerin von Essen offiziell von ihrem ersten Ehemann Carl Gustaf Wrangel, einem schwedischen Armeeoffizier, geschieden, was ihr erlaubte, Strindberg zu heiraten. Ihr romantisches Verhältnis entwickelte sich in der Folge von Strindbergs unzähligen Besuchen als Freund der Familie Wrangel. Als die Ehe von Strindberg und von Essen ein Jahrzehnt später scheiterte, schrieb Strindberg drei seiner zentralen Stücke: *Der Vater*, *Fräulein Julie* und *Gläubiger* – letzteres ein Stück, in dem die Femme fatale Tekla ihren früheren und gegenwärtigen Ehemann konfrontiert. Von Essen lieferte ihm das Vorbild für Laura, die teuflische Ehefrau in *Der Vater*, für das junge Edelfräulein Julie und für Tekla. Strindberg benutzte sich selbst als Folie für die männlichen Protagonisten dieser Stücke: Dies schließt den Kapitän – Lauras Ehemann in *Der Vater* – und den Diener Jean ein, zugleich Verführer von und verführt durch Julie, ebenso wie den zweiten Ehemann Teklas, Adolf.

Parallel zu seinem Briefwechsel mit Nietzsche verhandelte Strindberg seine scheiternde Ehe mit von Essen nicht nur in *Der Vater*, *Fräulein Julie* und *Gläubiger*, sondern noch detaillierter in seinem autobiographischen Roman *Plädoyer eines Irren*, der 1887 auf Französisch veröffentlich wurde. Als letzten Akt öffentlicher Enthüllung ließ Strindberg von Essen auch noch die Rolle des Fräulein Julie spielen, als das Stück in Kopenhagen am 14. März 1889 zur Uraufführung kam. Der Brief von Strindberg an von Essen aus dem Sommer 1876 bildete also auch eine Basis jener zehn Jahre späteren Korrespondenz und dient als Ausgangspunkt für die Untersuchung jener Kombination aus Täuschung, Verführung und Kreativität, die Strindberg praktizierte. Unabhängig davon, dass der Brief zu einem entscheidenden Augenblick in seinem Leben verfasst wurde, erzählt er auch von einem Traum, der das Grundgerüst eines seiner größten Stücke bilden sollte, *Ein Traumspiel*, das 25 Jahre später geschrieben und 1901 veröffentlicht wurde.

Schließlich reicht der dritte Teil dieses Kapitels noch weiter in der Zeit zurück und stellt eine Lesart von Nietzsches erstem großen Werk vor: *Die Geburt der Tragödie aus dem Geiste der Musik* von 1872. Meinem thematischen Anliegen angemessen hat dieses Buch den Charakter eines Briefs und ist Richard Wagner nicht nur gewidmet, sondern auch an ihn adressiert. Wenn man die Interaktionen der Diskurspraktiken von Philosophen und Theatermachern untersucht, muss auch die komplexe Beziehung von Nietzsche und Wagner ihre Berücksichtigung finden. Nietzsches ursprüngliche Bewunderung für Wagner, seine folgende Distanzierung und ihre zunehmende Animosität legen Zeugnis von einem Konflikt in der deutschen Kultur ab, der retrospektiv besonders deutlich zu Tage tritt. Ich hoffe, dass meine Schlussfolgerungen (zu denen ich im folgenden Kapitel kommen werde) mit Blick auf die Krise und den Zusammenbruch der Moderne noch vor dem Zweiten Weltkrieg es möglich machen, diese schwierige Begegnung auch über die persönliche Ebene hinaus erneut in den Blick zu nehmen.

Ich schlage vor, Nietzsches Buch als Selbstinszenierung seiner eigenen persönlichen Entwicklung zu lesen. Nach der Auflösung der attischen Tragödie und der Einheit von dionysischen und apollinischen Kräften findet Nietzsche – so meine Argumentation – in der Figur des Sokrates ein Modell dafür, sich selbst als einen Philosophen zu inszenieren, der bereit ist, alles zu riskieren, auch sein eigenes Leben. Nietzsches Beziehung zu der Figur des Sokrates, die allgemein als offene Ablehnung verstanden wird, ist komplex und ambivalent. Trotz der manchmal scharfen Kritik an Sokrates in *Die Geburt der Tragödie aus dem Geiste der Musik* ist es durchaus möglich, das Buch als eine Allegorie zu lesen, in der die Geburt des Philosophen (Nietzsche selbst) aus dem Tod der Tragödie folgt. Diese Wiedergeburt wird wie so viele andere Aspekte des Nietzscheanischen Schreibens durch Widersprüche und Paradoxien verstärkt. Aber sie bildet nichtsdestotrotz die erste Darlegung seiner Überzeugung, dass die philosophische Praxis und jene kulturelle Kritik, die zu entwickeln er sich anschickt, einen hochgradig theatralischen Modus des dialektischen Denkens umfassen.

Das Ziel der Rückkehr zu den frühen Momenten im Leben und Schreiben von Nietzsche und Strindberg – ihre kurze Korrespondenz stets im Hinterkopf – liegt in dem Versuch, die individuellen Praktiken ihrer Selbstdramatisierung zu beleuchten. Für Strindberg war die briefliche Form der Kommunikation ein Labor, eine Grenzform geistiger Experimente, in welchem er die Menschen, mit denen er korrespondierte und lebte, graduell in Charaktere seiner eigenen Schriften überführte. Die Grenzen zwischen der fiktionalen Welt und Strindbergs eigenem Leben sind flüchtig. Pointiert wird das durch folgende Anekdote belegt: Nachdem er einen seiner Feinde auf der Straße getroffen hatte, verabschiedete sich Strindberg angeblich mit den Worten: „Wir sehen uns in meinem nächsten Stück wieder!" Diese Formel könnte man auch auf Strindbergs Verwandlung Nietzsches in einen fiktionalen Charakter anwenden, der in seinem 1899 verfassten Stück *Nach Damaskus* einen Auftritt als verrückter Cäsar hat. Nietzsches vorletzter Brief an Strindberg war unterschrieben mit „Nietzsche-Cäsar".

Während für Strindberg die Integration seines Lebens in sein Schreiben eher eine literarische Technik war, wurde dies für Nietzsche das Zentrum seiner Philosophie: eine konstante Suche nach der Einzigartigkeit seiner Identität und seines Denkens als Grundlage einer Wahrheit, die sein Leben in Gedanken und Wörter überführte. Nietzsches Texte sind authentische Ausdrücke seiner innersten Überlegungen, gleichzeitig stellen sie einen integralen Bestandteil seines philosophischen Denkens dar. Der Austausch von Briefen zwischen Nietzsche und Strindberg kann wie ein Drama gelesen werden, das sich um den Mangel an Kommunikation und fehlgegangene Erwartungen zwischen einem Philosophen und einem Dramatiker dreht. Am Ende führte ihr Briefwechsel für Nietzsche zu einem großen Opfer und der einschneidenden ‚Katharsis' seiner geistigen Krankheit. Für Strindberg war ihr Briefaustausch ein Laboratorium.

Der französische Philosoph Pierre Klossowski, einer der scharfsinnigsten Leser von Nietzsche, hat sogar vorgeschlagen:

> Strindberg bestärkte (wenn auch ohne sein Wissen) Nietzsche in seiner Turiner Sichtweise der Welt und trug somit zu Nietzsches Selbstverklärung und zu seiner Erhöhung in einen wahrhaft phantastischen Bereich bei: das Pathos Strindbergs unterstützt die Paranoia Nietzsches.[3]

Das mag tatsächlich der Fall gewesen sein – auch wenn ich zeigen werde, dass Strindbergs Bereitschaft, eine Rolle in diesem komplexen Drama zu spielen, vielschichtiger ist, als Klossowski vorschlägt. Just in dem Moment nämlich, als Strindberg Nietzsche vielleicht dabei geholfen hat, seinen *Sprung* zu machen, wurde Nietzsche zu einem herumspukenden Schatten in Strindbergs viel methodischerem und kontrollierterem Kampf mit den ‚Kräften'. Das schließt die Phase seiner psychologischen Zusammenbrüche ein, die sogenannte Inferno-Krise, aus der er – anders als Nietzsche – mit erneuerter kreativer Kraft hervorgegangen ist. Der fundamentale Unterschied zwischen dem Dramatiker und dem Philosophen ist in diesem Fall, dass Strindberg seine mentale Krise nach und nach überwunden und Europa mit seinen Post-Inferno-Stücken revolutioniert hat, während sich Nietzsche nicht mehr erholte. Nietzsche war zwar erfolgreich in der Revolutionierung der europäischen Philosophie, aber durch eine Art Stoß aus dem Jenseits der Krise, an dem er sich selbst nicht mehr aktiv beteiligen konnte. In diesem Sinne handelt es sich bei dem Briefwechsel zwischen den beiden Männern nicht um eine ‚reale' Begegnung. Sie kann aber als modernes ‚Drama' gelesen werden, in dem zwei Individuen ihre einzigartige Kreativität am Rand und im Überschreiten der Grenzen des Wahnsinns entwickelten.

3 Pierre Klossowski: *Nietzsche und der Circulus vitiosus deus*, aus d. Franz. v. Ronald Vouillé. München: Matthes & Seitz 1986, S. 352.

Der Briefwechsel

Im April und Mai 1888 hält der dänische Kritiker Georg Brandes fünf öffentliche Vorträge in Kopenhagen, in denen er Friedrich Nietzsche und seine Philosophie einem kontinuierlich wachsenden Publikum vorstellt. Nach Ernst Behler stellen diese Vorträge die erste große internationale Anerkennung Nietzsches und seines Denkens dar.[4] Brandes präsentiert Nietzsches Philosophie als eine Form von ‚aristokratischem Radikalismus' und stellt seine atheistischen Tendenzen heraus, was wiederum Nietzsche – wie wir mit Blick auf die enthusiastischen Briefe sagen können, die er Brandes schreibt – offensichtlich gefällt. In einem seiner Vorträge beschreibt Brandes Nietzsche als „einen Wahrsager, einen Seher und einen Künstler, der mehr durch sein Sein als seine Arbeit fasziniert."[5] Für den Autor August Strindberg, der zu dieser Zeit in Holte (in der Nähe der dänischen Hauptstadt) lebt, sind die Berichte über Brandes Vorträge, die er in *Politiken* (einer der einflussreichsten Kopenhagener Tageszeitungen) liest, sicherlich von großem Interesse. Es ist sogar möglich, dass Strindberg einige dieser Vorträge selbst besucht.[6] Aber auf jeden Fall macht das Gedankengut Nietzsches, das Strindbergs eigenen Überzeugungen sehr nahe kommt, tiefen Eindruck auf ihn.

Der erste Kontakt zwischen Nietzsche und Strindberg folgt, noch vor dem Briefwechsel, einige Monate später, im November 1888. Aber mit Blick auf die vielen überlieferten Briefe an oder von anderen Schreibpartnern lässt sich sagen, dass der Philosoph und der Dramatiker einander schon im Laufe dieses Sommers indirekt vorgestellt werden. Diese ‚Vorbereitungen' der tatsächlichen Korrespondenz sind integraler Bestandteil jenes ‚Dramas', das ich hier rekonstruiere. Bevor Brandes seine Kopenhagener Vorträge hält, schreibt er am 3. April 1888 an

4 Vgl. Ernst Behler: Nietzsche in the Twentieth Century. In: Bernd Magnus / Kathleen Higgins (Hrsg.): *The Cambridge Companion to Nietzsche*. Cambridge: Cambridge UP 1996, S. 281–322, hier S. 289.

5 Zit. n. Harold H. Borland: *Nietzsche's Influence on Swedish Literature: With Special Reference to Strindberg, Ola Hanson, Heidenstam and Fröding*. Göteborg: Elanders 1956, S. 15 (Übers. M. Z.).

6 Die Vorlesungen wurden am 10., 17. und 24. April sowie am 1. und 8. Mai 1888 gehalten, die Berichte wurden am 17., 18. und 25. April sowie am 2. und 9. Mai 1888 publiziert. Im August 1889 wurden sie erneut in der Zeitschrift *Tilskueren* veröffentlicht, später dann in Georg Brandes: *Samlede Skrifter*, Bd. 7. Kopenhagen: Gyldendalske Boghandels Forlag F. Hegel & Søn 1901, S. 596–664.

Nietzsche: „Wenn Sie Schwedisch lesen, mache ich Sie auf das einzige Genie Schwedens, August Strindberg, aufmerksam. Wenn Sie über Frauen schreiben, sind Sie ihm sehr ähnlich."[7] Strindberg erwähnt seinerseits Nietzsche erstmalig mit Namen in einem Brief an seinen schwedischen Autorenkollegen Verner van Heidenstam am 17. Mai 1888 – eine Woche nach dem letzten Zeitungsbericht über Brandes' Vorträge. In diesem Brief führt Strindberg Nietzsche mit folgender enthusiastischer Bemerkung ein: „Kaufen Sie diesen modernen deutschen Philosophen Nietzsche, über den G. B. [Georg Brandes] seine Vorträge gehalten hat. Dort finden Sie wirklich alles! Lassen Sie sich diesen Genuss nicht entgehen! N. ist auch ein Dichter."[8] Strindberg ist zu diesem Zeitpunkt ganz offenkundig schon tief gefesselt von Nietzsches Ideen und während des Sommers, in dem er *Fräulein Julie* schreibt, vertieft sich diese Begeisterung.

Am 4. September 1888 sendet Strindberg einen wirklich bemerkenswerten Brief an Edvard Brandes, den jüngeren Bruder von Georg Brandes. Auch Edvard ist Kritiker, aber bekannt geworden ist er durch seine aktive Teilnahme in der dänischen Linkskoalition, die im späten 19. Jahrhundert um die Vorherrschaft im Parlament kämpfte. In diesem Brief führt Strindberg seine persönlichen Eindrücke von Nietzsche aus und macht folgende erstaunliche Bemerkung:

> Inzwischen hat mein Geistesleben in seiner Gebärmutter einen gewaltigen Samenerguß von Friedrich Nietzsche empfangen, so daß ich mir wie eine trächtige Hündin vorkomme. Das ist mein Mann! Grüße Georg Brandes und danke ihm für die Vermittlung dieser Bekanntschaft! (Natürlich ein Frauenhasser wie alle begabten Männer!)[9]

7 Georg Brandes an Friedrich Nietzsche, 03.04.1988, Nr. 533. In: Friedriche Nietzsche: *Kritische Gesamtausgabe*, Bd. III.6, hrsg. v. Giorgio Colli / Mazzino Montinari. Berlin / New York: de Gruyter 1984, S. 184–186, hier S. 185–186.

8 August Strindberg an Verner van Heidenstam, 17.05.1888. In: *Strindberg's Letters*, ausgew., übers. u. hrsg. v. Michael Robinson. Chicago: University of Chicago Press 1992, S. 277. Anm. d. Übers.: Die Briefe von und an Strindberg sind leider nur in Auszügen ins Deutsche übersetzt worden. Aus diesem Grund muss ich in diesem Buch auf das ungewöhnliche Mittel zurückgreifen, einige Briefe selbst zu übersetzen und nur auf die von Rokem zitierte englische Übersetzung verweisen zu können.

9 August Strindberg an Edvard Brandes, 04.09.1888. In: Ders.: *Briefe*, hrsg. v. Torsten Eklund, aus d. Schwed. v. Tabitha von Bonin. München: Langen / Müller 1963, S. 160–163, hier S. 161.

Strindbergs Reaktion auf Nietzsche – vermutlich nach der Lektüre von *Der Fall Wagner* – geht ans Eingemachte, kündet von ungezügelten homoerotischen Gefühlen und bestätigt Strindbergs eigene Position zu Frauen. Seine Reaktion kann sogar mit der Mischung aus spirituellem und physischem Begehren verglichen werden, wie es zwischen den im *Gastmahl* verhandelten Männern entsteht. Der Brief an Brandes zeigt, dass Strindberg zumindest in seiner Gedankenwelt bereits mit Nietzsche ‚bekannt' ist, auch wenn es zu diesem Zeitpunkt noch keinen persönlichen Kontakt zwischen ihnen gibt.

Nietzsche wiederum erwähnt Strindberg das erste Mal namentlich in einem Brief an Heinrich Köselitz vom 14. Oktober 1888. Nietzsche schreibt in diesem Brief, Brandes habe „ein Exemplar meiner Schrift [*Der Fall Wagner*] an den größten schwedischen Schriftsteller, der ganz für mich gewonnen sei, August Strindberg gegeben, er nennt ihn ein ‚wahres Genie', nur etwas verrückt."[10] Es handelt sich hier um eine fast wörtliche Wiederholung eines Briefes vom 6. Oktober 1888, also nur einer Woche zuvor, in dem Brandes Nietzsche mitteilt: „Ich habe ein Exemplar des Buches an den grössten schwedischen Schriftsteller August Strindberg gegeben, den ich ganz für Sie gewonnen habe. Er ist ein wahres Genie, nur ein bisschen verrückt wie die meisten Genies (und Nicht-Genies)."[11] Und in einem Brief an Brandes vom 20. Oktober schreibt Nietzsche – vermutlich mit Bezug auf die *Götzen-Dämmerung*, von der Strindberg, wie zuvor erwähnt, eine Kopie samt Widmung erhält – er „[m]öchte sehr gerne auch an den von Ihnen mit so ehrenden Worten mir vorgestellten Schweden ein Exemplar senden. Nur weiß ich seinen Wohnort nicht. – Diese Schrift ist meine Philosophie in nuce – radikal bis zum Verbrechen."[12]

In einem weiteren Brief an Köselitz erwähnt Nietzsche fast einen Monat später, am 18. November:

10 Friedrich Nietzsche an Heinrich von Köselitz, 14.10.1888, Nr. 1130. In: Ders.: *Kritische Gesamtausgabe*, Bd. III.5, S. 449–452, hier S. 450.

11 Georg Brandes an Friedriche Nietzsche, 06.10.1988, Nr. 589. In: Nietzsche: *Kritische Gesamtausgabe*, Bd. III.6, S. 319–321, hier S. 320.

12 Friedrich Nietzsche an Georg Brandes, 20.10.1888, Nr. 1134. In: Ders.: *Kritische Gesamtausgabe*, Bd. III.5, S. 456–457, hier S. 457. Dieser Brief macht deutlich, dass der erste direkte Kontakt zwischen Nietzsche und Strindberg (nämlich durch die Widmung von *Götzen-Dämmerung*) Ende Oktober 1888 stattgefunden haben muss.

> Dieser Tage machte ich die gleiche Reflexion bei einem wahrhaft genialen Werk eines Schweden, des mir von Dr. Brandes als Hauptverehrer vorgestellten Herrn August Strindberg. [...] *Les mariés* heißt es, Paris 1885. – Sehr curios, wir stimmen über das „Weib" absolut überein, – es war bereits Dr. Brandes aufgefallen.[13]

Und wiederum zwei Tage später, am 20. November, fügt er in einem Brief an Brandes hinzu: „Vorgestern las ich, entzückt und wie bei mir zu Hause, les mariés von Herrn August Strindberg. Meine aufrichtige Bewunderung, der nichts Eintrag thut, als das Gefühl, mich dabei ein wenig mitzubewundern."[14] Das Buch von Strindberg, auf das sich Nietzsche hier bezieht, ist *Heiraten*, eine Sammlung von Kurzgeschichten über die Ehe, deren erster Teil 1884 erschienen war. Strindberg war für seine Darstellung der Heiligen Kommunion und Transsubstantiation in diesem Buch verklagt und vor Gericht gestellt, schließlich aber freigesprochen worden. Die kritische Haltung Strindbergs zur Religion findet zweifellos großen Anklang bei Nietzsche, ermöglicht sie ihm doch – wie er in seinem Brief zum Ausdruck bringt – die Bestätigung seiner eigenen Position.

Bereits am 2. Oktober 1888 hatte Strindberg sich bei Brandes für *Der Fall Wagner* bedankt.[15] Am 29. November, also kurz nach Nietzsches Lektüre von *Heiraten*, schreibt Strindberg ihm erneut und bedankt sich für das ihm gewidmete Exemplar von *Götzen-Dämmerung*. Nietzsches Bücher, so Strindberg, „gehen über mein Vermögen weit hinaus" und er erwähnt, er hätte „Nietzsche vor 8 Monaten *Der Vater* geschickt[16]. Jetzt schicke ich noch ein Exemplar."[17] Einige Tage später, am 1. Dezember, schickt der leicht ungeduldige Strindberg einen kurzen Brief an Brandes, in dem er Nietzsche beschreibt als „unglaublich brillanten Meister, aber er fragt mich, ob ich ihn übersetzen kann!"

13 Friedrich Nietzsche an Heinrich von Köselitz, 18.11.1888, Nr. 477. In: Ders.: *Kritische Gesamtausgabe*, S. 477–479, hier S. 479.

14 Friedrich Nietzsche an Georg Brandes, 20.11.1888, Nr. 1151. In: Ebd., S. 482–483, hier S. 483.

15 Brandes hat Strindberg dieses Buch vermutlich schon während des Sommers zusammen mit *Jenseits von Gut und Böse* geliehen.

16 Es handelt sich hier vermutlich um eine leichte Übertreibung, denn Brandes hielt seine Vorträge im April desselben Jahres.

17 August Strindberg an Georg Brandes, 29.11.1888. In: *Strindberg's Letters*, S. 291 (Übers. M. Z.).

(hier zweifellos ein Hinweis auf die oben zitierte Widmung). Strindberg sucht Rat bei Brandes: „Was soll ich ihm sagen?“[18] Auch wenn die Frage „Sollte man das nicht übersetzen?“ allgemein und *ex negativo* gestellt ist, ist sie wohl kaum eine Aufforderung an Strindberg. Trotzdem wird das Thema Übersetzung – die ja auch eine Form der Verwandlung ist – nach und nach zu einem der zentralen Themen in der anschließenden Korrespondenz zwischen Nietzsche und Strindberg.

Strindberg beendet seinen kurzen Brief an Brandes vom 1. Dezember mit der Frage, ob er schon seine „*Umwertung* des Dieners Figaro ein Jahr vor 1889“[19] gelesen habe, womit er sich auf Jean in *Fräulein Julie* bezieht. Durch Verwendung des Nietzscheanischen Begriffs der Umwertung aus dem ersten Paragraphen der *Götzen-Dämmerung* (den auch Nietzsche in seinem Brief an Brandes im Mai 1888 erwähnt; zitiert im Epigraph dieses Kapitels) signalisiert Strindberg Brandes, dass er sich einerseits zu einem Nietzsche-Jünger entwickelt, andererseits aber auch, dass er selbst bereits ‚Nietzscheanisch' gedacht habe. Er nimmt für sich in Anspruch, schon während der Arbeit an *Fräulein Julie* und ergo vor seiner Lektüre von Nietzsche entsprechende Überlegungen formuliert zu haben, obwohl er vermutlich ursprünglich durch Brandes' Vorträge mit diesen in Kontakt gekommen sein dürfte. Strindbergs Schwanken zwischen der Haltung eines Nietzsche-Jüngers und der eines Wegbereiters zeichnet sich deutlich in der Korrespondenz der beiden ab, kann aber auch aus Strindbergs Briefen an Brandes herausgearbeitet werden – und dies auch noch in Briefen, nachdem Nietzsche in die totale Arbeitsunfähigkeit abgedriftet ist.

Nietzsche schreibt seinen ersten Brief an Strindberg am 27. November 1888, nachdem er Strindbergs französische Übersetzung von *Der Vater* gelesen hat, die dieser ihm geschickt hatte. Dieser Brief beginnt mit dem bedeutsamen Satz: „Ich denke, unsre Sendungen haben sich gekreuzt?“[20] ‚Gekreuzt' haben sich aber nicht nur ihre Bücher und die Meinungen, die mit Freunden per Brief ausgetauscht wurden. Neben

18 Ebd., S. 292 (Übers. M. Z.).

19 Ebd. Das Jahr 1889 verweist uns auf das hundertjährige Jubiläum der Französischen Revolution. Es ist kein Brief von Brandes an Strindberg erhalten, der auf den hier zitierten Brief antwortet.

20 Friedrich Nietzsche an August Strindberg, 27.11.1888, Nr. 1160. In: Ders.: *Kritische Gesamtausgabe*, Bd. III.5, S. 493–494, hier S. 493.

der Bedeutung ‚überkreuzen' verweist das Wort ‚gekreuzt' auch auf die Kreuzigung. Nietzsche wird seinen letzten Brief an Strindberg – ebenso wie Briefe an einige andere Leute in diesen Tagen – mit „Der Gekreuzigte" unterschreiben. Diese Signatur sagt etwas über die Art und Weise, in der Nietzsche offenbar seine Kommunikation mit Strindberg versteht: Nicht nur als Austausch von Briefen und Büchern, sondern auch als eine Art Kreuzigung. Eine weitere wichtige Bedeutungsebene von ‚gekreuzt' ist ‚Mischling', die Kreuzung, also etwas Hybrides. Darauf bezieht sich Strindberg in seinem Brief an Edvard Brandes, wenn er über seine spirituelle wie physische Vereinigung mit Nietzsches Ideen schreibt, die ihn sich selbst als Prostituierte wahrnehmen lässt.

Die Korrespondenz von Nietzsche und Strindberg ist durch einen hochgradig erotischen Subtext bestimmt, der es schwierig macht zu entscheiden, wer in dieser hybriden Beziehung verführt wird und wer der Verführer ist (ebenso wie in der Beziehung einer aristokratischen Frau und eines Dieners in *Fräulein Julie*). Sogar die Bedeutungen des Wortes Sendung („Brief" und „Auftrag"), das sich auf die Bücher bezieht, die sie sich mehr oder weniger gleichzeitig schicken, sind voneinander nicht zu trennen. Diese Ununterscheidbarkeit kann im Zusammenhang mit Strindbergs homoerotischen Brief an Edvard Brandes verstanden werden, auch wenn Nietzsche davon natürlich nichts weiß. Aber Strindbergs Widmung in *Der Vater*, die nicht überliefert ist, mag eine Sentenz enthalten haben, die Nietzsche dazu brachte, seinen Brief auf diese mehrdeutige Weise zu beginnen. Er gibt in diesem ersten Brief zu, dass die Lektüre von *Der Vater* für ihn eine intensive Erfahrung gewesen sei:

> Ich las zwei Mal mit tiefer Bewunderung Ihre Tragödie; es hat mich über alle Maßen überrascht, ein Werk kennen zu lernen, in dem mein eigner Begriff von der Liebe – in ihren Mitteln der Krieg, in ihrem Grunde der Todhaß der Geschlechter – auf eine grandiose Weise zum Ausdruck gebracht ist.[21]

Nietzsche begegnet sich also in der Lektüre von Strindberg genauso selbst, wie Strindberg in der Lektüre von Nietzsche.

21 Nietzsche an Strindberg, 27.11.1888, Nr. 1160, S. 493.

Strindberg hat Nietzsches ersten Brief vermutlich noch gar nicht erhalten, als er seinen ersten Brief an ihn verfasst. Strindberg hat ihn nicht datiert, und die Editoren haben ihn dem 4. Dezember 1888 zugeordnet, doch vermutlich ist er einen oder zwei Tage vorher verfasst worden. Strindberg beginnt seinen Brief mit einer Paraphrase aus Nietzsches *Götzen-Dämmerung* („Ich habe der Menschheit das tiefste Buch gegeben, das sie besitzt, meinen Zarathustra: ich gebe ihr über kurzem das unabhängigste."[22]), welches er von Brandes erhalten hat: „Ohne Zweifel haben Sie der Menschheit das tiefste Buch gegeben, das sie besitzt." Strindberg fährt mit einem Hinweis auf die Widmung fort:

> Und Sie wollen in unsere grönländische Sprache übersetzt werden! Warum nicht ins Französische oder Englische? Sie können unsere Intelligenz danach beurteilen, daß man mich wegen meiner Tragödie in ein Krankenhaus sperren wollte und daß so ein feiner und reicher Geist wie Brandes durch diese „Tölpel-Majorität" zum Schweigen gebracht wurde.

Strindberg verbindet Übersetzung und Wahnsinn mit der Rezeption seines eigenen Stücks und verweist auf die Begrenztheiten seiner Landsleute. Und er bezieht Brandes in seine Ausführungen ein, der Nietzsche und ihn zusammengebracht hat. Seinen ersten Brief beendet er mit folgenden Worten der Bewunderung:

> Ich schließe alle Briefe an meine Freunde: Lest Nietzsche! Das ist jedenfalls mein *Carthago est delenda*!
> Jedenfalls wird Ihre Größe von dem Augenblick an, da Sie bekannt und verstanden werden, auch schon erniedrigt, und der süße Pöbel fängt an, Sie zu duzen wie einen der Seinen. Es ist besser, daß Sie die vornehme Zurückgezogenheit bewahren und uns andere, 10 000 Höherstehende, eine geheime Pilgerfahrt nach Ihrem Heiligtum machen lassen, um dort nach Herzenslust zu schöpfen. Lassen Sie uns die esoterische Lehre behüten, um sie rein und unverletzt zu erhalten, und damit sie nicht ohne die

22 Friedrich Nietzsche: Götzen-Dämmerung. In: Ders.: *Der Fall Wagner*, hrsg. v. Giorgio Colli / Mazzino Montinari. Berlin / New York: de Gruyter 1988, S. 55–162, hier S. 153.

> Vermittlung der ergebenen Jünger verallgemeinert wird, im Namen welcher ich zeichne August Strindberg.[23]

Es scheint, als hätte Strindberg Nietzsche bereits zu einem Heiligen gemacht und sich zu einem seiner Jünger.
Strindberg empfängt Nietzsches ersten Brief vermutlich erst, nachdem er seinen Brief bereits abgeschickt hat. Statt zu antworten, schickt Strindberg am 4. Dezember 1888 Nietzsches Brief an Brandes, setzt ihn also ins Bild und sucht zugleich seinen Rat – was Strindberg für die gesamte Zeit seines Kontakts mit Nietzsche fortsetzen wird. Strindberg beginnt seinen Brief an Brandes mit Bezug auf Nietzsches Kommentar zu *Der Vater* und fügt an:

> Es kann in den Tagen des erwachenden starken Selbstbewußtseins nicht überraschen, wenn ein so großer Mensch wie er bei einem Vergleich feststellt, sein Geist sei der größte und stärkste, und wenn er in die Versuchung kommt, sich durchzusetzen, nachdem er diese Entdeckung gemacht hat.[24]

Nach einer langen und eingehenden Kritik des Christentums, seiner Unmenschlichkeit und Primitivität (zum Beispiel: „Ich begreife das Christentum als Rückschritt") fährt Strindberg fort:

> Daher ist Nietzsche meiner Meinung nach der moderne Geist, der das Recht des Starken, des Klugen gegenüber den Dummen, den Kleinen (Demokraten) zu predigen wagt. Und ich kann mir vorstellen, wie der große Geist leidet unter der Gewalt dieser Kleinen und während des allgemeinen Vordringens der Weiber und der Verdummung. Ich begrüße ihn darum als Befreier und schließe wie sein Katechumen meine Briefe an die literarischen Freunde folgendermaßen: Lies Nietzsche![25]

Strindberg beendet seinen Brief an Brandes mit den Worten, dass „der Todhaß der Geschlechter", auf den Nietzsche sich in *Der Vater* bezieht, auch schon in *Fräulein Julie* gefunden werden kann und

23 August Strindberg an Friedrich Nietzsche, Dezember 1888. In: Ders.: *Briefe*, S. 166–167, hier S. 167.

24 August Strindberg an Georg Brandes, 04.12.1888. In: Ebd., S. 163–165, hier S. 165.

25 Ebd.

Überlegungen entspricht, die Strindberg schon in seinem homophoben Vorwort zu diesem Stück entwickelt hat. Auf sehr vorsichtige Weise deutet Strindberg an, dass ihm Nietzsches Ideen nicht neu sind, obwohl er sich ja gleichzeitig – wie der letzte Absatz des Briefs an Brandes deutlich zeigt – der innovativen Qualitäten des Philosophen nicht nur sehr bewusst, sondern auch von ihnen verunsichert ist: „Es ist doch wirklich merkwürdig, daß ich nun durch Nietzsche die Methode in meinem Wahnsinn finden sollte, allem Widerstand entgegen zu setzen. Ich werte um und versehe Altes mit neuem Wert! (Demaskieren.) Und das hat bisher niemand verstanden. Selbst ich kaum!"[26] Auf fast selbstgerechte Weise inszeniert sich Strindberg als jemanden, der an der Umwertung von Werten arbeitet – und der dies offensichtlich mit dem „Wahnsinn" verwechselt, allem zu widersprechen.

Brandes schickt Nietzsches Brief nicht nur zurück, sondern auch einen eigenen, höflichen Brief, datiert auf den 5. Dezember 1888. Er schreibt, es „freut mich, daß ich zwei so bedeutende Männer wie Sie und ihn zusammengeführt habe und einen Anteil daran habe, daß Sie sich verstehen lernten." Und er fährt, mit einer irgendwie säuerlichen Geringschätzung der Nietzscheanischen Gedanken, fort:

> Wie hoch ich Nietzsche schätze, wissen Sie, ebenso wie lebhaft ich die Ungerechtigkeit gefühlt habe, daß er fast unbekannt verschmachtete. Gegen seine Lehre, in der es so viel zu bewundern gilt, habe ich persönlich jedoch auch viel einzuwenden.
>
> Vieles bei ihm scheint mir weniger neu, als es Ihnen und ihm selbst vorkommt. Sein Antichristentum kann ja – das werden Sie gewiß einräumen – keinen sehr tiefen Eindruck auf den machen, der 20 Jahre und länger – sehr lange einsam – das Odium getragen hat, der Antichrist des Nordens zu sein.[27]

26 Anm. d. Übers.: In der deutschen Übersetzung endet der Brief von Strindberg an Brandes mit „Lies Nietzsche!" Den in diesem Absatz zitierten Fortgang des Briefes zitiere und übersetze ich hier aus dem englischen Original von Freddie Rokem.

27 Georg Brandes an August Strindberg, 05.12.1888. In: *Briefe an Strindberg*, hrsg. v. Walter Berendsohn. Mainz / Berlin: Kupferberg 1967, S. 53.

Brandes scheint also auch das Gefühl zu haben, dass er die gleichen Ideen wie Nietzsche gehabt hat, und beendet seinen Brief mit einem väterlichen Rat an Strindberg, der indirekt auch eine Charakterisierung Nietzsches darstellt:

> Es scheint mir klug, anderen zu überlassen, dies oder jenes Lobende über einen selbst zu sagen, und außerdem klug – geschmackvoll. Das stärkste Selbstgefühl dürfte zu stolz für Selbstlob sein; so gleichgültig gegen das Urteil der anderen, daß es von sich selbst schweigt. Aber das ist Gefühls- und Geschmackssache.[28]

Strindberg erhält den zweiten Brief von Nietzsche am 8. Dezember. Nietzsche beginnt mit der ungeduldigen Frage: „Ist ein Brief von mir verloren gegangen?"[29] Die Angst vor Verlust hält Einzug in ihre Kommunikation. Der Grund für diese Angst ist, dass Strindberg noch nicht auf Nietzsches Kommentare zu *Der Vater* geantwortet hat. Deswegen wiederholt Nietzsche in seinem zweiten Brief, dass Zola das Stück produzieren solle. Allmählich aber wird Nietzsches Brief dann sehr persönlich, gar intim:

> Jetzt aber fünf Worte unter uns, *sehr* unter uns! Als gestern mich Ihr Brief erreichte – der erste Brief in meinem Leben, der mich *erreicht* hat – war ich gerade mit der letzten Manuscript-Revision von „Ecce homo" fertig geworden. Da es in meinem Leben keinen Zufall mehr giebt, so sind Sie folglich auch kein Zufall. Warum schreiben Sie Briefe, die in einem solchen Augenblick eintreffen? … Ecce homo soll in der That auf deutsch, französisch und englisch zugleich erscheinen.[30]

Nietzsche berührt hier unbewusst Ängste – vor Kräften, die mit rationalen Mitteln nicht zu beherrschen sind –, die Strindberg an den Rand des Wahnsinns getrieben haben, während er zugleich mit Formulierungen wie „so sind Sie folglich auch kein Zufall" einen erotischen Unterton entwickelt.

28 Brandes an Strindberg, 05.12.1888, S. 53.
29 Friedrich Nietzsche an August Strindberg, 08.12.1888, Nr. 1176. In: Ders.: *Kritische Gesamtausgabe*, Bd. III.5, S. 507–509, hier S. 507.
30 Ebd., S. 508.

Nietzsche fragt, offenbar von Strindbergs *Vater* ermutigt, dessen eigene französische Übersetzung ihn sehr beeindruckt hat, ob Strindberg sich der Aufgabe des Übersetzers annehmen würde: „Für den Fall, daß Sie selbst die französische Übersetzung in die Hand nehmen wollten, wüßte ich mich nicht glücklich genug zu schätzen über dies Wunder eines sinnreichen Zufalls. Denn, unter uns, mein ‚Ecce homo' zu übersetzen, bedarf es eines Dichters ersten Rangs."[31] Nachdem er die praktischen und ökonomischen Details eines solchen Unterfangens dargelegt hat, fügt Nietzsche die exzentrische Bemerkung an:

> Um mich gegen deutsche Brutalitäten („Confiscation") sicher zu stellen, werde ich die ersten Exemplare, vor der Publikation, dem Fürsten Bismarck und dem jungen Kaiser mit einer brieflichen Kriegserklärung übersenden: darauf dürfen Militärs nicht mit Polizei-Maßregeln antworten. – Ich bin ein Psychologe ...[32]

Nietzsche beendet seinen Brief mit einem drängenden Versuch, Strindberg von seinem Angebot zu überzeugen: „Erwägen Sie, verehrter Herr! Es ist eine Sache allerersten Ranges. Denn ich bin stark genug, die Geschichte der Menschheit in zwei Stücke zu zerbrechen."[33]

Strindberg antwortet diesmal sehr schnell mit einem Brief vom 11. Dezember, in dem er nicht nur Nietzsche für „ein anerkennendes Wort über mein missverstandenes Trauerspiel" dankt, sondern auch auf die Frage der Übersetzung zu sprechen kommt. Strindberg warnt Nietzsche vor den hohen Kosten von Übersetzungen und bringt zugleich sich selbst und seine Lebenssituation ins Spiel: „Sie werden verstehen, daß die Übersetzung Ihres Werkes eine große Geldfrage ist, und da ich ein armer Teufel bin (Frau, drei Kinder, zwei Dienstboten, Schulden usw.), so könnte ich Ihnen keinen Rabatt gewähren." Er fügt hinzu: „Wenn Sie nicht vor den beträchtlichen Kosten zurückschrecken, so dürfen Sie auf mich und mein Talent rechnen."

31 Ebd.
32 Ebd., S. 509.
33 Ebd.

Er schließt – wie Strindberg sich ausdrückt – „mit vorzüglicher Hochachtung".[34]

Nietzsches nächster Brief an Strindberg ist undatiert, aber er wurde vermutlich einige Tage vor Weihnachten 1888 geschrieben. Nietzsche eröffnet mit einem Satz, der an Strindbergs Nietzsche-Leseempfehlung an seine Freunde erinnert: Er interessiere „gleichfalls meine Freunde für den Vater des Vaters".[35] Nietzsche spielt hier auch auf die deutlich männlich geprägte Genealogie des Strindbergstücks an – den Vater in *Der Vater* – und verstärkt sowohl den homoerotischen Subtext der Korrespondenz als er auch an die homoerotische Geburt der Tragödie erinnert, die in seinem Buch aus der Vereinigung von zwei männlichen Göttern hervorgeht. Darüber hinaus empfiehlt Nietzsche, Strindberg solle sein Stück direkt an André Antoine am Théâtre Libre und nicht an Zola schicken, da es sich bei Antoine um einen Schauspieler handle, der ohne Zweifel die Rolle des Kapitäns spielen wollen würde. Nietzsche impliziert hier deutlich, das Ziel sei, Antoine zu verführen, diese männliche Rolle spielen zu wollen.

Zurückkehrend zur Frage der Übersetzung informiert Nietzsche Strindberg darüber, dass sich Hippolyte Taine dazu bereit erklärt habe, die französische Übersetzung der *Götzen-Dämmerung* anzugehen, und Strindberg also von dieser Aufgabe befreit sei. In seiner Antwort vom 27. Dezember bedankt sich Strindberg bei Nietzsche dafür, ihm „diese grandiose *Genealogie der Moral*" geschickt zu haben, und fügt hinzu: „Ich werde Ihre Ruhe nun erneut mit einer poetischen Arbeit durchbrechen." Strindberg schickt Nietzsche jetzt seine Kurzgeschichte *Gewissensqual* – sie beinhalte, wie Strindberg sich ausdrückt, „meine gescheiterten Spekulationen über das Problem der Reue, die verfasst wurden, bevor ich mit Ihrer Arbeit vertraut war."[36] Strindberg impliziert erneut, dass Nietzsches Ideen nicht wirklich neu

34 August Strindberg an Friedrich Nietzsche, Dezember 1888. In: Ders.: *Briefe*, S. 167–169.

35 Friedrich Nietzsche an August Strindberg, 18.12.1888, Nr. 1199. In: Ders.: *Kritische Gesamtausgabe*, Bd. III.5, S. 538–540, hier S. 538.

36 August Strindberg an Friedrich Nietzsche, 27.12.1888, Nr. 639. In: Nietzsche: *Kritische Gesamtausgabe*, Bd. III.6, S. 405–406, hier S. 405 (dt. Übers. M. Z., Original auf Französisch).

für ihn sind. Der Brief endet mit den besten Wünschen für ein glückliches 1889.
Silvester 1888 antwortet Nietzsche mit einer Empfangsbestätigung der Kurzgeschichte, die seiner Ansicht nach „klingt wie ein Flintenschuss", während sich der Rest des Briefes liest, als sei er jenseits der Grenzen der Vernunft verfasst worden:

> Ich habe einen Fürstentag nach Rom zusammenbefohlen, ich will den jungen Kaiser füsillieren lassen. Auf Wiedersehen! Denn wir werden uns wiedersehn … Une seule condition: Divorçons … [Unter einer Bedingung: Scheidung].
> Nietzsche Ceasar[37]

Strindberg, der zu diesem Zeitpunkt schon gelernt hat, dass Nietzsche sehr ungeduldig werden kann, antwortet umgehend mit einem Brief, der hauptsächlich auf Latein, teilweise aber auch auf Griechisch verfasst ist:

> Holtibus pridie cal. Jan. MDCCCLXXXIX
> Carissime Doctor!
> Jelw, Jelw manhnai!
> Litteras tuas non sine perturbatione accepi et tibi gratias ago.
> Rectius vives, Licini, neque altum
> Semper urgendo, neque dum procellas
> Cautus horrescis nimium premendo
> Litus iniquum.
> Interdum juvat insanire!
> Vale et Fave!
> Strindberg (Deus, optimus maximus).
>
> [Holte, 31. Dezember 1888
> Teuerster Doktor!
> Ich will, ich will verrückt sein!
> Ich empfing deinen Brief nicht ohne Aufregung und ich danke dir dafür.
> Richtiger wirst du leben, Licinius, weder indem du auf die hohe See

37 Friedrich Nietzsche an August Strindberg, 31.12.1888, Nr. 1229. In: Ders.: *Kritische Gesamtausgabe*, Bd. III.5, S. 567–568.

immerzu hinausdrängst noch die Stürme
fürchtend dich vorsichtig zu sehr drückst
an die feindliche Küste.
Mitunter ist es eine Freude, verrückt zu sein.
Lebe wohl und sei gnädig!
Strindberg (Gott, der beste und größte)][38]

In diesem Brief und seiner merkwürdigen Mischung der Sprachen ist Strindbergs Behauptung „Ich will verrückt sein" aber tatsächlich ein Zitat und zwar aus dem antiken Gedicht *Anakreonteia*. Exakt die gleichen Worte hatte er bereits einige Jahre zuvor in einem Brief an Siri von Essen (vom 12. März 1876) zitiert, einige Monate vor dem Brief, den ich im nächsten Teil dieses Kapitels untersuchen werde. Das Zitat gehört also zu Strindbergs inszenatorischem Repertoire und kann kaum als ein authentischer Ausdruck von Geisteskrankheit verstanden werden.

Zugleich beginnt Strindberg aber zu verstehen, dass Nietzsche kein Spiel spielt. Am 3. Januar 1889 schickt er einen zusätzlichen Brief an Brandes, dem er die drei vorangegangenen Briefe Nietzsches beilegt. Er schreibt, dass er zwar darum wisse, dass er Brandes belästige, erklärt dies aber mit der Vermutung: „Ich glaube, unser Freund Nietzsche ist wahnsinnig, und was noch schlimmer ist, er kann uns kompromittieren", es sei denn natürlich, so fährt er fort, „der listige Slawe spielt uns bloß einen bösen Streich." Nachdem er seinem Erstaunen über die plötzliche Wendung seiner Korrespondenz mit Nietzsche Ausdruck gegeben hat, fragt Strindberg Brandes auf Deutsch: „Was thun?"[39] Es ist möglich, dass Strindberg zu diesem Zeitpunkt Nietzsche bereits den Brief mit dem Zitat aus dem Brief an von Essen geschickt hat. In seinem Brief an Brandes erwähnt Strindberg aber nicht, dass er offensichtlich Nietzsches ‚Spiel mitspielt', auch wenn Strindberg seinen eigenen ‚Wahnsinn' (auf Griechisch) in einem literarischen, fiktionalisierten Kontext verortet – vielleicht ja, um zu testen, ob dies eigentlich auch Nietzsches Strategie ist.

38 August Strindberg an Friedriche Nietzsche, 31.12.1988, Nr. 645. In: Nietzsche: *Kritische Gesamtausgabe*, Bd. III.6, S. 414. Anm. d. Übers.: In der Nietzsche-Gesamtausgabe liegt Strindbergs lateinisch-griechischer Brief nur im Original vor (dt. Übers. M. N.).

39 August Strindberg an Georg Brandes, 03.01.1889. In: *Strindberg's Letters*, S. 299.

Am nächsten Tag, dem 4. Januar 1889, schreibt Brandes Strindberg mit der Bitte zurück, Nietzsches Briefe noch eine Tage behalten zu dürfen. Brandes verortet Nietzsches Briefe in einem allgemeineren Kontext und kommt zu dem Schluss:

> Soweit ich es beurteilen kann, gehen die ersten beiden nicht weiter als man das sowieso erwarten kann von der sich zunehmend steigernden Selbstüberschätzung dieses Mannes, die *ich* kritisierte und die *Sie* verteidigten. Den letzten verstehe ich nicht. Ich verstehe nicht, auf welche Weise das symbolisch gemeint sein kann. Und wenn es nicht so gemeint ist, ist der Mann wirklich verrückt. Das wäre allerdings ein großes und wirkliches Unglück. Ein so brillanter Intellekt, so selten, so reich – niedergestreckt vom Größenwahn!
> Ich habe allerdings immer noch ein bisschen Hoffnung. Wenn man wie ich über zwanzig Jahre als Doktor im großen Krankenhaus der kranken, verwundeten, unausgeglichenen und einfältig eingebildeten Kreaturen verbracht hat, die kollektiv repräsentieren, was Literatur genannt wird – dann ist man nicht mehr überrascht von der Selbstbeweihräucherung eines Autors, ganz besonders von einem, der so lange missverstanden wurde.[40]

Brandes erwähnt auch, dass er in derselben Woche einen Brief von einer russischen Prinzessin erhalten habe, die sich nach Nietzsches Gesundheitszustand erkundigt hat, weil er seinen Brief an sie mit „Der Antikrist" unterschrieben hat. „Trotzdem", so beendet Brandes seinen Brief an Strindberg, „hoffe ich immer noch das Beste."[41]
Nietzsches letzter Brief an Strindberg, vermutlich vom 8. Januar 1889, gibt eine definitive Antwort auf die möglichen Zweifel an seiner mentalen Situation. Er besteht aus sechs Wörtern, die Nietzsche mit „Der Gekreuzigte" unterschreibt und lautet: „Herr Strindberg / Eheu?... Nicht mehr Divorçons?"[42] Nietzsches letzter Brief an Brandes ist noch direkter: „Nachdem du mich entdeckt hast, war es kein Kunststück mich zu finden: die Schwierigkeit ist jetzt die, mich zu verlieren."

40 Georg Brandes an August Strindberg, 04.01.1889. In: Ders.: *Selected Letters*, hrsg. u. übers. v. W. Glyn Jones. Norwich: Norvik 1990, S. 161–162 (dt. Übers. M.Z.).

41 Ebd.

42 Friedrich Nietzsche an August Strindberg, Anfang Januar 1889, Nr. 1238. In: Ders.: *Kritische Gesamtausgabe*, Bd. III.5, S. 572.

Auch dieser Brief ist mit „Der Gekreuzigte“ unterschrieben.[43] Nietzsche verabschiedet sich in das, was Klossowski als „Turiner Sichtweise der Welt“[44] bezeichnet.

Nach diesem Zeitpunkt zu Beginn des Jahres 1889 sind für über ein Jahr keine Briefe zwischen Brandes und Strindberg überliefert. Offenbar kam ihre Korrespondenz zum Stillstand. Da Strindberg noch mehrere Monate außerhalb von Kopenhagen lebte, kann es sein, dass sie sich getroffen haben, um Nietzsches tragische Situation zu besprechen, wenn sie denn über Einzelheiten informiert waren. Es mag sein, dass sie zu verlegen oder beschämt waren, diese Angelegenheiten miteinander schriftlich zu diskutieren. Ihnen war natürlich klar, dass sogar ihre private Korrespondenz zumindest für die Nachwelt öffentlich gemacht werden könnte. Zum ersten Mal erwähnt Strindberg in einem – erhaltenen – Brief Nietzsche wieder am 28. Januar 1889, als er an den schwedischen Autor Ola Hansson schreibt. Hansson hatte sich allmählich zu einem leidenschaftlichen Anhänger von Nietzsches Philosophie entwickelt. Er war 1889 nach Berlin gezogen und hatte Bücher über Nietzsches Einfluss auf und seine Relevanz für die skandinavischen und europäischen Literatur- und Kulturentwicklungen veröffentlicht. In seinem Brief an Hansson macht Strindberg deutlich, welch tiefen Eindruck Nietzsches Geisteskrankheit bei ihm hinterlassen hat:

> Ich glaube, Nietzsche blendet mich, mein Gehirn ist eine einzige Wunde! Aus Überarbeitung! Und er macht mich wirklich wahnsinnig! Dieses unglaubliche Selbstwertgefühl seiner Bücher hat in mir irgendwie das gleiche Gefühl erzeugt! Das wird meine grauen Zellen allerdings nicht davon abhalten zu zerreißen, denn das werden sie vermutlich! Wenn die Französische Republik – so wie sie ist – zerbrechen sollte, dann sollten wir keine Männlichkeit und kein Alter mehr haben, sondern bis zu unserem Tod in einem Gefängnis der Moral leben! Was thun? Nichts! Ohne Zweifel werden wir uns alle in Gheel treffen![45]

43 Friedrich Nietzsche an Georg Brandes, 04.01.1889. In: Ders.: *Kritische Gesamtausgabe*, Bd. III.5, S. 573. Unter den letzten Briefen sind auch einige, die mit „Nietzsche Dionysos“ oder „Dionysos“ unterschrieben sind.

44 Klossowski: *Nietzsche und der Circulus vitiosus deus*, S. 352.

45 August Strindberg an Ola Hansson, 28.01.1889. In: *Strindberg's Letters*, S. 304 (Übers. M. Z.).

Ebenso wie in seinem frühen Brief an Edvard Brandes gesteht Strindberg, dass Nietzsche ihn sowohl physisch wie psychisch affiziert und dem Wahnsinn nahe gebracht hat.
Die – erhaltene – Korrespondenz von Strindberg mit Brandes wird am 12. April 1890 wieder aufgenommen, als Strindberg im Stockholmer Archipel lebt. Nachdem er einen nicht überlieferten Brief von Brandes erhalten hat, in dem dieser – offensichtlich in Vorbereitung einer Schrift – nach Strindbergs Gedanken zu seiner eigenen intellektuellen Entwicklung fragt, antwortet Strindberg:

> Auf diese Weise begann ich mich bereits nach meinem Prozeß, 1885, von Theismus, Deismus und Demokratie freizumachen, die aber immer noch in meinem Blut vorhanden waren und in Form von kategorischen Postulaten auftauchten. Auch den Sozialismus, in dem mein früheres Christentum während meiner Krankheitszustände auftauchte, ging ich experimentierend durch und befreite mich in „Kampf der Gehirne" von ihm (Neue Freie Presse).
> Als ich in Nietzsche, den ich teilweise antizipierte, die Grundsätze dieser Haltung formuliert fand, nahm ich seinen Standpunkt ein und habe die Absicht, fernerhin von diesem Standpunkt aus zu experimentieren, um festzustellen, wohin er führt.[46]

Brandes antwortet am 20. April 1890: „Sie sollten sich mit Nietzsche nicht so tief auseinandersetzen. Es gibt in seinen Arbeiten viel, was nützlich ist, aber auch viel, dass Gefühle und Gedanken völlig außer Kontrolle bringt."[47] Strindbergs Reaktion vom 22. April 1890 zeigt, dass ihm zu diesem Zeitpunkt am wichtigsten ist, dass er Nietzsches Ideen vorhergesehen hat:

> Sie dürfen deswegen nicht glauben, daß ich Nietzsche gegenüber unkritisch bin, aber er trat in mein Leben ein, gleich nachdem ich mich zu seinem Standpunkt durchgekämpft hatte, ohne ihn zu kennen, und sein Programm fällt (soviel weiß ich) mit dem meinen zusammen.

46 August Strindberg an Georg Brandes, 12.04.1890. In: Ders.: *Briefe*, S. 200–201, hier S. 200.

47 Georg Brandes an August Strindberg, 20.04.1890. In: Morten Borup (Hrsg.): *Georg og Edv. Brandes Brevveksling Med Nordiske Forfattere og Videnskabsmænd*. Copenhagen: Gyldendal 1939, S. 299 (dt. Übers. M. Z., nach der engl. Übers. von F. R.).

> Entsinnen Sie sich, daß Sie mir damals auf Kongens Nytrov sagten: Nun, mein lieber Strindberg, Sie, der die „Kleinen“ hassen, müßten N-e doch wohl lieben.
> Und damit gaben Sie zu, daß ich den Mann antizipiert hatte.[48]

Im folgenden Jahr lassen sich Strindberg und Siri von Essen scheiden und nach einer kurzlebigen Ehe mit der österreichischen Journalistin Frida Uhl tritt Strindberg in eine Phase seines Lebens ein, die als die Inferno-Krise bekannt geworden ist und von 1892 bis 1897 dauert. Während dieser Zeit erlebt er mehrere psychische Zusammenbrüche.
Das ‚Drama' zwischen Nietzsche und Strindberg, dass ich hier durch ausgewählte Passagen aus den Briefen und durch Kommentare über die großen Wendungen zu rekonstruieren versucht habe, enthält im engeren Sinne keine Diskussion über philosophische und theatrale Praktiken. Es ist ein Drama über die Strategien einer Kontaktaufnahme zwischen ihnen – eine phatische Beziehung – statt über die diskursiven Praktiken als solche. Ich gehe im Kontext meiner Arbeit davon aus, dass dieses Drama davon kündet, dass im Versuch einer Beziehungsaufnahme zwischen philosophischen und theatralen Praktiken grundlegende Fragen von Vernunft und Wahnsinn bedacht werden müssen. Die Grenzüberschreitungen von Philosophie und Theater sind natürlich nicht die einzigen kulturellen Kontexte, in denen solche Diskussionen beheimatet sind. Aber sie werden immer dann besonders relevant, wenn Fragen von Wahrheit und Simulation aufgeworfen werden – sei es am Tisch in Agathons Haus oder am Hof in Helsingör oder eben in der Philosophie von Nietzsche und den (dramatischen) Texten von Strindberg.

Strindbergs trügerische Träume

Strindberg hat aus seinem Briefwechsel mit Nietzsche sicherlich etwas Wichtiges über Wahnsinn gelernt. Es berührt den kreativen Nerv des Hamlet'schen Dilemmas von realer und vorgetäuschter Geisteskrankheit. Die Analyse von Strindbergs Brief an Siri von Essen vom

48 August Strindberg an Georg Brandes, 22.04.1890. In: Ders.: *Briefe*, S. 201–203, hier S. 202.

Juni 1876 (sie wird eineinhalb Jahre später seine Frau werden) ermöglicht mir einen weiteren und, wie ich denke, einzigartigen Blick auf den kreativen Prozess Strindbergs. In diesem Brief beschreibt Strindberg einen Traum. Er beginnt mit den Worten: „Ich hatte letzte Nacht einen außergewöhnlichen Traum!“[49] Datiert ist der Brief auf den Tag, an dem von Essen von ihrem ersten Ehemann geschieden wurde, einem Baron und Offizier der schwedischen Armee.[50] Darauf gibt es in dem Brief selbst allerdings keinen Hinweis. Die anfänglich geheime Liebesaffäre zwischen Strindberg und von Essen dauert zu diesem Zeitpunkt schon ein Jahr. Dem um diese Beziehung gesponnenen Mythos zufolge habe von Essen diese Intimität dazu genutzt, ihr Potential als Schauspielerin zu verwirklichen, was ihr der junge und vielversprechende Autor an ihrer Seite ermöglichen sollte.

Hintergrund seines Briefs ist Strindbergs Aufenthalt in Stockholm in der zweiten Junihälfte 1876, wo er den Mittsommerfestivitäten beiwohnt, während von Essen sich in einer Villa namens Äs aufhält, nur fünfzig Kilometer von der Stadt entfernt. Der Brief ist einige Tage vor Mittsommer verfasst worden – und es ist auffällig, dass das zwölf Jahre später verfasste Stück *Fräulein Julie* auch um die Mittsommerwende spielt. Es ist dieses Stück, das auf seiner Beziehung mit von Essen basiert, das Strindberg gerade beendet, als er erstmals mit Nietzsches Ideen in Kontakt kommt.

Strindbergs Brief an seine zukünftige Frau ist eine Kombination aus Verführung und Manipulation sowie ein Instrument, um seinen Einfluss auf sie zu vergrößern. Bemerkenswert und fast schon ein wenig unheimlich an diesem Traum ist, dass er erfunden ist – auch wenn Teile möglicherweise auf ein tatsächliches Traumerlebnis zurückgehen. Darüber hinaus – und das macht den Brief so interessant – weist der seiner zukünftigen ersten Frau beschriebene Traum deutliche Ähnlichkeiten in Struktur und Inhalt zu *Ein Traumspiel* auf, geschrieben 25 Jahre später im Jahr 1901. Und hier ist die Intention, dass die junge Schauspielerin Harriet Bosse, Strindbergs dritte Frau,

49 August Strindberg an Siri von Essen, 06.1867. In: *Strindbergs Brev 1858–1876*, hrsg. v. Torsten Eklund. Stockholm: Bonniers 1948, S. 360–363 (dt. Übers. M. Z., nach der engl. Übers. v. F. R.).

50 Vgl. Olof Lagercrantz: *August Strindberg*, aus d. Schwed. v. Angelika Gundlach. Frankfurt am Main: Suhrkamp 1984, S. 67; Michael Meyer: *Strindberg: A Biography*. New York: Random House 1985, S. 82.

die Rolle von Indras Tochter spielen soll. Der nun besprochene Brief lässt sich sogar als *Ur*-version von *Ein Traumspiel* begreifen.[51]
Strindberg beginnt seinen Brief, genau wie die erste Szene von *Ein Traumspiel* nach dem Abstieg von Indras Tochter aus dem Himmel, mit einer detaillierten Beschreibung der Frontalansicht eines Gebäudes: Es handelt sich um ein zweigeschossiges Steingebäude, das auf beiden Seiten des Hauses einen Flügel hat, ein steiles Dach und eine Außentreppe, die zum Haupteingang hinaufführt. Dies müsse, so Strindberg an von Essen, das Haus sein, in dem sie ihre Ferien verbringt. Er hat diesen Ort niemals gesehen, zugleich beschreibt er aber akribisch die Details der Fassade mit ihren sechs Fenstern im Erdgeschoss, wobei er besonders hervorhebt, dass die beiden Fenster neben der Eingangstür ganz genau auf gleicher Höhe angebracht sind. Zusätzlich zu denen sich auf einer Linie befindenden Fenstern gibt es auf jeder Seite noch zwei weitere; diese aber, so hebt Strindberg hervor, würden ein wenig tiefer liegen. Wie wir später sehen werden, sind es diese Details, die wichtig für die Argumentation sind, dass Strindberg Teile seines Traums erfunden hat.
Sowohl der Brief als auch *Ein Traumspiel* lassen nun den Träumer das große Haus betreten. Strindbergs Eroberung seiner künftigen Braut ist offensichtlich. Im Brief schreibt Strindberg, dass er davon ausgehe, es habe sich bei dem Gebäude zuvor um ein Kloster gehandelt. Dieser Aspekt schleicht sich möglicherweise später in Strindbergs *Nach Damaskus* ein, kurz vor *Ein Traumspiel* verfasst und mit der wahnsinnigen Hauptfigur Caesar versehen, der ein direktes Überbleibsel seiner Korrespondenz mit Nietzsche ist. In *Ein Traumspiel* steht der Eingang in das wachsende Schloss für die Rückkehr in die Kindheit und zur Unschuld. Im Traum beschreibt Strindberg, nach dem Moment des Eintritts in das Gebäude, Bilder an der Wand: Eines zeigt den Turm zu Babel und ist aus dem Jahre 1594, ein anderes zeigt ein

51 Es handelt sich hier um einen Aspekt im Brief wie auch im Stücktext, der nach meinem Kenntnisstand noch nie in der umfangreichen Literatur zu *Ein Traumspiel* Erwähnung gefunden hat. Vgl. Kerstin Dahlbäck: *Ändå tycks allt vara osagt: August Strindberg som brevskrivare*. Stockholm: Natur och Kultur 1994, S. 286–287. Dahlbäck erwähnt den anscheinend erfundenen Charakter des Briefes – ein Hinweis, der sich auch in der Edition Strindbergs gesammelter Briefe findet –, aber sie stellt keine Verbindung zu *Ein Traumspiel* her, das mit Harriet Bosse in der Rolle von Indras Tochter uraufgeführt wurde, die zu diesem Zeitpunkt aber schon von Strindberg getrennt war. Vgl. auch Freddie Rokem: *Strindberg's Secret Codes*. Norwich: Norvik 2004.

weißes Pferd. In seinem Traum ist er sogar im Stande, die Namen der Maler zu identifizieren. Danach, so fährt Strindberg fort, findet er sich plötzlich in einem Obstgarten wieder, in dem verschiedene Äpfel und unterschiedliche seltene Früchte wachsen. Sowohl durch den Turm von Babel als Bildmotiv als auch durch den Obstgarten, der dem Garten Eden ähnelt, kehrt Strindberg zu einer Art mythischem Ursprung zurück. Eine der verschiedenen Apfelsorten, die er sieht, ist ein Paradiesapfel.

In seiner Traumerzählung eilt Strindberg nun in einen Park, der am Fuß eines ungefähr zweihundert Meter hohen Berges liegt. Und dann kommt er zu dem, was im Schwedischen *ättestupa* heißt: ein suizidaler Abgrund. Als er den Steilhang nach unten klettert, kommt Strindberg zu einer kleinen Höhle, in der er eine alte Frau oder Hexe trifft (im Schwedischen *käring*, mit demselben Wortstamm wie ‚verliebt sein'), mit der er eine lange Unterhaltung führt. Dies sind offensichtlich frühe Versionen der Episoden mit der Türhüterin und Fingals Höhle in *Ein Traumspiel*, in der Indras Tochter den Dichter trifft, der sie von den Leiden dieser Welt befreien wird. Und natürlich handelt es sich bei dem Dichter um Strindbergs eigene Rolle in seinem Stück. Sich dem Abgrund nähernd fragt Strindberg die alte Frau in seinem Traum: „Wie heißt dieser Berg?" und sie antwortet: „*Vigsberget*" – ein im Schwedischen ungewöhnlicher Terminus, der ungefähr etwas wie ‚Heiratsberg' heißt. Strindberg fragt auch nach dem Preis der Villa, dem aller anderen Gebäude, die er sieht, und nach ihren Namen. Dieser investigative *Gestus* wird in *Ein Traumspiel* von Indras Tochter mehrfach wiederholt, wenn sie danach fragt, wo sie sich nach der Ankunft in dieser Welt befindet.

Strindberg beschreibt in seinem Brief an von Essen dann, dass sich in einem der Häuser ein Gast aufhalte, eine wunderschöne Frau mit blondem Haar, das wie die Sonne scheint, und mit sehr kleinen Fingern und Füßen. Dabei handelt es sich wohl um von Essen als eine frühe Version von Indras Tochter. In seinem Traum allerdings argumentiert Strindberg auf das Schärfste, dass keine andere Frau auf dieser Welt so schön sei wie seine Geliebte, und er nimmt einen Stein in die Hand, um der Hexe auf den Kopf zu schlagen. In diesem Moment aber „stürzt der Berg in sich zusammen und sie verschwindet". Und mit diesem rätselhaften Moment, der jeder Erklärung entbehrt, warum das passiert, beschließt Strindberg seine Traumerzählung: „Ich erwachte!" Ebenso wie *Ein Traumspiel*, das mit dem Verbrennen weltlicher Güter endet, beschließt Strindberg seine Traumerzählung mit einem Akt der Destruktion, die innerhalb des Traums selbst stattfindet.

Im Anschluss bittet Strindberg von Essen darum, ihm die Villa in Äs im Detail zu beschreiben und damit zu bestätigen, dass sein Traum tatsächlich mit der Wirklichkeit übereinstimmt und also belegt, dass er über übersinnliche Kräfte verfügt. Er fügt an, wie leer und düster die Stadt ohne sie sei und dass die Fensterläden von Tor Hedberg hochgezogen worden seien, was seine Rückkehr in die Stadt anzeige. Hedberg war der Intendant des Royal Theatre von Stockholm und hatte Einfluss auf von Essens Schauspielerinnenkarriere. Und mit offen erotischer Anspielung fährt Strindberg fort: „Schauen wir doch mal, ob wir uns am Tag nach Mittsommer nicht in der Höhle am Steilhang des Heiratsbergs treffen. Lass uns schauen, ob es dort eine Höhle und einen Berg gibt." Der Brief endet mit einigen Alltäglichkeiten und einer Verabschiedung, die eines sich verzehrenden Liebhabers würdig ist.

Die Behauptung, dass Strindberg zumindest Teile seines angeblichen Traums erfunden hat, dass er – um es klar zu sagen – Spielchen spielt, kann auf folgende Weise untermauert werden: Ein schwedisches Buch mit dem Titel *Villen und Schlösser in Södermanland* der Autoren F. Richarts und Olof Eneroth aus den Jahren 1864–1869 (und Södermanland ist die Provinz, in der Äs liegt) enthält einen Stich der Villa. Nach Hans Lindström hat Strindberg dieses Buch aus der Nationalbibliothek ausgeliehen, als er dort gearbeitet hat.[52] Dieser Stich der Villa Äs zeigt die Fenster auf genau die gleiche Art und Weise, wie Strindberg sie in seinem Traum gesehen haben will: Die äußeren Fenster liegen tiefer als die beiden neben der Eingangstür. In Wirklichkeit aber, so zumindest äußert sich der Besitzer in einem Interview im Jahr 1939 – und ich habe dieses Haus weder wirklich aufgesucht noch seine architektonische Geschichte detaillierter erforscht –, haben alle Fenster im ersten Stock immer auf einer geraden Linie gelegen und damit sowohl anders als in Strindbergs Traumerzählung als auch als auf der Abbildung zu sehen. Sowohl die anderen von Strindberg erwähnten Gebäude als auch ihre Preise sind ebenfalls in dem ausgeliehenen Buch

52 Hans Lindström: *Strindberg och Böckerna II, Boklån och Läsning, Förteckningar och Kommentarer*. Uppsala: Svenska 1990, S. 25.

erwähnt, auf das Strindberg also zweifellos zurückgreift, als er seinen Brief verfasst.[53] Das alles widerspricht zwar nicht der Möglichkeit, dass er tatsächlich von diesen Orten träumt, während sich von Essen dort aufhält, aber es scheint erwiesen, dass die exakten Details eine Quelle haben, die über den eigentlichen Traum hinausgeht.

Es dauert allerdings noch 25 Jahre, bevor Strindberg *Ein Traumspiel* verfasst und damit einen seiner größten Beiträge zur Theatergeschichte des 20. Jahrhunderts leistet. Dieses Stück basiert auf einer metaphysischen Dimension, die sich in der weiblichen Präsenz von Indras Tochter manifestiert. Diese metaphysische Ebene kann zu *Fräulein Julie* zurückverfolgt werden: In diesem Text gibt es kurz vor ihrem Selbstmord einen heftig aufgeladenen Sonnenaufgang, durch den alles in eine Art himmlisches Licht getaucht wird. Allerdings steht die göttliche Aufwertung der weiblichen Figur in *Ein Traumspiel* in deutlichem Widerspruch zu dem Blick auf das Weibliche, den Strindberg mit *Der Vater* und *Fräulein Julie* präsentiert. Dieser Blick entspricht den Überzeugungen Nietzsches. In *Ein Traumspiel* erkennt Strindberg offen und direkt die Präsenz einer metaphysischen weiblichen Kraft auf der Theaterbühne an – und das in einer Welt, in der der Glaube an eine solche metaphysische Dimension bereits von Nietzsche selbst für tot erklärt worden war. In diesem Sinne ist *Ein Traumspiel* ein sehr Platonischer Text, der sich auf die Platonische Vorstellung von der Wanderung und Wiedergeburt der Seelen stützt. Indras Tochter nimmt die gleiche Position der ultimativ Wissenden ein wie Diotima im *Gastmahl* und weist damit dem Dichter im Stück, Strindbergs Alter Ego, die Rolle des Sokrates zu. Der große Unterschied liegt darin, dass Strindberg seine Repräsentantin göttlicher Weisheit dazu einlädt, auf dem Schauplatz der Handlung tatsächlich zu erscheinen.

Strindberg nimmt sich eines zeitgenössischen Problems an: Der Tod Gottes und das daraus resultierende vermeintliche Ende der

53 Die Quelle dieser Information ist ein Artikel der EBG in der schwedischen Tageszeitung *Dagens Nyheter*, „När Strindberg fuskade" (Strindbergs Betrügereien), der am 2. April 1939 publiziert wurde. Der Artikel beinhaltet ein Interview mit dem Besitzer des Hauses, der auf die ‚Fehler' Strindbergs in seinem Traum hinweist. Vgl. auch Michael Robinson: *Strindberg and Autobiography*. Norwich: Norvik 1986, Kap. 4. Robinson diskutiert die Kompositionsprinzipien von Strindbergs Briefroman *Er und Sie*. Dieser Roman, der trotz seiner Bemühungen nicht mehr zu Strindbergs Lebzeiten veröffentlicht wurde, enthält die meisten der Briefe, die Strindberg und Siri von Essen ausgetauscht haben.

Metaphysik erlaubten es dem Theater, sich stärker mit den theatralen Maschinerien als solchen zu beschäftigen und sich spielerischer, meta-theatralischer damit auseinanderzusetzen, wie der übernatürliche Apparat – in diesem Fall die weibliche *‚dea' ex machina*, repräsentiert durch Indras Tochter – erscheinen kann.[54] Bzw. wie Jürgen Habermas in seinem Kommentar zu Ernst Blochs Utopiegedanken schreibt: In einer Welt ‚ohne Gott' wird eine räumliche Metapher für das Verständnis des utopischen Geistes mobilisiert. Mit Bloch argumentiert Habermas:

> Gott ist tot, aber sein Locus hat ihn überlebt. Der Ort, an welchem die Menschheit Gott oder die Götter imaginiert hat, ist nach dem Verfall dieser Hypothesen ein leerer Raum geworden. Die grundlegenden Maße dieses Vakuums, so haben die Atheisten schließlich verstanden, stellen einen Entwurf für ein zukünftiges Königreich der Freiheit bereit.[55]

In Strindbergs Stück erscheint die Utopie in Form einer übernatürlichen weiblichen Präsenz, die während ihres kurzen Besuchs in dieser Welt die Größe des menschlichen Leidens erkennt und dann in himmlische Gefilde zurückkehrt. Zweifellos ähnelt sie mehr dem jungen, als dem alten Hamlet, der jede Nacht wiederkehrt und nach Rache verlangt, sondern ist eine mildtätigere metaphysische Realität, die das Theater realisieren kann. Wie frei der Entwurf des modernen Theater als performative Realität seine Zuschauer*innen aber machen kann und ob wir es tatsächlich vollständig anerkennen und verstehen können, bleibt eine offene Frage. Das moderne Theater und vor allem unsere zeitgenössischen Performanceformen versuchen, die Leere zu füllen – hauptsächlich, indem sie uns die Dimensionen dieser Leere schmerzlich bewusst machen. Kann aber dieses zeitgenössische Theater tatsächlich immer noch als jener ‚Ort' funktionieren, an dem das ‚Königreich der Freiheit' imaginiert werden kann, auch wenn es zugleich ein tiefes und wachsendes Bewusstsein dafür gibt, dass

54 Für eine genauere Analyse der Konservierung metaphysischer Aspekte des Theaters und ihre Erneuerung aus einer post-Nietzscheanischen Perspektive siehe Freddie Rokem: *Deus ex machina* in the Modern Theater: Theater, History and Theater History. In: W.B. Worthen / Peter Holland (Hrsg.): *Theorizing Practice: Redefining Theatre History.* Basingstoke: Palgrave Macmillan 2003, S. 177–195.

55 Jürgen Habermas: Ernst Bloch – A Marxist Romantic. In: *Salmagundi* 10/11 (1969/1970), S. 311–325, hier S. 313 (Übers. M.Z.).

dieses Königreich selbst vermutlich nie erreicht werden wird? Unabhängig von unserer Antwort auf diese Frage weist die Möglichkeit der Rückkehr von Indras Tochter auf eine Alternative, die sich radikal von Hegels oder Marx' Interpretationen der utopischen Dimensionen des alten Hamlets unterscheidet; oder, um ein anderes Beispiel, das dieselbe Frage adressiert, aufzurufen: sich von der Tatsache unterscheidet, dass Godot auch heute Nacht wieder nicht erscheinen wird.

Strindberg und Kierkegaard

Strindberg ist sich der wiederholenden Dimensionen dieses metaphysisch/theatralen Narrativs zutiefst bewusst. Aus diesem Grund möchte ich meine Analyse von Strindberg mit einem weiteren Detail aus *Ein Traumspiel* beenden, dem im Kontext der Begegnung von philosophischem und theatralem Diskurs große Bedeutung zukommt. Strindbergs Stück enthält eine sehr bewusste Anspielung auf Søren Kierkegaards *Die Wiederholung*, das 1843 unter dem Pseudonym Constantin Constantinus veröffentlicht worden ist. In einer der zentralen Szenen seines Stücks benutzt Strindberg dreimal das dänische Wort *gentagelsen* (das ‚Wiederholung' heißt, wörtlich: ‚etwas wieder nehmen'), dem Titel dieses bemerkenswerten und zu seiner Zeit viel gelesenen Buchs. In der gleichen Passage benutzt Strindberg außerdem mindestens zehn andere schwedische Synonyme für ‚Wiederholung' – aber weil das dänische Wort sich von dem schwedischen Wortfeld der Wiederholung unterscheidet, mit dem Strindberg spielt, sticht es auf dieser Seite besonders hervor.

In dieser spezifischen Szene werden die Schwierigkeiten der Ehe zwischen Indras Tochter, die nun den weltlichen Namen Agnes trägt, und dem Advokaten in Missstimmung und wechselseitigem Misstrauen gezeichnet. Indras Tochter muss feststellen, dass das irdische Leben nur zu Leid und Scham führt und beginnt, sich auf die Rückkehr in ihre himmlische Heimat vorzubereiten, von der aus ihre Reise begonnen hatte. An dieser Stelle aber erinnert der Advokat seine Frau scharf an ihre Pflichten ihm und dem Haushalt gegenüber: „Das Wiederaufnehmen [gentagelsen] – die Wiederholungen – das Zurückgehen! Die Aufgaben noch einmal machen! – Komm!"[56] Nachdem er ihr deutlich

56 August Strindberg: Ein Traumspiel. In: Ders.: *Drei Stücke*, aus d. Schwed. v. Peter Weiss. Frankfurt am Main: Suhrkamp 1978, S. 145–226, hier S. 198.

gemacht hat, dass diese stumpfen häuslichen Tätigkeiten erst Freude bereiten, nachdem sie erfüllt worden sind, sagt der Advokat:

> Ja, ich wache morgens mit Kopfschmerzen auf, und dann fängt das Wiederholen an, aber ein perverses Wiederholen. So, daß alles, was gestern Abend schön, angenehm, witzig war, jetzt am Morgen in der Erinnerung hässlich, widerlich, dumm erscheint. Es ist, als faulte das Vergnügen weg, und die Freude fällt zusammen.[57]

Und ein wenig später fügt er an: „Dann musst du umkehren und den gleichen Weg zurückgehn, den du gegangen bist, und den ganzen Prozeß, mit allen Widerwärtigkeiten, Wiederholungen, Umständlichkeiten noch einmal durchmachen."[58] Indras Tochter hat sich aber bereits für ihre eigene Form der ‚Wiederholung' entschieden, indem sie die häuslichen Pflichten ihres Ehemanns zurückweist und in die himmlischen Sphären zurückkehrt, aus denen sie ursprünglich aufgebrochen war.

Strindbergs Verwendung des Begriffes *gentagelsen* fokussiert die Ehekrise zwischen dem Advokaten und seiner Frau und die beschwerlichen Routinen einer lustlosen Beziehung, auch wenn ja gerade diese profunde metaphysische Implikationen für die Rückkehr in den Himmel haben. Kierkegaards Buch schließt viel direkter an jene Sachverhalte an, die ich bezüglich der philosophischen wie theatralen Praktiken untersuche und da Strindberg dieses Buch zweifellos ebenso gelesen und seine allgemeineren philosophischen Implikationen ernst genommen hat, ist es sogar von doppeltem Interesse in meinem Kontext. Allerdings werde ich Kierkegaards Buch nicht in seiner ganzen Komplexität analysieren.

Eines der zentralen Themen von Kierkegaards *Die Wiederholung* sind die Zuschauer*innen im Theater. Im Ganzen ist das Buch eine Art psychologisches Selbstexperiment, das von seinem fiktiven Autor Constantin Constantinus durchgeführt wird – ein Name, der auf etwas Unveränderliches verweist. Constantinus untersucht bezüglich einer Reihe von alltäglichen Handlungen und Erlebnissen, ob es

57 Strindberg: Ein Traumspiel, S. 199.
58 Ebd., S. 200.

möglich ist, jenes Paradox zu lösen, das aus der Erfahrung der Wiederholung herrührt. Oder in Kierkegaards Worten:

> Die Dialektik der Wiederholung ist leicht, denn was sich wiederholt, ist gewesen, sonst könnte es sich nicht wiederholen; aber eben dies, daß es gewesen ist, macht die Wiederholung zu dem Neuen. Wenn die Griechen sagten, daß alles Erkennen ein sich Erinnern ist, so sagten sie: das ganze Dasein, welches da ist, ist da gewesen; wenn man sagt, daß das Leben eine Wiederholung ist, so sagt man: das Dasein, welches da gewesen ist, tritt jetzt ins Dasein. Wenn man die Kategorie der Erinnerung oder der Wiederholung nicht besetzt, so löst das ganze Leben sich auf in leeren und inhaltlosen Lärm.[59]

In dem Versuch, diese komplexe psycho-philosophische Angelegenheit zu klären, bricht der Autor zu einer Reise nach Berlin auf, wo er bereits einmal gewesen ist. Er bewohnt die gleiche Unterkunft nahe dem Gendarmenmarkt wie zuvor und schaut sich genau dieselbe Inszenierung einer Farce am Königstädter Theater an, die er bereits bei seinem vorherigen Besuch der Stadt gesehen hat. Während er aber dasselbe Zimmer vorsichtig untersucht, im gleichen Restaurant isst und dieselben Inszenierungen besucht, reifen in ihm Zweifel an der Möglichkeit der Wiederholung.

Es gibt einige kurze, flüchtige Momente, in denen Constantin Constantinus zugibt, dass Wiederholung möglich sei – so zum Beispiel in jenem Restaurant, in das er zurückkehrt und wo ihm die Gäste, ihrer Gewohnheiten und ihres Verhaltens unbewusst, ein Gefühl „des Gleichen im Gleichen“[60] geben. Im Theater allerdings, wo dieses ‚Ding‘ in dieser Nacht erneut erscheinen soll, kommt er sofort zu der Einschätzung: „das einzige, das sich wiederholte, war die Unmöglichkeit einer Wiederholung“[61]. Theater impliziert ein Element des Zufälligen und lässt die Zuschauer*innen im Zweifel darüber, ob das, was auf der Bühne zu sehen ist, wirklich wiederholt wird. „Gleich hinter dem Idealen“, so Kierkegaard, „kommt nämlich als das Nächste das

59 Søren Kierkegaard: *Die Wiederholung*, aus d. Dän. v. Günther Sawatzki. Düsseldorf / Köln: Diederichs 1955, S. 22.

60 Ebd., S. 44.

61 Ebd.

Zufällige", aber, so fährt er fort, das „zufällige [ist] in jeder Weise vorzuziehn, weil es die Phantasie in Bewegung bringt."[62] Daraus leitet er folgenden Schluss ab: „Wenn man in einem Theater von einem Menschen eine Vorstellung empfangen will, so muß man entweder eine schlechthin durchgeführte in der Idealität konkrete Schöpfung verlangen oder das Zufällige."[63] Kierkegaard nimmt hier zweifellos den kompliziertesten Aspekt theatraler Repräsentation in Angriff: das Bemühen um die Reinheit und Klarheit einer Idealform – wie sie von der Sokratischen Wendung zum allumfassenden Theater ausgedrückt wird –, die es auf der einen Seite ermöglichen soll, die Wissensleiter zu erklimmen, und auf der anderen Seite es möglich machen soll, theatrale Repräsentationen in den zufälligen und sogar katastrophischen Wendungen der Geschichte zu verankern.

Nietzsches Projekt, auf das ich nun im Weiteren eingehe, besteht darin, die ideale Form des Theaters in einem Prä-Sokratischen Kontext zu verorten, in dem der Mahlstrom der Geschichte zumindest zum Teil verwurzelt ist – selbst wenn Walter Benjamin ihn später dafür kritisieren wird, diesen Umstand nicht genügend erkannt zu haben. Nietzsche nimmt hier eine völlig entgegengesetzte Haltung zu Kierkegaard in der Suche nach der Einzigartigkeit bestimmter Ereignisse oder Handlungen ein. Nach Alexander Nehamas „war es Sokrates, was immer auch seine theoretischen Anschauungen gewesen sein mögen, gelungen [...], so ‚instinktiv' zu leben, wie Nietzsche es von sich behauptete."[64] Aus diesem Grund blieb Sokrates, der sich von allem ihm Vorausgegangenen abgewandt hatte, für Nietzsche „ein ungeheures Problem". Wenn Nietzsche nämlich, wie Nehamas ihn interpretiert, versucht, einen ebensolchen Bruch zu erzeugen, würde er wiederholen, was Sokrates bereits getan hatte. Deswegen, so fährt Nehamas fort,

> konnte sich Nietzsche niemals sicher sein, ob sein Projekt nicht durch jenen Charakter in Gang gesetzt wurde, von dessen Tradition er sich so vehement abgrenzte. Er konnte sich niemals sicher sein, dass seine Arbeit nicht genau jenem Denken entsprach, dessen Traditionen er anprangerte.[65]

62 Kierkegaard: *Die Wiederholung*, S. 35–36.
63 Ebd., S. 36.
64 Nehamas: *Die Kunst zu leben*, S. 246.
65 Ebd.

Kierkegaard fand das Einzigartige, während er mit Wiederholung experimentierte, wohingegen Nietzsche in seinem Verlangen nach dem totalen und einzigartigen Bruch mit der Tradition die Wiederholung finden musste – eine Wiederholung, die den Ausbruch aus der Tradition durch den Akt der Revolte selbst einschließt, genauso wie Sokrates es getan hatte.
Diese beiden Möglichkeiten ergänzen sich offensichtlich, aber keine kann für sich lösen, was hier auf dem Spiel steht. Trotzdem kann in diesem Zusammenhang festgehalten werden, dass das Theater – das im Idealfall sowohl einzigartig als auch wiederholend ist – sowohl für Nietzsche als auch für Kierkegaard der bevorzugte Ort für das Austesten ihrer philosophischen Fragen war. Auf diese Weise wiederholten sowohl Kierkegaard als auch Nietzsche Hamlets Geste der Anwendung von Methoden und Ideen des Theaters, um philosophische und existentielle Fragen zu lösen. Beide eröffneten eine lebendige und prozessuale Dialektik zwischen den diskursiven Praktiken beider Felder – ohne sich allerdings wie Hamlet auf direkte Weise in das Theatermachen zu verstricken oder ihren Beitrag zur Vitalität der utopischen Polis, wie von Platon vorgeschrieben, abzustreiten.

Die Geburt des Philosophen aus den Ruinen der Tragödie

> Wie ein leeres Blatt lädt uns Sokrates zum Schreiben ein; wie eine tiefe Stille fordert er uns auf, unsere Stimme zu erheben. Doch er selbst bleibt unberührt, starrt mit ironischem Blick zurück.
> Alexander Nehamas: *Die Kunst zu leben*

Nietzsches *Geburt der Tragödie aus dem Geiste der Musik* aus dem Jahr 1872 ist ein rätselhafter und facettenreicher Text, der sehr unterschiedliche und sogar widersprüchliche Lektüren erfahren hat.[66] Er präsentiert einerseits Nietzsches eigene Version einer Geburt der Tragödie aus einer Vereinigung, die an „die Duplizität des *Apollinischen* und des *Dionysischen* gebunden ist: in ähnlicher Weise, wie die Generation von der Zweiheit der Geschlechter, bei fortwährendem Kampfe

66 Vgl. Matthew Rampley: *Nietzsche, Aesthetics and Modernity*. Cambridge: Cambridge UP 2000; Aaron Ridley: *Nietzsche on Art*. London / New York: Routledge 2007.

und nur periodisch eintretender Versöhnung, abhängt."[67] Andererseits werde ich argumentieren, dass dieser Texte auch die Geburt der Philosophie zu denken gibt, insbesondere die autochthone Geburt von Nietzsche selbst als Philosophen.

Diese zweite Geburt findet statt, nachdem die dionysischen und apollinischen Energien – deren Vereinigung zuvor in die Geburt der Tragödie gemündet hat – zerbröckelt sind und die brillanten Errungenschaften der frühen griechischen Kultur einem chaotischen Niedergang preisgegeben haben. Während dieser Zusammenbruch – der von Nietzsche offen als Katastrophe für die westliche Zivilisation bezeichnet wird – stattfindet, wird allerdings eine neue Stufe in der Entwicklung hin zu Selbstreflektion und Kritik eröffnet. Trotz vieler kritischer Äußerungen des Protests, gar der Abneigung gegen diese Entwicklungen, hat sich Nietzsche, werde ich argumentieren, in seinem kontinuierlichen Versuch, einen diskursiven Raum zu schaffen, in dem die Überreste der Tragödie in Philosophie verwandelt werden, mit dieser Entwicklung sehr identifiziert. Während Sokrates seinen philosophischen Diskurs nämlich über die Vereinigung der dramatischen Genres von Tragödie und Komödie begründet, wird das philosophische Denken Nietzsches aus dem Zusammenbruch der Tragödie geboren.

Diese ambivalente Position ermöglicht es Nietzsche, die Rolle eines Vermittlers zwischen den Diskursen von Philosophie und Tragödie als Ausdruck des menschlichen Geistes und seiner wiederkehrenden Entwicklungsstadien einzunehmen. Nietzsche scheint zu sagen, dass die Philosophie nur dann „Werthe umwerthen" kann – wie er es mit seinem philosophischen Projekt versucht –, wenn sie sich ihrer Ursprünge in den performativen Energien der Tragödie ‚erinnert'. Das ist nun sicherlich nicht, wofür Platons Sokrates steht, wenn er sich Tragödie und Komödie um der Philosophie willen zu eigen macht. Nietzsches Projekt war der Versuch, einen Mechanismus ‚generationsübergreifender' Brücken zwischen den diskursiven Praktiken von Philosophie und Theater aufzubauen. Dennoch taucht Sokrates immer wieder als mächtiges Gespenst dieses Niedergangs der Tragödie in Nietzsches Texten auf. Und obwohl er Sokrates' Rationalität eine klare Absage erteilt, schätzt Nietzsche Sokrates' Präsenz, insbesondere

67 Nietzsche: *Die Geburt der Tragödie*, S. 27.

in den Momenten vor seinem Tod. Wenn man es bildlich beschreiben möchte, kann man sagen, dass Nietzsche, wenn er sich selbst in dem philosophischen Spiegel betrachtet, den er mit *Die Geburt der Tragödie* errichtet, die Reflektion Sokrates' sieht. In den Worten von Nehamas, die diesem Teilkapitel vorangestellt sind: Sokrates „fordert [...] uns auf, unsere Stimme zu erheben. Doch er selbst bleibt unberührt, starrt mit ironischem Blick zurück"[68]. So verstanden wäre Nietzsche eine Reinkarnation von Alkibiades.

Nietzsches Text beginnt mit der Beschreibung einer sexuellen Zeugung, die aus den Wellen von Kampf und Versöhnung zweier göttlicher Figuren, beide männlich, hervorgeht. Die klassische Tragödie ist aus dem homoerotischen Band dieser beiden göttlichen Figuren hervorgegangen. Aber wir werden später in Nietzsches Text erfahren, dass auch die Erneuerung der Kunst in seiner eigenen Zeit (veranschaulicht durch die Arbeiten Wagners) auf der Wiedervereinigung dieser beiden männlichen Kräfte beruht: Des Apollinischen, der formbaren Kunst des Bildhauers mit seinen Traumbildern, und der formlosen, berauschenden dionysischen Kunst der Musik.

> Beide so verschiedne Triebe gehen nebeneinander her, zumeist im offenen Zwiespalt miteinander und sich gegenseitig zu immer neuen kräftigeren Geburten reizend, um in ihnen den Kampf jenes Gegensatzes zu perpetuieren, den das gemeinsame Wort „Kunst" nur scheinbar überbrückt; bis sie endlich, durch einen metaphysischen Wunderakt des hellenischen „Willens", miteinander gepaart erscheinen und in dieser Paarung zuletzt das ebenso dionysische als apollinische Kunstwerk der attischen Tragödie erzeugen.[69]

Nietzsche gleicht seine Erzählung von der Geburt der Tragödie – sich hauptsächlich auf Werke von Aischylos und Sophokles beziehend – dem mystischen Wirken von Eros an, das Aristophanes im *Gastmahl* beschreibt; mit dem Unterschied, dass er von der Vereinigung zweier göttlicher Figuren spricht.

In „Versuch einer Selbstkritik", dem 1886 veröffentlichten Vorwort zur zweiten Auflage von *Die Geburt der Tragödie aus dem Geiste der Musik*, blickt Nietzsche aus 15 Jahren Distanz und in zeitlicher Nähe

68 Nehamas: *Die Kunst zu leben*, S. 24.

69 Nietzsche: *Die Geburt der Tragödie*, S. 27.

zu seiner Korrespondenz mit Strindberg auf den Prozess zurück, aus dem die Ideen zu seinem Buch entstanden sind. Er beginnt: „Was auch diesem fragwürdigen Buche zugrunde liegen mag; es muß eine Frage ersten Ranges und Reizes gewesen sein, noch dazu eine tiefe persönliche Frage“[70]. Da das Buch während des deutsch-französischen Kriegs von 1870/71 geschrieben wurde, reflektiert Nietzsche:

> Während die Donner der Schlacht von Wörth über Europa weggingen, saß der Grübler und Rätselfreund, dem die Vaterschaft dieses Buches zuteil ward, irgendwo in einem Winkel der Alpen, sehr vergrübelt und verrätselt, folglich sehr bekümmert und unbekümmert zugleich, und schrieb seine Gedanken über die *Griechen* nieder.[71]

Um seine Rolle als Urheber des Buchs zu beschreiben, verwendet Nietzsche hier das Wort ‚Vaterschaft‘. Nachdem er diese parentale Beziehung aufgezeigt hat, hebt Nietzsche die Analogie zwischen der allgemeinen politischen und seiner privaten Situation hervor und fügt hinzu, dass er, „als man in Versailles über den Frieden beriet, auch mit sich zum Frieden kam und, langsam von einer aus dem Felde heimgebrachten Krankheit genesend, die ‚Geburt der Tragödie aus dem Geiste der *Musik*‘ letztgültig bei sich feststellte.“[72] Die Krankheit, auf die er sich hier bezieht, enthält wahrscheinlich die Samenkörner, die im Januar 1889 aufgehen und zu seiner endgültigen Geisteskrankheit führen werden.

Um meine Lesart von *Die Geburt der Tragödie* zu untermauern, ist besonders wichtig, auf welche Weise Nietzsche den Übergang aus dem Zeitalter der Tragödie in das der Philosophie darstellt. Die ersten zehn Kapitel widmet Nietzsche der Beschreibung der dionysischen und apollinischen Kräfte sowie ihrer Verbindung als Elemente, aus denen die Tragödie hervorgeht. Nietzsche nimmt in häufig bildhafter Sprache, die in zahlreiche kulturelle Assoziationsräume aus unterschiedlichen Feldern und Disziplinen eingebettet ist, formale Aspekte der Tragödie in den Blick: den Chor, die Bilder, den Dialog, die Masken und besonders die Musik. Dann beschreibt er, wie

70 Nietzsche: *Die Geburt der Tragödie*, S. 9.

71 Ebd.

72 Ebd.

sich aus der Verbindung apollinischer und dionysischer Energien ihre je spezifischen tragischen Ausdruckskräfte entfalten. Apollinische Anteile haben ihren Ursprung in der „Traumwirklichkeit“[73], auf die der „der künstlerisch-erregbare Mensch“ reagiert „wie nun der Philosoph zur Wirklichkeit des Daseins“.[74] Das dionysische Element basiert auf berauschenden und ekstatischen Quellen: „Der Mensch ist nicht mehr Künstler, er ist Kunstwerk geworden: die Kunstgewalt der ganzen Natur, zur höchsten Wonnebefriedigung des Ur-Einen, offenbart sich hier unter den Schauern des Rausches.“[75] Dem dionysischen Anteil wird jedoch die Vorherrschaft zugesprochen:

> Es ist eine unanfechtbare Überlieferung, daß die griechische Tragödie in ihrer ältesten Gestalt nur die Leiden des Dionysus zum Gegenstand hatte und daß der längere Zeit hindurch einzig vorhandene Bühnenheld eben Dionysus war. Aber mit der gleichen Sicherheit darf behauptet werden, daß niemals bis auf Euripides Dionysus aufgehört hat, der tragische Held zu sein, sondern daß alle die berühmten Figuren der griechischen Bühne Prometheus, Ödipus usw. nur Masken jenes ursprünglichen Helden Dionysus sind. Daß hinter allen diesen Masken eine Gottheit steckt, das ist der eine wesentliche Grund für die so oft angestaunte typische „Idealität“ jener berühmten Figuren.[76]

Die kulturelle Revolution, die die Vereinigung dionysischer und apollinischer Energien bedeutet, wurde erreicht durch das, was Nietzsche „Gefühl für den Mythus“ nennt; damit beschreibt er den Widerstand gegen eine Entwicklung, in der „die mythischen Voraussetzungen einer Religion unter den strengen, verstandesmäßigen Augen eines rechtgläubigen Dogmatismus als eine fertige Summe von historischen Ereignissen systematisiert werden“.[77]
Der hier beschriebene Widerstand führt zu einer bemerkenswerten Renaissance:

73 Ebd., S. 28.
74 Ebd., S. 29.
75 Ebd., S. 33.
76 Ebd., S. 82.
77 Ebd., S. 85.

> Diesen abstrebenden Mythus ergriff jetzt der neugeborene Genius der dionysischen Musik: und in seiner Hand blühte er noch einmal, mit Farben wie er sie noch nie gezeigt, mit einem Duft, der eine sehnsüchtige Ahnung einer metaphysischen Welt erregte. Nach diesem letzten Aufglänzen fällt er zusammen, seine Blätter werden welk, und bald haschen die spöttischen Luciane des Altertums nach den von allen Winden fortgetragenen, entfärbten und verwüsteten Blumen. Durch die Tragödie kommt der Mythus zu seinem tiefsten Inhalt, seiner ausdrucksvollsten Form; noch einmal erhebt er sich, wie ein verwundeter Held, und der ganze Überschuß der Kraft, samt der weisheitsvollen Ruhe des Sterbenden, brennt in seinen Augen mit letztem, mächtigem Leuchten.[78]

Es ist dieser Punkt, an dem die Tragödie selbst – wie ein sterbender Held, der seine letzten Kräfte zusammennimmt und einen Moment finaler Herrlichkeit verwirklicht – zerbricht und in Schweigen verfällt. Im folgenden Absatz beschreibt Nietzsche den fatalen Wendepunkt, als Euripides „diesen Sterbenden noch einmal zu deinem Frondienste zu zwingen suchte“[79], was bedeutet, „dass der *Zuschauer* von Euripides auf die Bühne gebracht worden ist.“[80] Später wird dieser Zuschauer auch namentlich genannt. Es ist Sokrates. Theatrale Selbstreflexivität in Kombination mit der alltäglichen Lebenswirklichkeit dieser beiden Zuschauenden hätten „die äschyleische Tragödie bekämpft und besiegt“[81], und zwar durch „kühle paradoxe *Gedanken* – anstelle der apollinischen Anschauungen – und feurige *Affekte* – anstelle der dionysischen Entzückungen –, und zwar höchste realistisch nachgemachte, keineswegs in den Äther der Kunst getauchte Gedanken und Affekte.“[82] Das sei, so fasst Nietzsche zusammen, das „Wesen des *ästhetischen Sokratismus*“[83].

Sokrates erscheint in den Platonischen Dialogen als Gegner der Künste und Nietzsche hat mit keinem rhetorischen Feuerwerk gespart, um ihn dafür zu tadeln. Aber allmählich beginnt er sich auf einen anderen Aspekt des Sokrates zu konzentrieren: Den Mann,

78 Nietzsche: *Die Geburt der Tragödie*, S. 86.

79 Ebd.

80 Ebd., S. 88 (Herv. i. Orig.).

81 Ebd., S. 96.

82 Ebd., S. 98.

83 Ebd. (Herv. i. Orig.).

der – während er darauf wartete, aus dem Schierlingsbecher zu trinken, nachdem er zum Tode verurteilt worden war – einige Fabeln des Äsop in Versform umschreibt und auch Proömien komponiert (Einleitungen zu Aufführungen von Rhapsoden). „Das war etwas der dämonischen warnenden Stimme Ähnliches, was ihn zu diesen Übungen drängte", so Nietzsche. Und er fährt fort:

> Jenes Wort der sokratischen Traumerscheinungen ist das einzige Zeichen einer Bedenklichkeit über die Grenzen der logischen Natur: vielleicht – so mußte er sich fragen – ist das mir Nichtverständliche doch nicht auch sofort das Unverständige? Vielleicht gibt es ein Reich der Weisheit, aus dem der Logiker verbannt ist? Vielleicht ist die Kunst sogar ein notwendiges Korrelativum und Supplement der Wissenschaft?[84]

Von diesem Punkt an beginnt Nietzsche schrittweise, den sterbenden Sokrates zu lobpreisen:

> Wie der Einfluß des Sokrates, bis auf diesen Moment hin, ja in alle Zukunft hinaus, sich, gleich einem in der Abendsonne immer größer werdenden Schatten, über die Nachwelt hin ausgebreitet hat, wie derselbe zur Neuschaffung der *Kunst* – und zwar der Kunst im bereits metaphysischen, weitesten und tiefsten Sinne – immer wieder nötigt und, bei seiner eignen Unendlichkeit, auch deren Unendlichkeit verbürgt.[85]

Sokrates ging, in Nietzsches Wahrnehmung,

> in den Tod mit jener Ruhe, mit der er nach Platos Schilderung als der letzte der Zecher im frühen Tagesgrauen das Symposion verläßt, um einen neuen Tag zu beginnen; indes hinter ihm, auf den Bänken und auf der Erde, die verschlafenen Tischgenossen zurückbleiben, um von Sokrates, dem wahrhaften Erotiker, zu träumen. Der *sterbende Sokrates* wurde das neue, noch nie sonst geschaute Ideal der edlen griechischen Jugend: vor allen hat sich der typische hellenische Jüngling, Plato, mit aller inbrünstigen Hingebung seiner Schwärmerseele vor diesem Bilde niedergeworfen.[86]

84 Ebd., S. 112.
85 Ebd.
86 Ebd., S. 106.

Dies ist der Sokrates, „in dem nie der holde Wahnsinn künstlerischer Begeisterung geglüht hat“[87] und der trotzdem, auch wenn er für einen Verfall steht, durch Nietzsches philosophisches Projekt zu einem Vorbild für die Neubildung der Künste wurde. Und das ist die Rolle, die Nietzsche selbst in der Übergangszeit spielt, in der laut ihm seine eigene Kultur situiert war. Er positioniert sich in der gleichen ambivalenten Position, die auch Sokrates eingenommen hatte – vis-à-vis mit den Künsten:

> Schauen wir, mit gestärkten und an den Griechen erlabten Augen, auf die höchsten Sphären derjenigen Welt, die uns umflutet, so gewahren wir die in Sokrates vorbildlich erscheinende Gier der unersättlichen optimistischen Erkenntnis in tragische Resignation und Kunstbedürftigkeit umgeschlagen: während allerdings dieselbe Gier, auf ihren niedrigen Stufen, sich kunstfeindlich äußern und vornehmlich die dionysisch-tragische Kunst innerlich verabscheuen muß, wie dies an der Bekämpfung der äschyleischen Tragödie durch den Sokratismus beispielsweise dargestellt wurde.[88]

Nur derjenige, der die Tür geschlossen hat, ist auch dazu in der Lage, sie wieder zu öffnen.

87 Nietzsche: *Die Geburt der Tragödie*, S. 106.
88 Ebd., S. 118–119.

4.
Walter Benjamin und Bertolt Brecht diskutieren Franz Kafka: Reisen ins Exil[1]

> Als ich wiederkehrte
> War mein Haar noch nicht grau
> Da war ich froh.
> Die Mühen der Gebirge liegen hinter uns
> Vor uns liegen die Mühen der Ebene.
> Bertolt Brecht: *Wahrnehmung*,
> geschrieben in Berlin, Februar 1949[2]

Die vierte und letzte Begegnung, die ich untersuchen werde, ist die von Walter Benjamin und Bertolt Brecht und sie ist aus mehreren Gründen eine besondere Herausforderung. Ihre facettenreiche Beziehung eröffnet eine fast überwältigende Menge an persönlichen, intellektuellen und historischen Themenfeldern, die gleichzeitig auf verschiedene und gar widersprüchliche Pfade führen. Es ist daher kaum möglich, ihre Beziehung in dem Sinne als eine Begegnung zu beschreiben, wie ich diesen Begriff bisher verwendet habe. Die von mir im

1 Teile dieses Kapitels wurden bereits veröffentlicht in Freddie Rokem: Philosophy and Performance: Walter Benjamin and Bertolt Brecht in Conversation about Franz Kafka. In: *Assaph. Studies in the Theatre* (2005), S. 19–20; In: Gad Kaynar / Linda Ben-Zvi (Hrsg.): *Bertolt Brecht. Performance and Philosophy.* Tel Aviv: Assaph 2005, S. 1–22. Wiederveröffentlicht mit Erlaubnis.

2 Bertolt Brecht: Wahrnehmung. In: Ders.: *Werke. Große kommentierte Berliner und Frankfurter Ausgabe*, Bd. 15. Berlin / Frankfurt am Main: Aufbau / Suhrkamp 1993, S. 205.

Folgenden vorgelegte Schilderung erhebt aus diesem Grund keinen Anspruch auf Vollständigkeit. Ausgangspunkt ist eine spezifische Unterhaltung zwischen den beiden. In dieser Unterhaltung am 29. August 1934 im dänischen Svendborg diskutierten Brecht und Benjamin Franz Kafkas kurzen Prosatext *Das nächste Dorf.* Diese Unterhaltung ist von Benjamin in Kürze in seinem Tagebuch dokumentiert worden, das posthum unter dem Titel *Notizen Svendborg Sommer 1934* publiziert wurde.[3]

Benjamin und Brecht lernten sich 1929 in Berlin kennen, wo sie in enger Zusammenarbeit Pläne für eine Zeitschrift entwickelten. Hitlers Machtübernahme ließ beide ins Exil gehen: Brecht und Helene Weigel waren bereits am Tag nach dem Reichstagsbrand am 28. Februar 1933 geflohen, zunächst nach Prag, dann nach Zürich und im November schließlich nach Paris. Unterdessen verließ Benjamin Berlin am 17. März 1933 ebenfalls in Richtung Paris. Nach Brechts Ankunft in der Stadt lebten beide im gleichen Hotel. Während dieser Zeit planten Brecht und Benjamin, gemeinsam eine Serie von Detektivgeschichten zu verfassen, doch es scheint, dass sie dies nie getan haben. Im Dezember 1933 fanden Brecht und seine Begleiter*innen Zuflucht in Skovsbostrand, einem dänischen Dorf im Randbezirk der Kleinstadt Svendborg. Svendborg liegt an der Südküste der dänischen Insel Fyn, die nur einige Dutzend Kilometer vor der deutschen Küste und damit von Kiel entfernt ist. Obwohl er von dort aus viele Reisen unternahm, war dies für die nächsten sechs Jahre Brechts fester Wohnsitz – bis April 1939. Kurz nach seiner Ankunft in Svendborg schrieb Brecht an Benjamin in Paris und bot ihm an, große Teile seiner Bibliothek nach Dänemark zu bringen. Nachdem tatsächlich große Teile dieser Bibliothek nach Svendborg verschifft worden waren, versuchte Brecht, Benjamin dazu zu überreden, auch dort zu arbeiten. Benjamin zögerte mehr als einmal, schließlich aber kam es zu einem ersten Besuch im Sommer 1934. In den Sommern 1936 und 1938 entschied er sich, seinen Besuch zu wiederholen.

3 Walter Benjamin: Notizen Svendborg Sommer 1934. In: Ders.: *Gesammelte Schriften*, Bd. VI, hrsg. v. Rolf Tiedemann / Hermann Schweppenhäuser. Frankfurt am Main: Suhrkamp 1991, S. 523–532.

Meine Untersuchung der Beziehung von Benjamin, dem Philosophen, und Brecht, dem Theatermacher, konzentriert sich auf Benjamins ersten Besuch in Svendborg im Sommer 1934. Benjamin trifft dort am 20. Juni ein und residiert bis Oktober in einer kleinen Pension namens Stella Maris, die nicht weit entfernt von dem Bauernhaus liegt, in dem Brecht lebt. Ihre Tage verbringen die beiden meist mit Lesen und Schreiben, die Abende sind deutschen und österreichischen Radioübertragungen gewidmet, intensiven Diskussionen und dem Schachspiel – letzteres meist in absoluter Stille.
In einem kurzen Postskriptum zu einem Brief von Brecht an Benjamin vom 4. Mai 1934 (in dem dieser seine Einladung nach Svendborg erneuert), schreibt Margarete Steffin, eine von Brechts Mitarbeiterinnen und Liebhaberinnen, um die Einladung attraktiver zu machen:

> B bekommt außerdem nächste Woche einen ganz alten Wagen (lächerlich billig, 350 Kr.), und da ich *vielleicht* einen Führerschein bekomme, würde ich mich für diesen Fall verpflichten, Sie ins Café zu fahren, so oft Sie wollen – obwohl die Weigel wundervollen Kaffee kocht, zu dem Sie von vorneherein eingeladen sind.[4]

Eine Woche später erhält Brecht, der eine große Leidenschaft für Autos hatte, einen alten Model T Ford. Wie wir sehen werden, ermöglicht diese Leidenschaft für Autos nicht nur Steffin, Benjamin zu einem Café zu fahren, sondern sie wird ihren Weg in Brechts Denken und seine theatrale Praxis finden. Der schwere Autounfall Brechts im Mai 1929 fügt dem Postskriptum Steffins eine weitere Deutungsebene hinzu.
Die Vorbereitungen für Benjamins Besuch und die mit ihm verbundenen Erwartungen haben unterschiedliche Formen angenommen. In einem Brief an Brecht vom 21. Mai 1934, kurz vor seiner Abreise von Paris nach Svendborg, fragt Benjamin:

4 Bertolt Brecht an Walter Benjamin mit einem Postskriptum von Margarete Steffin, 04.05.1934. In: Werner Hecht: *Brecht Chronik 1898–1956*. Frankfurt am Main: Suhrkamp 1997, S. 398 (Herv. i. Orig.).

Bertolt Brecht (links) und Walter Benjamin beim Schachspiel, Skovsbostrand, Dänemark, 1934.

> Kennen Sie Go? ein sehr altes chinesisches Brettspiel. Es ist mindestens so interessant wie Schach – wir müßten es in Svendborg einführen. Beim Go werden Steine nie bewegt, nur auf das, anfänglich leere, Brett gesetzt. Diese Bewandtnis scheint es mir mit Ihrem Stück zu haben. Sie *setzen* jede ihrer Figuren und Formulierungen an die richtige Stelle. Von der aus sie selber und ohne sich geberden zu müssen die richtige strategische Funktion ausüben.[5]

Benjamin bezieht sich hier auf die endgültige Bühnenfassung von *Die Rundköpfe und die Spitzköpfe*, die Brecht sechs Wochen zuvor fertiggestellt hat und die Benjamin nun für eine Produktion in London empfehlen will. Tatsächlich wird es drei Jahre dauern, bis es in Kopenhagen zur Premiere kommt. Aber Benjamins Kommentar zu Brechts dramatischer Technik ist sprechend. Er beschreibt, dass Brecht seine Figuren wie im chinesischen Go „an die richtige Stelle *setzt*", damit sie von dort ihre „richtige strategische Funktion ausüben" können. Im

5 Walter Benjamin an Bertolt Brecht, 21.05.1934. In: Ders.: *Briefe 1931–1934*, hrsg. v. Theodor W. Adorno Archiv / Christoph Gödde / Henri Lutz. Frankfurt am Main: Suhrkamp 1998, S. 426–428, hier S. 427.

Go werden die Spielsteine strategisch arrangiert, aber sie bewegen sich nicht wie beim Schach. Benjamins Vergleich zwischen Go und Brechts dramaturgischen Prinzipien enthält im Kern bereits die inhaltlichen Dimensionen ihrer Diskussion über Kafkas Prosatext sowie in späterer Folge die szenische Konzeption von Brechts großen epischen Theaterstücken, ganz besonders *Mutter Courage und ihre Kinder*.[6]

Benjamins Kafka-Essay und Erzählungen des Exils

Einer der Texte, den Benjamin zu seinem ersten Besuch nach Svendborg mitbringt und den er unbedingt mit Brecht diskutieren möchte, ist sein Kafka-Essay, den er zu dessen zehntem Todestag verfasst hat. Dieser Essay wird später, im Dezember 1934, in der *Jüdischen Rundschau* publiziert, einige Monate nachdem Benjamin Svendborg in Richtung Paris und Italien verlassen haben wird, und er stellt eine der ersten großen Interpretationen von Kafkas Arbeit dar. Dieser Text beschäftigt sich auf verschiedenen Ebenen mit der Frage des Exils und stellt damit auch eine Reflexion von Brechts und Benjamins konkreter Lebenssituation dar, für die das Exil zu dieser Zeit zu ihrer Lebenswirklichkeit geworden war. Ihre Interpretationen von *Das nächste Dorf* konzentrieren sich aber nicht nur auf ihre exilischen Lebensumstände – und darauf, wie jeder von ihnen das Exil versteht –, sondern sie verweisen auf etwas, das für ihre kreative Arbeit und ihr Denken insgesamt von entscheidender Bedeutung ist. In Brechts Fall kann seine Interpretation von Kafkas Geschichte als früher Entwurf seiner schöpferischen Arbeiten im Exil und nach seiner Rückkehr bzw. ‚Heimkehr' in das Berlin nach dem Krieg verstanden werden.

Während seiner Exiljahre in Dänemark erweiterte Brecht seine Überlegungen und Erläuterungen zum epischen Theater erheblich und begann mit der Arbeit an jenen Projekten, die zu seinen größten künstlerischen Arbeiten gehören: *Mutter Courage und ihre Kinder*,

6 Gilles Deleuze / Félix Guattari: *Tausend Plateaus. Kapitalismus und Schizophrenie*, aus d. Franz. v. Gabriele Ricke / Ronald Voullié. Berlin: Merve 1992, S. 483–484. Siehe hier den Vergleich von Schach und Go, der sich exakt mit Benjamins Beschreibung deckt und auch die von Brecht entwickelte Dramaturgie zu beschreiben vermag. Diskutiert wurde diese Analogie auch online im September 2006 auf http://larval-subjects.blogspot.com/2006/09/working-notes-for-appendix-on-deleuzes.html (Zugriff am 28.07.2016).

Das Leben des Galilei und *Der gute Mensch von Sezuan*, die alle allerdings erst nach seiner Abreise aus Dänemark fertiggestellt wurden. Gegen Ende seines Aufenthalts in Dänemark begann Brecht seine Arbeit an *Der Messingkauf*, der seinen umfassendsten Beitrag zur Beziehung von Theaterpraxis und -theorie inklusive einer philosophischen Lesart des Theaters darstellen sollte. Ein Jahr vor seinem Tod gab er dieses Projekt jedoch auf. Brecht hatte seinen *Messingkauf*, sein unvollendetes Opus Magnum, so wie Benjamin sein *Passagen-Werk*. Kafkas Prosatext enthält die Samenkörner all dieser Projekte; er kann sogar als die konzentrierteste Formulierung ihrer gemeinsamen Tiefenstruktur gesehen werden, nämlich eine hochkonzentrierte Reflektion des Exils.

Die Entscheidung von Benjamin und Brecht, ihre Diskussion auf *Das nächste Dorf* zu konzentrieren, zeigt, wie wichtig dieser Text für Benjamin war. Seine Interpretation, die Benjamin in der Diskussion mit Brecht in Svendborg entwickelt und auf die ich später detailliert eingehen werde, spiegelt seine Philosophie der Geschichte wider, die er zu diesem Zeitpunkt langsam entwickelt und die in seinen fragmentarischen Äußerungen in *Über den Begriff der Geschichte* und in bestimmen Teilen des *Passagen-Werks* gipfeln wird. Kafkas *Das nächste Dorf* wird im letzten Teil von Benjamins Kafka-Essay besprochen. Dieser Teil wird durch die Geschichte eines Bettlers eingeleitet, die nicht von Kafka stammt, sondern wie man an dem einleitenden Satz – „so erzählt man“[7] – sehen kann, offenbar aus anderer Quelle zitiert ist. Ich zitiere diese Geschichte hier in voller Länge, weil sie für Benjamins Verständnis von Kafkas *Das nächste Dorf* eine zentrale Bedeutung hat und jene Erzählung sowohl in einem messianischen als auch im Kontext vieler exilischer Reisender verortet. Die detaillierte Analyse werde ich aber auf meine Diskussion von Benjamins performativen Erzähltechniken im letzten Kapitel dieses Buchs verschieben. Ein charakteristisches Mittel dieser Erzähltechnik ist das dichte Ineinanderweben von Geschichten aus unterschiedlichen Quellen, das in diesem Fall Kafkas rätselhafte Erzählung in einen größeren Kontext der Assoziationen und Konstellationen hineinstellt.

7 Walter Benjamin: Franz Kafka. Zur zehnten Wiederkehr seines Todestages. In: Ders.: *Gesammelte Schriften*, Bd. II.2, hrsg. v. Rolf Tiedemann / Hermann Schweppenhäuser. Frankfurt am Main: Suhrkamp 1989, S. 409–438, hier S. 433.

Es ist praktisch unmöglich, all die relevanten Kontexte aufzuzählen, die sich in Brechts und Benjamins Diskussion von Kafkas Geschichte in Svendborg bündeln. Daher hier also zunächst jene Geschichte, die den letzten Abschnitt von Benjamins Essay einleitet:

> In einem chassidischen Dorf, so erzählt man, saßen eines Abends zu Sabbath-Ausgang in einer ärmlichen Wirtschaft die Juden. Ansässige waren es, bis auf einen, den keiner kannte, einen ganz ärmlichen, zerlumpten, der im Hintergrunde im Dunkeln einer Ecke kauerte. Hin und her waren die Gespräche gegangen. Da brachte einer auf, was sich wohl jeder zu wünschen dächte, wenn er einen Wunsch frei hätte. Der eine wollte Geld, der andere einen Schwiegersohn, der dritte eine neue Hobelbank, und so ging es die Runde herum. Als jeder zu Worte gekommen war, blieb noch der Bettler in der dunklen Ecke. Widerwillig und zögernd gab er den Fragern nach: „Ich wollte, ich wäre ein großmächtiger König und herrschte in einem weiten Lande und läge nachts und schliefe in meinem Palast und von der Grenze bräche der Feind herein und ehe es dämmerte wären die Berittenen bis vor mein Schloß gedrungen und kein Widerstand gäbe es und aus dem Schlaf geschreckt, nicht Zeit mich auch nur zu bekleiden, und im Hemd, hätte ich meine Flucht antreten müssen und sei durch Berg und Tal und über Wald und Hügel und ohne Ruhe Tag und Nacht gejagt, bis ich hier auf der Bank in eurer Ecke gerettet angekommen wäre. Das wünsche ich mir." Verständnislos sahen die anderen einander an. – „Und was hättest du von diesem Wunsch?" fragte einer. – „Ein Hemd" war die Antwort.[8]

Nach Benjamin führt uns „diese Geschichte [...] tief in den Haushalt von Kafkas Welt"[9]. Direkt im Anschluss reflektiert er über die Aufgabe des Messias, die Entstellungen seiner eigenen Zeit zurechtzurücken. Benjamin fügt an, dass Kafka sicherlich ebenfalls in Erwägung gezogen hat, die Defekte des Lebens zu verbannen. Auch Benjamin hat zweifellos darüber nachgedacht und laut seinen Notizen der Diskussion mit Brecht in Svendborg wurde er deswegen von seinem engen Freund zur Rede gestellt. Ich werde nun eingehend untersuchen,

8 Ebd.

9 Ebd. Diese Formulierung muss im Kontext der vorangegangenen Diskussion begriffen werden, die Benjamin mit Brecht im Juni 1931 in Juan-les-Pins geführt hat und in der es um die Frage des ‚Wohnens' ging. Vgl. Walter Benjamin: Mai–Juni 1931. In: Ders.: *Gesammelte Schriften*, Bd. VI, S. 422–441, hier S. 435.

welche schwerwiegenden Unterschiede *Das nächste Dorf* über Brechts und Benjamins Standpunkte zum Leben und zur Kunst zu Tage gefördert hat. Dieser kurze Text könnte sogar als Präzedenzfall für viele der Ansichten zu den diskursiven Praktiken von Performance/Theater und Philosophie begriffen werden, die in meinem Buch diskutiert werden.

Direkt im Anschluss an die chassidische Geschichte über den Bettler zitiert Benjamin *Das nächste Dorf*, bezeichnenderweise aber ohne die kurze Einleitung durch den Enkelsohn. Im Ganzen liest sich die Geschichte folgendermaßen:

> Mein Großvater pflegte zu sagen: „Das Leben ist erstaunlich kurz. Jetzt in der Erinnerung drängt es sich mir so zusammen, daß ich zum Beispiel kaum begreife, wie ein junger Mensch sich entschließen kann ins nächste Dorf zu reiten, ohne zu fürchten, daß – von unglücklichen Zufällen ganz abgesehen – schon die Zeit des gewöhnlichen, glücklich ablaufenden Lebens für einen solchen Ritt bei weitem nicht hinreicht.[10]

Kafkas kurzer Text ist unglaublich dicht und vielschichtig, und bevor ich Benjamins und Brechts Lesarten vorstelle, möchte ich selbst zwei Punkte hervorheben. Zuerst möchte ich mich den ‚unglücklichen Zufällen' zuwenden (die ins Englische gewöhnlich als *accidents* übersetzt werden), die auf Straßen passieren können. Hätte der junge Mann, der zu einer Reise aufbricht, seinem Großvater aufmerksam zugehört, so hätte er die Reise in das nächste Dorf vermutlich nie angetreten – und zwar nicht aus Furcht vor potentiellen Unfällen. Aber selbst wenn der zentrale Grund dafür, dass der Reiter das nächste Dorf nicht erreichen kann, die Kürze des Lebens und nicht ein Unfall ist, so müssen Unfälle gerade dann als Möglichkeit in Betracht gezogen werden, wenn der Reiter sein Ziel tatsächlich für erreichbar hält. Die Möglichkeit eines Unfalls ist ein Faktor, mit dem in den komplex konjunktiven Zuständen, die Kafka entwirft, zu rechnen ist. Auch wenn das deutsche Wort ‚Zufall', das Kafka verwendet, dem englischen *coincidence* näher ist als dem *accident*, rückt die Beigabe

10 Benjamin: Franz Kafka, S. 433. Kafkas Kurzgeschichte wurde erstmals publiziert in Franz Kafka: *Ein Landarzt: Kleine Erzählungen*. München / Leipzig: Kurt Wolff 1919, S. 88–89.

‚unglücklich' den ‚Zufall' in die Nähe des ‚Unfalls'. Ich erwähne dieses Detail, weil der ‚Unfall' ein zentrales Thema für die moderne und im nächsten Kapitel untersuchte Debatte über die Beziehung von Kunst, Technologie und Ideologie ist, zu der sowohl Brecht als auch Benjamin gewichtige Beiträge geliefert haben.

Zweitens: Für das Verständnis von Benjamins Auffassung des Exils, das er in seinem Essay entwickelt, ist es hilfreich, einen kurzen Blick auf die weiteren Erzählungen über Exil und Reise zu werfen, auf die er sich bezieht. Diese Erzählungen und Assoziationen einschließlich der Geschichte vom Wunsch des Bettlers und Kafkas Erzählung über den Reiter stehen auf unterschiedliche Weise in einem Verhältnis zu Brechts künstlerischen Interessen. Im Kafka-Essay bezieht sich Benjamin auf das Dorf am Fuße des Schlossbergs in Kafkas *Das Schloss* und vergleicht es mit dem Dorf in der talmudischen Legende über die Wiederkehr des Messias:

> Es ist das [Dorf] einer talmudischen Legende, die der Rabbi als Antwort auf die Frage erzählt, warum der Jude am Freitagabend ein Festmahl rüstet. Sie berichtet von einer Prinzessin, die in der Verbannung, von ihren Landsleuten fern, und in einem Dorf, dessen Sprache sie nicht verstehe, schmachte. Zu dieser Prinzessin kommt eines Tages ein Brief, ihr Verlobter habe sie nicht vergessen, habe sich aufgemacht und sei unterwegs zu ihr. – Der Verlobte, sagt der Rabbi, ist der Messias, die Prinzessin die Seele, das Dorf aber, in das sie verbannt ist, der Körper. Und weil sie dem Dorf, das ihre Sprache nicht kennt, anders von ihrer Freude nichts mitteilen kann, rüstet sie ihm ein Mahl. – Mit diesem Dorf des Talmud sind wir mitten in Kafkas Welt. Denn so wie K. im Dorf am Schloßberg lebt der heutige Mensch in seinem Körper; er entgleitet ihm, ist ihm feindlich. Es kann geschehen, daß der Mensch eines Morgens erwacht, und er ist in ein Ungeziefer verwandelt.[11]

Auch hier handelt es sich um eine Geschichte des Übergangs von einem Ort zu einem anderen und der Versuche, eine Situation des Exils zu überwinden, welche die Sehnsucht nach dem Messias auslöst. Für Benjamin gibt es offenbar die Möglichkeit von Erlösung, während Kafkas Welt trotz Benjamins Lektüre komplett dystopisch zu

11 Benjamin: Franz Kafka, S. 424.

sein scheint. Während Brecht Teile dieser kafkaesken, dystopischen Vision in sein episches Theater integriert – vornehmlich durch die Problematisierung der Identität des Subjekts –, favorisiert Benjamin eine messianische Interpretation.

Das nächste Dorf wird im Kafka-Essay bereits früher erwähnt und zwar im Kontext eines zitierten Fragments, das auf Laotse zurückgeführt wird und das sich auch auf die Entfernung zwischen Ländern und die Idee des Reisens bezieht:

> Nachbarländer mögen in Sehweite liegen,
> Daß man den Ruf der Hähne und Hunde gegenseitig hören kann:
> Und doch sollten die Leute im höchsten Alter sterben,
> Ohne hin und her gereist zu sein.[12]

Ein Widerhall dieses Fragments über die Schwierigkeiten des ‚hin und her Reisens' findet sich in einem von Brechts Svendborger Gedichten namens *Legende von der Entstehung des Buches Taoteking auf dem Weg des Laotse in die Emigration.*[13]

Das Gedicht mit seinem offensichtlichen autobiographischen Subtext wird auf Mai 1938 datiert, also einige Jahre nach Benjamins erstem Besuch in Dänemark. Sein Thema könnte aber sehr gut der Diskussion von Brecht und Benjamin über den Kafka-Essay entsprungen sein. Brechts Gedicht erzählt die Geschichte eines alten Mannes, der sich entschließt, sein Heimatland zu verlassen, „denn die Güte war im Lande wieder einmal schwächlich"[14], und der auf seine Reise nur das absolut Notwendigste und einen jungen Begleiter mitnimmt. Nach vier Tagen erreicht er einen Grenzübergang, an dem er seine mitgeführten Wertgegenstände angeben muss. Der junge Begleiter erklärt, der alte Mann sei ein Lehrer, der nur sein Wissen mit sich trage, „ daß das weiche Wasser in Bewegung / Mit der Zeit den mächtigen Stein besiegt."[15] Aber als sie weiter reisen wollen, hält der Zöllner sie auf,

12 Benjamin: Franz Kafka, S. 424.

13 Bertolt Brecht: Legende von der Entstehung des Buches Taoteking auf dem Weg des Laotse in die Emigration. In: Ders.: *Werke. Große kommentierte Berliner und Frankfurter Ausgabe*, Bd. 12. Berlin / Frankfurt am Main: Aufbau / Suhrkamp 1989, S. 32–34.

14 Ebd., S. 32.

15 Ebd., S. 33.

denn „wer wen besiegt, das interessiert auch mich“[16], und er fordert den Jungen auf, die Antworten niederzuschreiben für die Zeit, wenn der alte Mann nicht mehr sein wird. Für sieben Tage diktiert der Alte nun seine Weisheiten dem Jungen, einundachtzig Sprichworte, dann danken die beiden dem Zöllner für seine Gastfreundschaft und reisen weiter. Das Gedicht endet mit dem Gedanken, dass ein Zöllner statt Geld auch Wissen für das Übertreten einer Grenze verlangen könne: „Darum sei der Zöllner auch bedankt: / Er hat sie [die Weisheit, M. Z.] ihm abverlangt.“[17]
Fredric Jameson hat dieses Gedicht als Diskussion über „die Distanz, welche die Distanz von sich selbst hält“[18], interpretiert und es in Beziehung zu Brechts Stück über Galilei gesetzt, in dem der Schüler Andrea, der ins Exil geht, seinen verehrten Lehrer Galileo zum Sterben zurücklässt, aber dessen Wissen mit sich über die Grenze nimmt.[19] Neben der Vermessung von Distanz ist der entscheidende Moment Laotses vorübergehender Aufenthalt auf seinem Weg ins Exil, als eine Form von Wissen offenbart und durch die Begegnung von Lehrer und Schüler weitergegeben wird, ohne dass ihre gegenseitige Unabhängigkeit ausgelöscht würde. Die Geschichte vom Bettler in der Wirtschaft, der seinen Wunsch äußert, handelt von einem ähnlich kurzen Moment der Rast und Einsicht auf einer unabgeschlossenen Reise ins Exil: wenn absolut deutlich wird, „daß – von unglücklichen Zufällen ganz abgesehen – schon die Zeit des gewöhnlichen, glücklich ablaufenden Lebens für einen solchen Ritt bei weitem nicht hinreicht.“ In ihrem Gespräch über Kafka, wirken Benjamin und Brecht wechselseitig sowohl als Lehrer wie auch als Schüler auf ihren ungewissen Reisen zwischen zwei Dörfern.

16 Ebd.

17 Ebd., S. 34.

18 Fredric Jameson: *Brecht and Method*. London / New York: Verso 1998, S. 74–75 (Übers. M. Z.).

19 Ebd., S. 75. Jameson liest diese Dimension der „Distanz“ oder „Trennung“, die durch eine Reise entsteht, im Kontext der Brecht’schen Schauspieltheorie: als Verfremdung zwischen Schauspieler und Figur, als „den Moment, sich selbst beim Schauspielen zu beobachten, den Brecht am chinesischen Theater so bewunderte.“ (Ebd., Übers. M. Z.)

Benjamin und Brecht interpretieren Kafkas Reiter

Am 5. August 1934 schreibt Benjamin in sein posthum veröffentlichtes Tagebuch *Notizen Svendborg Sommer 1934*: „Vor drei Wochen habe ich B. meinen Aufsatz über Kafka gegeben. Er hatte ihn wohl gelesen, war aber von sich aus nie darauf zu sprechen gekommen und hatte die beiden Male, da ich die Sprache darauf gebracht hatte, ausweichend geantwortet."[20] Brecht hatte offenbar einige Vorbehalte gegenüber Kafkas Arbeit, Benjamins Aufsatz – oder beidem. Nachdem er sein Manuskript bereits zurückgenommen hat, notiert Benjamin: „Gestern abend kam er [Brecht] plötzlich auf diesen Aufsatz zurück. Den, etwas unvermittelten und halsbrecherischen Übergang bildete eine Bemerkung, auch ich sei nicht ganz freizusprechen vom Vorwurf einer tagebuchartigen Schriftstellerei im Stil Nietzsches."[21] Brecht behauptet, dass Benjamin sich „mit Kafka lediglich von der phänomenalen Seite [aus beschäftige] – [er] nehme das etwas für sich Gewachsene – den Mann auch – löse es aus allen Zusammenhängen – ja sogar aus dem mit dem Verfasser."[22] Für Brecht, so hält Benjamin in seinen Notizen fest, seien die von Kafka aufgeworfenen Fragen vielmehr: „was tut er? wie verhält er sich?"[23] Brecht gestehe zu, dass Kafkas Bilder gut seien, aber „der Rest ist eben Geheimniskrämerei. Der ist Unfug. Man muß ihn beiseitelassen. Mit der Tiefe kommt man nicht vorwärts. Die Tiefe ist eine Dimension für sich, eben Tiefe – woran dann gar nichts zum Vorschein kommt."[24] Diese Äußerung zeigt, dass Brecht eine literarische Arbeit gemäß des in Benjamins Brief beschriebenen Go-Spiels versteht: Die Spielsteine werden auf das leere Spielbrett gesetzt und von dort aus haben sie „die richtige strategische Funktion" auszuüben, „ohne sich geberden zu müssen".

Um ihre jeweiligen Sichtweisen auf Kafka einer Prüfung zu unterziehen, so notiert Benjamin in seinem Tagebuch, entscheiden sie sich

20 Benjamin: Notizen Svendborg, S. 526. An Gershom Scholem schreibt Walter Benjamin am 3. Oktober 1931: „Überrascht hat mich in einigen Gesprächen, die in besagte Wochen fallen, Brechts überaus positive Stellung zu Kafkas Werk." (Walter Benjamin an Gershom Scholem, 03.10.1931. In: Benjamin: *Briefe 1931–1934*, S. 51–57, hier S. 56.)

21 Benjamin: Notizen Svendborg, S. 527.

22 Ebd.

23 Ebd.

24 Ebd., S. 527–528.

zur Diskussion von *Das nächste Dorf*. Am 31. August, einige Wochen später, dann ein langer Eintrag, in dem er berichtet: „Vorgestern eine lange und erregte Debatte über meinen Kafka." Brecht argumentiert unter anderem, dass Benjamins Essay vielmehr den „jüdischen Faszismus" anrege, als Licht auf Kafka selbst zu werfen.[25] Diese Anschuldigung ist vermutlich durch Benjamins Tendenz ausgelöst, Kafka aus einer messianischen Perspektive zu betrachten, was durch die Geschichte vom Wunsch des Bettlers und die talmudische Legende über den Messias unterstützt wird. Aber bezogen auf die kurze Erzählung selbst sind die Interpretationen von Brecht und Benjamin, so wie sie von Benjamin wiedergegeben werden, ausgewogener und erinnern an eines ihrer Schachspiele: Zug und Gegenzug. Auf folgende Weise fasst Benjamin ihre jeweiligen Interpretationen von Kafkas Text zusammen:

> Brecht erklärt: Sie [die Geschichte *Das nächste Dorf*, M. Z.] ist ein Gegenstück zu der Geschichte von Achill und der Schildkröte. Zum nächsten Dorf kommt einer nie, wenn er den Ritt aus seinen kleinsten Teilen – die Zwischenfälle nicht gerechnet – zusammensetzt. Dann ist das Leben für diesen Ritt zu kurz. Aber der Fehler steckt hier im „einer". Denn wie der Ritt zerlegt wird, so auch der Reitende. Und wie nun die Einheit des Lebens dahin ist, so ist es auch seine Kürze. Mag es so kurz sein, wie es will. Das macht nichts, weil ein anderer als der, der ausritt, im Dorf ankommt. – Ich für meinen Teil gebe folgende Auslegung: das wahre Maß des Lebens ist die Erinnerung. Sie durchläuft, rückschauend, das Leben blitzartig. So schnell wie man ein paar Seiten zurückblättert ist sie vom nächsten Dorf an die Stelle gelangt, an der der Reiter den Entschluß zum Aufbruch faßte. Wem sich das Leben in Schrift verwandelt hat, wie den Alten, die mögen diese Schrift nur rückwärts lesen. Nur so begegnen sie sich selbst und nur so – auf der Flucht vor der Gegenwart – können sie es verstehen.[26]

Benjamins Interpretation von Kafkas Geschichte steht im Einklang mit seinem Geschichtsverständnis, das er in unterschiedlichen Kontexten dargelegt hat, insbesondere in *Über den Begriff der Geschichte* und der bekannten Passage über Paul Klees Gemälde *Angelus*

25 Ebd., S. 528.
26 Ebd., S. 529–530.

Novus – ein weiterer Text, den ich später, im letzten Kapitel, das Benjamins performativer Erzähltechnik gewidmet ist, noch ausführlich besprechen werde. Für Benjamin ist die Reise ins nächste Dorf eine Reise zurück durch die Erinnerung hin zu Ort und Zeit – einem Bachtin'schen *Chronotopos* – des Ursprungs der Reise. In Benjamins Text über Klees Gemälde personifiziert der Engel diesen rückwärts gerichteten, melancholischen Blick, während er zugleich von dem in seinen Flügeln verfangenen Sturm in Richtung einer unbekannten Zukunft getrieben wird.

Die Lesart Brechts und sein episches Theater

Nach Brechts Interpretation (dokumentiert durch Benjamin) zeigt uns Kafkas Geschichte nicht nur, dass das Leben einfach zu kurz für den Reiter ist, um seine Reise abzuschließen, sondern „der Fehler steckt hier im ‚einer'". Nicht nur die Reise an sich, sondern auch der Reisende – also das individuelle Subjekt – muss in seine kleinsten Einheiten „zerlegt" werden, und aus diesem Grund kommt Brecht zu dem Schluss, dass ein anderer im Dorf ankommen würde, als „der, der ausritt". Diese Herangehensweise verändert die Lesart der Kafkageschichte radikal, da Brecht nicht nur Aufmerksamkeit auf die *Verfremdung* lenkt, also der Entfremdung des Subjekts von sich selbst – ebenso die Entfremdung der Figur von sich selbst wie auch des/der Schauspielers*in von sich selbst –, sondern er macht auch auf das Zusammenspiel zwischen dem handelnden Subjekt und den räumlichen Bedingungen aufmerksam, in denen das Subjekt sich bewegt und handelt, und damit auf eine Voraussetzung von Theater. Die Möglichkeit, dass eine andere Person die Reise beendet als jene, die aufgebrochen ist – wie in dem Gedicht, das dieses Kapitel einleitet und das Brecht nach seiner Rückkehr nach Berlin nach dem Zweiten Weltkrieg geschrieben hat –, eröffnet eine moralische Befragung des Reisens: Wenn es für jemanden möglich wäre, das nächste Dorf zu erreichen, zu welchen Veränderungen ist diese Person gezwungen worden oder welchen Veränderungen hat sie sich willentlich unterworfen? Diese Fragen können mit Blick auf *Mutter Courage und ihre Kinder* deutlicher herausgearbeitet werden.

Brecht beginnt mit der Arbeit an diesem Stück in seiner Zeit in Dänemark und entscheidet sich, seine erneute Theaterkarriere im Januar 1949 einige Monate nach seiner Rückkehr nach Berlin mit der Inszenierung dieses Stücks zu beginnen. Diese Produktion, getragen von einem Schauspielkollektiv, welches später das berühmte Berliner Ensemble werden sollte, wird im Gebäude des Deutschen Theaters aufgeführt, Schumannstraße 13a. Am gleichen Ort war Max Reinhardts Theater beheimatet, bevor er ins Exil ging. Während der Eröffnungsszene dieser *Mutter Courage*-Inszenierung, so Brecht in seinem *Couragemodell*, rollt „der Planwagen der Courage [...] auf der gegenbewegten Drehbühne nach vorne“[27]: zwei gegensätzliche Kreisbewegungen liegen übereinander. Die Drehbühne bewegt sich aus Zuschauersicht im Uhrzeigersinn, der Wagen gegen den Uhrzeigersinn. Als Ergebnis dieser Überlagerung einer kreisförmigen Bewegung mit einer anderen, einer Bewegung in Opposition zu der anderen, sehen die Zuschauer*innen zwei sich widersprechende Bewegungen – beide in entgegengesetzte Richtungen drehend –, die als Stillstand wahrgenommen werden. Tatsächlich bleibt der Wagen an einem Ort.

Diese beiden gegensätzlichen Kreisbewegungen sind die Grundlage für eine komplexe Dialektik, die gleichzeitig als Bewegung und Stillstand wahrgenommen und beschrieben werden kann, oder, wie Benjamin in seinem *Passagen-Werk* schreibt: „Bild ist die Dialektik im Stillstand.“[28] Der Stillstand als Bild in Bewegung wird hier wortwörtlich genommen. Die theatrale Maschinerie, und insbesondere die Drehbühne, ist nicht nur Unterstützung oder Kulisse, gegen die sich die Bewegung und die Aktionen der Figuren entwickeln, sondern sie kann auch als aktiver Teilnehmer, als Widerstand oder auch als reales Hindernis verstanden werden, mit dem die Figuren zu kämpfen haben. In seinem kurzen Essay *Dekoration* von 1951 notiert Brecht:

27 Bertolt Brecht: Couragemodell. In: Ders.: *Werke. Große kommentierte Berliner und Frankfurter Ausgabe*, Bd. 25. Berlin / Frankfurt am Main: Aufbau / Suhrkamp 1989, S. 169–397, hier S. 178.

28 Walter Benjamin: *Das Passagen-Werk. Gesammelte Schriften*, Bd. V. Frankfurt am Main: Suhrkamp 1982, S. 578, N 3,1. Ich werde diesen Gedanken in den nächsten zwei Kapiteln genauer ausführen.

> Es ist heute wichtiger, daß die Dekoration dem Zuschauer sagt, daß er im Theater ist, als daß er etwa in Aulis ist. Das Theater muß als Theater jene faszinierende Realität bekommen, die der Sportpalast hat, in dem geboxt wird. Am besten ist es, die Maschinerie zu zeigen, die Flaschenzüge und den Schnürboden.[29]

Die Theatermaschine, in diesem Fall die Drehbühne, wird zu einem aktiven Teil der theatralen Aktion und stellt den zentralen *Gestus* der Figur Mutter Courage aus, die sich zugleich bewegt und stillsteht. Trotz ihrer konstanten Bewegung macht sie ebenso wie der Reiter in Kafkas Geschichte keinen Fortschritt in ihrer Bewegung von einem Punkt zum nächsten – sie erreicht das nächste Dorf niemals. Obwohl sie und ihre Entourage sich angeblich von einem Schlachtfeld zum nächsten bewegen, verbleibt sie auf der Bühne stets am gleichen Punkt, immer im Zentrum des Krieges mit seiner vollkommen unvorhersehbaren Entwicklung und seinen – wie Kafka es in der Geschichte über den Reiter ausdrückt – unglücklichen Zufällen.
Durch die Einbindung der theatralen Maschinerie als aktiven Teilnehmer in der dramatischen Handlung von *Mutter Courage und ihre Kinder* machte sich Brecht eine ziemlich neue Bühnentechnologie zu Nutze und macht sie zu einem integralen Aspekt der Bedeutung, die er kommunizieren will.[30] Damit entwickelt er die Theatralisierung dieser Bühnenmaschinerie weiter als jede*r zuvor. Nach David Richard Jones war ein komplexes Ensemble von Kreisen das vorherrschende Bild, das in dieser Produktion Schritt für Schritt entwickelt wurde:

29 Bertolt Brecht: Dekoration. In: Ders.: *Werke. Große kommentierte Berliner und Frankfurter Ausgabe*, Bd. 21. Berlin / Frankfurt am Main: Aufbau / Suhrkamp 1989, S. 283–284, hier S. 283.

30 Vgl. Gösta Bergman: *Den Moderna Teaterns Genombrott*. Stockholm: Bonniers 1966, S. 125. 1896 konstruierte Carl Lautenschläger am Residenztheater München auf der Basis der japanischen Kabukibühne die erste sich drehende Bühne. Und Max Reinhardt demonstrierte während der ersten Jahre des 20. Jahrhunderts einige künstlerische Potentiale der Drehbühne. Dies lässt sich insbesondere mit Blick auf Reinhardts Produktion von *Ein Sommernachtstraum* am Deutschen Theater in Berlin im Jahre 1905 beschreiben, in der sich der Wald vor dem Publikum bewegte – und zweifellos die Popularität der neuen technischen Errungenschaft steigerte. Nach Bergman produzierte die Drehbühne einen unrealistischen Effekt, der deutlich machte, dass es sich bei diesem Theater nun tatsächlich um Theater und nicht länger den Versuch einer Imitation der Realität handelte.

> Auf dem Boden war ein großer Kreis. Am hinteren Rücken des Kreises bewegte sich das Cyclorama, am vorderen Kreisbogen befand sich die Beleuchtung. Die Bühnenelemente wurden auf dem Kreis platziert, Szenen wurden auf diesem Grund gespielt und die Reise – als zentrales Bild – fand auf seiner großen Kreislinie statt. Der Kreis war die Welt der Mutter Courage.[31]

Es ist natürlich bedeutsam, dass Brecht sich in seiner eigenen Produktion dafür entscheidet, den Eröffnungsdialog von Feldwebel und Werber auszulassen, mit dem die abgedruckte Stückfassung beginnt.[32] Stattdessen beginnt die Inszenierung damit, dass der Vorhang halb aufgezogen wird, während die Drehbühne bereits in Bewegung ist, und der Wagen langsam sichtbar wird. Es ist das erste Bild, das die Zuschauer*innen dieser Inszenierung sehen: ein Wagen, der sich gleichzeitig ‚bewegt' und ‚nicht bewegt', von den beiden Söhnen als ‚Pferden' (!) gezogen und auf dem Mutter Courage mit ihrer stummen Tochter Kattrin sitzt.
Die Filmversion von *Mutter Courage und ihre Kinder* aus dem Jahr 1960, die die Regisseure Peter Palitzsch und Manfred Wekwerth als Dokumentation von und als Tribut an Brechts Arbeit drehten, basiert auf den beiden Brechtproduktionen seines Stücks (es gab 1951 eine weitere Produktion). Im Film findet die Drehbühne keinen Einsatz, aber es ist durch den Film möglich, andere Aspekte der Inszenierung genauer in den Blick zu nehmen. In der Eröffnungsszene sitzt Mutter Courage auf dem Wagen und singt den Triumphmarsch „Wach auf, du Christ!"[33]. Während sie das Marschieren simuliert, indem sie schnell ihr linkes Bein in der Luft hin und her bewegt, wird der Wagen von ihren beiden Söhnen gezogen. Trotz seiner drehenden Räder, bewegt der Wagen sich nirgendwo hin; das marschierende Bein der Mutter Courage bewegt nur die Luft.

31 David Richard Jones: *Great Directors at Work: Stanislavsky, Brecht, Kazan, Brook*. Berkeley: University of California Press 1986, S. 96 (Übers. M. Z.).

32 John Fuegi: *Bertolt Brecht: Chaos, According to Plan*. Cambridge: Cambridge UP 1987, S. 116.

33 Bertolt Brecht: Mutter Courage und ihre Kinder. In: Ders.: *Werke. Große kommentierte Berliner und Frankfurter Ausgabe*, Bd. 6. Berlin / Frankfurt am Main: Aufbau / Suhrkamp 1989, S. 7–86, hier S. 10.

Der stets durch eine andere Konstellation von Menschen gezogene Wagen ist zentral für die Inszenierung. Der erste Akt endet damit, dass Kattrin den Wagen zieht, die in der Eröffnungsszene neben ihrer Mutter sitzt. In der letzten Szene ist Mutter Courage schließlich alleine mit ihrem Wagen auf der Bühne, nachdem sie ihre tote Tochter mit einer Decke zugedeckt hat. Nachdem sie diesen nach einigem Zögern alleine in Bewegung setzt, ist der Triumphmarsch erneut zu hören, diesmal allerdings aus dem Off. Was also tatsächlich im Laufe der Aufführung ‚geschehen' ist – während sie mit ihrem Wagen im Kreis und zugleich auf dem gleichen Punkt marschierte und damit jene paradoxe Dialektik von Bewegung und Stillstand aufzeigte, die in Kafkas Geschichte so kraftvoll und paradox zum Ausdruck gebracht wird – ist der Verlust ihrer drei Kinder in jenem schrecklichen ‚Unfall', den man den Dreißigjährigen Krieg nennt.

Krieg führt nirgendwo hin außer zu Verlust und Verzweiflung. Mutter Courage, die von Beginn an unwissentlich in der Sackgasse eines destruktiven Perpetuum Mobiles gefangen ist, kann die tragische Bedeutung dieser Ereignisse weder sehen noch ausdrücken. In der Produktion des Berliner Ensembles wurde der Ruf nach Vereinigung unter einem christlichen oder irgendeinem anderen Banner direkt nach dem Zweiten Weltkrieg zweifellos als sehr ironisch aufgenommen. Georg Steiner schreibt nach seinem Besuch der Aufführung: „Wir können uns nicht von dem Stück lösen und lediglich ein kühles Urteil über ihre Fehler fällen. Auch wir sind vor den Wagen gespannt, und unsere Füße sind es, unter denen sich die Bühne dreht."[34] Die beiden sich gegensätzlich bewegenden konzentrischen Kreise, die die Reise zwischen zwei Dörfern und die Dialektik zwischen ihnen repräsentieren, sind der wirkmächtige Gestus, der Brecht in *Mutter Courage und ihre Kinder* ermöglicht, genau jene unlösbare Spannung zu erzeugen, die auch in Kafkas *Das nächste Dorf* zum Ausdruck gebracht wird.

Mutter Courage ist zu einer niemals endenden Kreisbewegung verdammt, die weder Ursprung noch Abschluss hat und die es unmöglich macht, zu einer Auflösung zu gelangen, obwohl der Kreis als solcher eine harmonische und absolut geometrische Figur ist. Die mentale

34 Georg Steiner: *Der Tod der Tragödie*, aus d. Engl. v. Jutta Knust / Theodor Knust. Frankfurt am Main: Suhrkamp 2014, S. 270. Vgl. auch Peter Thomson: *Brecht. Mother Courage and Her Children*. Cambridge: Cambridge UP 1997.

Konfiguration des Kreises ist die Figur, die es Brecht ermöglichte, diese Konflikte auszudrücken: Die Bewegung um ein Zentrum wird zum Ort der Ruhe auf einer Reise, die außer der Bewegung selbst kein Ziel mehr kennt.
Letztlich liegt es bei den Zuschauer*innen, die inneren Veränderungen wahrzunehmen, zu denen der Krieg geführt hat – Veränderungen, wie sie sicher auch dem Berliner Publikum dieser Zeit vertraut waren. Elizabeth Wright hat diesen zentralen Aspekt der Reaktionen des Berliner Publikums sehr treffend formuliert: Sie spricht davon, dass es Brechts „utopischer Wunsch gewesen ist, ein Publikum zu generieren, welches sich an den Widersprüchen einer notwendig entfremdenden Welt erfreut – der Unheimlichkeit einer Welt im Fluss und der konstanten Veränderung von Figuren und Gründen in einer dialektischen Bewegung."[35] Brecht war zum Theatermachen in genau die Stadt zurückgekehrt, die er 16 Jahre zuvor verlassen hatte, um die Welt zu umkreisen wie Mutter Courage in seinem Stück. Um seinen Lebensunterhalt zu sichern, war Brecht vor dem Krieg geflohen, statt ihm nachzujagen. Auf die Frage nach dem Erreichen „des nächsten Dorfes" formuliert er in dem Gedicht *Für Helene Weigel* – das er am Abend der Premiere von *Mutter Courage und ihre Kinder* 1949 verfasste – eine partielle, aber persönliche Antwort. In diesem kurzen Gedicht bittet Brecht seine ‚Reit-Begleiterin' und die Schauspielerin, für welche er die Rolle geschrieben hat:

> Und jetzt trete in der leichten Weise
> Auf der Trümmerstadt alte Bühne
> Voll der Geduld und auch unerbittlich
> Das Richtige zeigend.

Und im letzten Vers:

> Aber den Unbelehrbaren zeige
> Mit kleiner Hoffnung
> Dein gutes Gesicht.[36]

35 Elizabeth Wright: *Postmodern Brecht: A Re-Presentation*. London / New York: Routledge 1989, S. 52 (Übers. M. Z.).
36 Bertolt Brecht: Und jetzt trete. In: Ders.: *Werke*, Bd. 15, S. 203.

Der kaukasische Kreidekreis, 1954 von Brecht inszeniert, ist von den exakt gleichen Grundelementen bestimmt wie *Mutter Courage und ihre Kinder*, auch wenn ihre Bedeutung verändert, sogar revidiert wird. Beide Stücke thematisieren eine Prüfung der Mutterschaft in Zeiten des Krieges durch die Figur des Kreises. Mutter Courage scheitert offensichtlich an dieser Prüfung, allerdings nicht aus eigenem Verfehlen, sondern eher durch die umgebenden Umstände. In *Der kaukasische Kreidekreis* hingegen internalisiert Grusha zunehmend die Bedeutung von Mutterschaft, auch wenn sie nicht die biologische Mutter des umkämpften Kindes ist, und sie erhält Hilfe von Azdak. *Mutter Courage und ihre Kinder* inszeniert eine Bewegung im Raum, in der Mutter Courage dem Krieg folgt, um mit ihm ihren Lebensunterhalt zu sichern, sogar angesichts der Aussicht, ihre Kinder zu verlieren. Im *Kaukasischen Kreidekreis* flieht Grusha beständig vor dem Krieg, um das Kind zu retten und um außer Reichweite des Kriegs zu bleiben, während dieser sie beständig ‚verfolgt'. In beiden Inszenierung, welche die ‚Geometrie der Mutterschaft' ausloten, verwendet Brecht die Drehbühne auf die gleiche Weise. Als Grusha mit Michael über die Berge zu ihrem Bruder flieht, dreht sich die Bühne in entgegengesetzter Richtung zu ihrer Bewegung und fixiert sie damit als stillstehendes Bild auf die gleiche Weise im Bühnenvordergrund wie den Wagen der Mutter Courage und zeigt somit, wie schwierig und komplex die Reise ist. Statt aber – wie mit *Mutter Courage* – eine ‚statische' Reise zu inszenieren, die auf der leeren Bühne ‚nirgendwo' hinführt, setzt *Der kaukasische Kreidekreis* das bekannte Sprichwort in Szene: Wenn Grusha das Dorf nicht erreichen kann, wird das Dorf zu ihr kommen. Auf diese Weise erreicht sie schließlich mit Hilfe der Drehbühne ihr vorläufiges Ziel. Beide Frauen sind Spielsteine, die in einer Partie Go auf dem Spielbrett platziert worden sind.

Brechts Einsatz des Kreises als zentrales szenisches Bild ist fesselnd. Er erzeugt eine komplexe Wechselwirkung zwischen dem individuellen Menschen (welcher das nächste Dorf oder gar eine Form der Utopie zu erreichen sucht) und der Bühnenmaschinerie, einer technologischen Innovation. Diese Interaktion von Mensch und Maschine verhindert den Abschluss der Reise, und zwar unabhängig davon, ob es der Weg oder die sich verändernde Identität des Menschen ist, welche den Grund dafür bildet. Zur gleichen Zeit, als Brecht die abstrakte Form des Kreises in ein konkretes szenisches Bild übersetzt, beginnt er auch, sich mit den theoretischen und metatheatralischen Aspekten des Kreises zu beschäftigen. Besonders deutlich wird dies in *Leben des Galilei* (wobei ich mich diesmal auf den geschriebenen Text beschränke) und im weiteren Sinne auch in *Der Messingkauf*; beides Texte, die als solche ein hoch differenziertes Zusammenspiel von Philosophie und Theater in Szene setzen.

Brecht sucht beständig nach einer wissenschaftlichen Bedeutung des Theaters und in *Leben des Galilei* – dessen Wissenschaftsheld eigentlich Brechts Alter Ego ist – kombiniert er die dramatisch-theatrale und die theoretisch-philosophische Formulierung dieser ‚Ästhetik' des Kreises. Die ästhetischen Prinzipien des Stücks stellen eine dialektische Reflektion der Struktur des Universums dar, wie sie durch wissenschaftliche Gesetze und die Prinzipien wissenschaftlicher Experimente offenbart wurden. Zugleich ist es eine Reflektion des sozialen Lebens in seiner Bestimmung durch ideologische Kräfte. Die fundamentalen Prinzipien einer solchen Ästhetik, die auf dem Kopernikanischen Verständnis des Universums beruht, können als dynamisches Netzwerk aus Kreisbewegungen um eine unendliche Anzahl verschiedener Zentren beschrieben werden. Jedes individuelle Subjekt in der Welt kann als ein solches Zentrum verstanden werden, um das sich alle anderen Körper bewegen. Diese Subjektposition kann niemals statisch werden – nach Galilei/Brecht würde das eine unmittelbare Regression in eine Ptolemäische Weltsicht bedeuten, die mit ihrer Positionierung der Welt (und des Papstes) als statisches Zentrum autoritär und unflexibel ist. *Leben des Galilei* präsentiert eine dynamische Perspektive auf das ‚Zentrum' der Subjektposition, die in einem allgemeinen wahrnehmungstheoretischen und ideologischen Rahmen immer wieder neu definiert und neu abgeschätzt werden muss. Auch hier finden wir Anschlüsse an Brechts Interpretation von Kafkas unerreichbarem Dorf und die Vorstellung, dass der ankommende Reiter nicht derselbe sei kann wie der, der zur Reise aufgebrochen ist. In dem Versuch, die Möglichkeitsräume von Wahrnehmung und Ideologie auszudehnen, ist Galilei allerdings gezwungen (und gewillt), einige erniedrigende Kompromisse einzugehen.

Bereits die Eröffnungszeilen von *Leben des Galilei* enthalten diese Beschäftigung mit Kreisen und der Möglichkeit, jeden beliebigen

Punkt im Universum als ein Zentrum zu begreifen. Andrea, Galileis Schüler, spricht davon, dass der Milchmann bezahlt werden muss oder er „macht […] bald einen Kreis um unser Haus“[37]. Galilei, der sich gerade wäscht, korrigiert ihn sofort: „Es heißt: er schreibt einen Kreis, Andrea.“[38], wobei es sich um eine abstraktere und wissenschaftlichere Formulierung handelt. Unabhängig von der Formulierung wird das Haus damit als ein Zentrum inszeniert. Die Beschreibung des Gerichtsvollziehers, der sich dem Geld gradlinig nähert, also über die kürzeste Distanz zwischen zwei Punkten, und der sein Ziel also auch erreicht (weil er dafür kein Zentrum braucht), lenkt den Blick darauf, dass Galilei und Andrea in einer Welt leben, die auf den Gesetzen der Geometrie basiert. Es geht darum, das spezifische geometrische Modell zu finden, das diese Welt vollständig beschreibt – nicht nur das Haus, in dem sie leben und studieren, sondern auch die soziale Welt, die sie umgibt und die durch bereits existierende und festgelegte Kräfteverhältnisse bestimmt ist.

Leben des Galilei präsentiert zwei grundlegende, theoretische Modelle, die miteinander konkurrieren: In der ersten Szene demonstriert Galilei das ptolemäische System durch ein Holzmodell, das zeigt, „wie sich die Gestirne um die Erde bewegen, nach Ansicht der Alten“ – hier ist die Erde im Zentrum platziert und von acht Schalen umgeben, „immer übereinander“.[39] Nachdem Galilei ihm das Handtuch zugeworfen hat, mit dem er sich abgetrocknet hatte, als würde er Andrea die Gesetze der Schwerkraft demonstrieren wollen, erklärt er seinem Schüler die Beschränkungen des alten Systems. Andrea reibt dabei seinen Rücken ab und macht Galilei, seinen Lehrer, damit zum Mittelpunkt seines ‚Universums‘. Das alte ptolemäische System, auf dem auch die hierarchischen sozialen Normen basieren, zeichnet sich nach Galilei aus durch

> Mauern und Schalen und Unbeweglichkeit! Durch zweitausend Jahre glaubte die Menschheit, daß die Sonne und alle Gestirne des Himmels sich um sie drehten. Der Papst, die Kardinäle, die Fürsten, die Gelehrten,

37 Bertolt Brecht: Leben des Galilei (1955/56). In: Ders.: *Werke. Große kommentierte Berliner und Frankfurter Ausgabe*, Bd. 5. Frankfurt am Main: Suhrkamp 1993, S. 187–290, hier S. 189.

38 Ebd.

39 Ebd.

> Kapitäne, Kaufleute, Fischweiber und Schulkinder glaubten, unbeweglich in dieser kristallenen Kugel zu sitzen.[40]

„Aber“, so fährt Galilei fort, „jetzt fahren wir heraus, Andrea, in großer Fahrt. [...] Denn alles bewegt sich, mein Freund.“[41]
In der langen und enthusiastischen Rede, die folgt, erklärt Galilei seinem Schüler, dass eine neue Zeit begonnen habe, und zeigt auf, wann und wie diese Veränderungen ihren Anfang nahmen. Allerdings beschäftigt Galilei sich auch damit, wie diese Änderungen die Zukunft beeinflussen werden:

> Ich sage voraus, daß noch zu unsern Lebzeiten auf den Märkten von Astronomie gesprochen werden wird. Selbst die Söhne der Fischweiber werden in die Schulen laufen. Denn es wird diesen neuerungssüchtigen Menschen unserer Städte gefallen, dass eine neue Astronomie nun auch die Erde sich bewegen läßt. Es hat immer geheißen, die Gestirne sind an einem kristallenen Gewölbe angeheftet, daß sie nicht herunterfallen können. Jetzt haben wir Mut gefaßt und lassen sie im Freien schweben, ohne Halt, und sie sind in großer Fahrt, gleich unseren Schiffen, ohne Halt und in großer Fahrt. Und die Erde rollt fröhlich um die Sonne, und die Fischweiber, Kaufleute, Fürsten und die Kardinäle und sogar der Papst rollen mit ihr.
> Das Weltall aber hat über Nacht seinen Mittelpunkt verloren, und am Morgen hatte es derer unzählige. So daß jetzt jeder als Mittelpunkt angesehen wird und keiner. Denn da ist viel Platz plötzlich.[42]

Dieses neue Verständnis der Astronomie, das von Kopernikus eingeläutet und dann von Galilei entwickelt wird, ist nicht auf die Naturwissenschaften beschränkt, und wie wir wissen, musste Galilei seinen Überzeugungen nicht aus ‚geometrischen‘ Gründen abschwören, sondern weil diese die existierende soziale Ordnung in Frage stellen.
Die Beziehung von Wissenschaft und Ideologie ist zutiefst mit der Frage von Lehre und Lernen verbunden, wie sie in der Beziehung zwischen Galilei – als Lehrer – und seinem Schüler Andrea zum Ausdruck kommt. Um Andrea das neue Weltverständnis zu vermitteln,

40 Ebd., S. 190.
41 Ebd.
42 Ebd., S. 191–192.

bedient sich Galilei einer kleinen, hochtheatralischen Demonstration. Er platziert Andrea auf einem Stuhl, der im Rahmen des sich nun entwickelnden Stücks im Stück als Erde fungiert. Dann fragt Galilei Andrea, wie es nun für den Waschtisch, der die Sonne repräsentiert, möglich sein könne, auf der einen Seite der Erde auf- und auf ihrer anderen Seite unterzugehen. Andrea argumentiert logisch, er „sehe doch, daß die Sonne abends woanders hält als morgens"[43], daher müsse sich der Waschtisch bewegen. Aber Galilei zeigt durch eine einfache Bewegung des Stuhls anstelle des Verrückens des Waschtischs, dass es eine Alternative für die ‚Sonne' gibt, sich von Andreas linker zu seiner rechten Seite zu bewegen. Diese kleine Szene ist genau wie zwei alternative wissenschaftliche Experimente aufgebaut, die zeigen, dass Antworten je nach zwei unterschiedlichen und plausiblen Hypothesen gegeben werden können, abhängig davon, wie man den Kreis zieht. Entweder man bewegt den Waschtisch oder man dreht den Stuhl. Das wissenschaftliche Experiment, das zeigt, wie das Universum aufgebaut ist, ist zu einer Theaterinszenierung geworden, in der Galilei der Regisseur ist und Andrea sowohl Schauspieler als auch Zuschauer.

Andrea aber versteht, genau wie Brecht, „mit Beispielen kann man es immer schaffen, wenn man schlau ist"[44], und dass Galileis Demonstrationen zunächst einmal nichts beweisen, bevor es nicht eine Hypothese gibt, die durch die Untersuchung der realen Welt getestet werden kann. Egal wie ausgeklügelt sie sind, können performative Strategien nicht als empirisch erachtet werden. Galilei – und implizit also auch Brecht selbst – sind interessiert daran, Andrea sowie den Zuschauer*innen zu zeigen, dass diese Demonstrationen wie auch Theateraufführungen nur als Modelle verstanden werden dürfen, die auf der Basis physischer und sozialer Realitäten der Welt kritisch und empirisch untersucht werden müssen. Die grundlegende Spannung, die die Dialektik des Theaters begründet, rührt daher, dass Theater/Performance keine Wissenschaft sind. Oder, wie Galilei Andrea am Ende der ersten Szene erklärt:

43 Brecht: Leben des Galilei, S. 192.

44 Ebd., S. 194.

> Daß die Felice dort unten, vor dem Korbmacherladen, die ihr Kind an der Brust hat, dem Kind Milch gibt und nicht etwa Milch von ihm empfängt, das ist so lange eine Hypothese, als man nicht hingehen und es sehen und beweisen kann. Den Gestirnen gegenüber sind wir wie Würmer mit trüben Augen, die nur ganz wenig sehen.[45]

Der entscheidende Punkt ist aber, dass Andrea langsam lernt, die Welt durch diese Demonstrationen zu sehen und nicht länger nur – wie Galilei abfällig bemerkt, als Andrea die zwei alternativen Lösungen des Stuhls und des Waschtischs zunächst nicht begreift – zu „glotzen“[46]. Das Theater-Experiment, das Theater und Wissenschaft in einem wissenschaftlichen Theater verbindet, ermöglicht Andrea einen dialektischen Blick auf die Welt. Und *Leben des Galilei* – damit endend, dass Andrea die von Galilei in einem Globus versteckten *Discorsi* für die Welt rettet – präsentiert einen optimistischen Aspekt dieser komplexen Dialektik. Andrea lernt wie der Gerichtsvollzieher, eine gerade Linie zu ziehen, was ihn offenbar in die Lage versetzt, eine Grenze zu überschreiten und hoffentlich auch das nächste Dorf zu erreichen.

In seinem großen Theatertheoriefragment *Der Messingkauf*[47] unterscheidet Brecht zwischen zwei grundlegenden Modellen des Theaters: Dem Karussell und dem Planetarium. Der sogenannte K-Typus (Karussell) basiert auf einer ptolemäischen Konzeption des Universums. Dieses Theater hat ein feststehendes Zentrum, um das sich alles bewegt und das bei allen Menschen im Theater Schwindel verursacht. Diesen Typus repräsentiert für Brecht das Aristotelische Theater, das auf Katharsis zielt und in dem sich die Zuschauer*innen mit den Handlungen und Figuren auf der Bühne identifizieren. Nach Brecht ist Stanislawski ein moderner Vertreter dieses Modells.

Das Planetarium oder der P-Typus basiert auf der Kopernikanischen Konzeption des Universums, in dem das Zentrum beständig neu definiert und identifiziert wird. Es soll die Zuschauer*innen durch Demonstrationen dazu befähigen, zu beobachten und nachzuvollziehen, bevor sie urteilen und Schlüsse ziehen. Es ist dieses Modell,

45 Ebd., S. 201.

46 Ebd., S. 192.

47 Brecht: Der Messingkauf.

das Brecht durch seine wissenschaftliche Konzeption des epischen Theaters zu realisieren versucht. In diesem Theater kann sich der Ort, von dem aus Beobachtung stattfindet, beständig ändern – je nachdem, welcher Aspekt des fiktionalen Universums gerade in den Vordergrund tritt. Dieses planetarische Modell ermöglicht es den Zuschauer*innen auch, die Kreisbewegungen der Himmelskörper ‚objektiv' nachzuvollziehen, während sie zugleich die Wahrheiten des Universums von ihrem exklusiven ‚subjektiven' Standpunkt als je individuelle*r Zuschauer*in aus wahrnehmen, der/die sich zwar am zentralen Punkt, aber bei weitem nicht dem alleinigen Zentrum des Universums befindet.

Im Idealfall befreit der P-Typus die Wahrnehmung des fiktionalen Universums von den Einschränkungen durch Gebäude und Städte, soziale Schichten und Ideologien, denen die Zuschauer*innen in einer realen Welt ausgesetzt sind. Schlussendlich ist das Ziel von Brechts epischem Planetarium, die Zuschauer*innen aus genau diesen Einschränkungen zu befreien, damit sie ihre Fähigkeiten schärfen, die reale Welt wahrzunehmen und zu kritisieren. *Leben des Galilei* ist ein dialektisches Stück, welches diese Fragen auf zwei Ebenen verhandelt. Die erste Ebene ist ein akutes Bewusstsein dafür, dass das Theater wie auch die ptolemäischen und kopernikanischen Konzeptionen des Universums ein Modell ist, das beständige Überprüfung in Beziehung zum Universum verlangt. Solch eine Überprüfung stellt auch eine Form der Demonstration dar – wie etwa die zuvor geschilderte Szene zwischen Galilei, Andrea, Waschtisch und Stuhl. Diese Demonstration ist in sich selbst eine Theaterinszenierung, die metatheatral als Stück im Stück funktioniert.

Auf der zweiten Ebene ist *Leben des Galilei* darüber hinaus tatsächlich ein dialektisches Stück in dem Sinne, dass es sowohl Elemente des K- als auch des P-Typus enthält; die zwei Formen der theatralen Wahrnehmung, die nicht nur auf der wissenschaftlichen Ebene der Astronomie wahrgenommen werden, sondern sich im Sozialen, Ideologischen sowie vor allem im Ästhetischen oppositionell gegenüberstehen. *Leben des Galilei* kann als ein lineares Stück beschrieben werden, in dem ein mittelalter Wissenschaftler in der ersten Szene sein Frühstück beendet und in hohem Alter in der letzten Szene zu Abend isst. Aber zugleich ist es auch eine historische Parabel über die zyklische Wiederkehr oder

Wiederholung bestimmter Konstellationen zu unterschiedlichen Zeitpunkten der Geschichte.

Kreis und Linie sind die abstrakte, geometrische Ebene, auf der Brecht die dramaturgischen ‚Kurven' des Theaters in den Blick nimmt; sie bilden das abstrakte Schema einer Reise, deren Ziel irgendwo zwischen dem nächsten Dorf und einer Utopie liegen könnte. Diese geometrischen Figuren, die aus Kafkas Erzählung über einen Reiter folgen, der sich aufmacht, das nächste Dorf zu erreichen, haben eine tiefe persönliche Bedeutung für die beiden Freunde, die sich zu dieser Geschichte in Beziehung setzen. Benjamin unterbrach seine eigene Geschichte mit seinem Selbstmord und erreichte nie das ‚nächste Dorf'. Und Brecht war meiner Ansicht nach zwischen zwei Überzeugungen zerrissen. Einerseits fühlte er, dass es möglich war, eine solche Reise zu einem utopischen Ideal zu unternehmen, ganz gleich, wie radikal verändert der/diejenige wäre, der/die schließlich das Ziel erreicht – und es musste eine solch veränderte Person sein, denn das ist das Ziel der Revolution. Andererseits war er sich der Tatsache bewusst, dass sein eigenes Dorf (Berlin) sich so verändert hatte, dass es unmöglich wiederzuerkennen sein würde, wenn es letztendlich erreicht wäre. Diese Möglichkeit haben Brecht und Benjamin beide nicht in Erwägung gezogen, als sie über *Das nächste Dorf* diskutierten. Aber es gab vieles, über das sie nichts wussten und das sie sich nicht einmal vorstellen hätten können, als sie im Sommer 1934 miteinander über Kafka sprachen.

II
Konstellationen

5.
Unfälle und katastrophale Konstellationen: Performative Anliegen[1]

> Nicht so ist es, daß das Vergangene sein Licht auf das Gegenwärtige oder das Gegenwärtige sein Licht auf das Vergangene wirft, sondern Bild ist dasjenige, worin das Gewesene mit dem Jetzt blitzhaft zu einer Konstellation zusammentritt.
> Walter Benjamin: *Das Passagen-Werk*

Von Begegnungen zu Konstellationen

In *Das nächste Dorf* bringt Kafka eine *condition humaine* zum Ausdruck: Unabhängig von den unglücklichen Zufällen, die auf der Reise von einem Dorf zum nächsten vorfallen mögen, ist das Leben als solches zu kurz, um jemals das Ziel erreichen zu können. Selbst wenn es keine direkte Kausalverbindung zwischen möglichen Unfällen und der Kürze des Lebens gibt, werden sie in Kafkas fragmentarisch fiktionaler Welt als sehr eng verknüpft zu erkennen gegeben. Die vom Enkelkind wiederholte Geschichte des Großvaters legt ein enges Zusammenspiel von Un- bzw. Zufällen und der Kürze des Lebens nahe. Die unheimliche Nähe potentieller Unfälle und die Unmöglichkeit, das nächste Dorf aus anderen, unbekannten Gründen erreichen

1 Ein Teil dieses Kapitels wurde bereits publiziert: Freddie Rokem: Catastrophic Constellations: Picasso's Guernica and Klee's Angelus Novus. In: *International Journal of Arts and Technology* 1,1 (2008), S. 34–42. Wiederveröffentlicht mit Erlaubnis.

zu können, haben die kreative Arbeit und das Denken von Brecht und Benjamin tief beeinflusst. Es ist an dieser Stelle nicht die zentrale Frage, ob es sich bei Kafkas Geschichte um das Huhn oder das Ei handelt – also ob die beiden von seiner Geschichte zu neuen kreativen Formen inspiriert wurden oder diese zur Bestätigung für etwas wurde, das sie bereits in ihrer bisherigen Arbeit erfahren oder durch sie ausgedrückt hatten, oder am wahrscheinlichsten beides.

Kafkas kurze und rätselhafte Geschichte weist (wie viele seiner anderen Schriften) viele tiefgründende Übereinstimmungen mit den ästhetischen und philosophisch-ideologischen Anliegen von Brecht und Benjamin auf – und dies zu einer Zeit, in der sie ebenso wie eine sukzessive zunehmende Zahl von Intellektuellen und Juden (oder beides) in den Unsicherheiten des Exils Schutz vor dem suchten, was im Zweiten Weltkrieg kulminierte. Beginnend mit Hitlers Aufstieg zur Macht und insbesondere dem Reichstagsbrand vergrößerte sich die Zahl derer stetig, die das Risiko der Reise auf sich nehmen mussten. Reisen wurde gefährlicher, weil sich die Personenkontrollen von Individuen, die die Grenzen überschritten, intensivierten und Grenzen selbst dichter wurden. Auch die physischen Gefahren des Reisens nahmen konstant zu. Innerhalb weniger Jahre wurden viele von Brechts und Benjamins engen Freund*innen und Verwandten Opfer des Exils, wobei diejenigen, die sich aus unterschiedlichen Gründen entschieden, in Deutschland zu bleiben, meist noch größeren Gefahren ausgesetzt waren als diejenigen, die flohen. Sie zogen nicht einmal die Möglichkeit in Erwägung, die Reise anzutreten.

Die wahrgenommenen Gefahren des Reisens in diesem erweiterten symbolischen und paradigmatischen Sinne – lange nachdem Ödipus an den Punkt kam, wo sich drei Wege kreuzten – führten indirekt auch zum Tod Walter Benjamins. Auf seiner letzten Reise – zu Fuß, wie Ödipus – versuchte Benjamin erfolglos, die Grenze zwischen Frankreich und Spanien in der Nähe des kleinen Dorfes Port Bou zu überqueren, wo er begraben liegt.[2] Brecht kehrte – nach einer Reise um den Globus, die noch extensiver war als die seiner Mutter Courage – nach dem Krieg nach Berlin zurück und gründete das berühmte, nach der Stadt benannte Ensemble. Er begann dort

2 Vgl. Michael Taussig: *Walter Benjamin's Grave*. Chicago / London: University of Chicago Press 2006.

seine neue Laufbahn als Regisseur mit der Inszenierung seines Stücks *Mutter Courage*. Brechts Rückkehr in sein ‚Dorf' stellte zweifellos auch einen gewissen Abschluss seiner kreativen Reisen dar, auch wenn vieles unvollendet blieb. Er reflektiert die Situation nach seiner Rückkehr in dem rätselhaften Gedicht *Wahrnehmung* aus dem Jahr 1949 (das dem vorangegangenen Kapitel vorangestellt ist): „Die Mühen der Gebirge liegen hinter uns / Vor uns liegen die Mühen der Ebene."[3]
Unabhängig davon, wie minutiös sich Begegnungen zwischen Philosophen und Theatermachern rekonstruieren lassen, gibt es noch viele Fragen die kreativen Anliegen theatraler/performativer und philosophischer Praktiken betreffend – insbesondere bezogen auf die, die der Begegnung von Brecht und Benjamin entspringen oder in ihr Widerhall finden –, die es tiefer zu untersuchen gilt. Im vorherigen Kapitel habe ich zunächst eine historiographische Verortung der direkten Begegnung von Brecht und Benjamin vorgenommen und zu zeigen versucht, auf welche Weise ihre Diskussion über Kafka im Kontext ihres Denkens und ihrer Arbeit (hier insbesondere derjenigen von Brecht) nachhallt. In den beiden letzten Kapiteln des Buchs möchte ich jetzt umfassendere Konstellationen untersuchen, die aus der Begegnung der diskursiven Praktiken von Philosophie und Theater erwachsen, und analysieren, wie die historischen Ereignisse jener Zeit die Wahrnehmung und Ideen der beiden Männer beeinflusst haben: also wie sich der Zeitgeist in ihren Arbeiten widerspiegelt.
Meine Interpretation von Strindbergs Brief an seine zukünftige Frau und von Nietzsches *Geburt der Tragödie* hat diese erweiterte Perspektive bereits vorbereitet. Ich habe mich allerdings in diesem Zusammenhang auf Angelegenheiten privater Natur konzentriert und mich nicht direkt mit dem Gefühl des kontinentalen Umschwungs beschäftigt, der alles in seinem Weg zerstört und dem Brecht und Benjamin auf kreative Weise begegnen wollten. Eine der Methoden dafür, all diese Ebenen zu bedenken, besteht darin, nach dem zu suchen, was Benjamin – vor allem in den Notizen für sein *Passagen-Werk* – als Konstellationen' bezeichnet.
Konstellation beschreibt für Benjamin eine Art des Denkens, die auf die Krise antworten soll, mit der er zu dieser Zeit konfrontiert war und die er in einen weitgreifenden kulturellen, historischen und

3 Brecht: Wahrnehmung, S. 205.

philosophischen Kontext einbettet.[4] Die nächstliegende Assoziation mit diesem Begriff sind die Sterne am Himmel, die in scheinbar arbiträren Konstellationen zusammengebracht werden. Großer Bär oder Andromeda beispielsweise erzeugen Ordnung(en) in der überwältigenden Ausdehnung des Sternenhimmels. Konstellationen sind die zusammengesetzten Bilder, die am Himmel entstehen, setzt man die Himmelskörper zueinander in Verbindung. Für Benjamin ist das Konzept der Konstellation aber nicht primär an astronomische Phänomene gebunden. Er gibt dem Begriff eine viel umfangreichere kulturelle, ja sogar historiographische und philosophische Ausprägung, die die Basis seiner eigenen Philosophie der Geschichte bildet. Wie wir bereits gesehen haben, verhandelt Brechts *Leben des Galilei* nicht nur Konzepte des Universums und der Himmelskörper, sondern diskutiert die Bedeutung und die philosophischen Implikationen der Bewegung dieser Himmelskörper und wie menschliche Körper sich bewegen und einander innerhalb einer sozialen und kulturell-ideologischen Sphäre beeinflussen. Und im *Messingkauf* theoretisiert Brecht die Dynamik des Planetariums, durch welche beständig neue ästhetische, ideologische und philosophische Konstellationen entstehen. Brechts Versuch, die komplexen Wechselbeziehungen zwischen individueller Kreativität und spezifischer historischer Situation in seinem Stück über Galilei (das auch Teil des *Messingkauf*-Projekts sein sollte) darzustellen, steht zweifellos unter dem Einfluss des Benjamin'schen Konstellations-Begriffs und verweist auf die immer wieder unsichere Position des individuellen Wissenschaftlers bei einem solchen Versuch. Benjamin wiederum bezieht sich in seiner Formulierung des Konzepts der Konstellation sicherlich auch auf den Brecht'schen Begriff des *Gestus*. Gestus fokussiert deutlicher das theatrale Bild als Geflecht sich graduell entfaltender Bedeutungen, die mit sozialen und ideologischen Implikationen aufgeladen sind, während Konstellation auf die historischen und philosophischen Dimensionen einer Dialektik der Bilder aufmerksam macht.

4 Fredric Jameson benutzt den Begriff der Konstellation sehr eigenwillig, um zu beschreiben, „wie bedeutende Autoren ihre eignen Grundprinzipien aufbauen", was im Falle Benjamins – nach Jameson – „die Art und Weise ist, mit der er es schafft (oder nicht schafft) zwei Bezugsrahmen in Einklang zu bringen, von denen man normalerweise denkt, das sie nicht kompatibel seien." (Fredric Jameson: Benjamin's Readings. In: *Diacritics* 22,3/4 (1992), S. 19–34, hier S. 19 (Übers. M.Z.).)

Für Benjamin verbindet die Idee der Konstellation die distanzierte Beobachtung und Analyse einer historischen Entwicklung mit dem unmittelbaren, durch die Gegenwart ausgelösten *Ausnahmezustand*. Während er in der Bibliothèque Nationale in Paris arbeitete, war Benjamin den ihn umgebenden Ereignissen gleichzeitig nah und fern – ich werde darauf später zurückkommen. In dieser Zeit verfasste er die meisten Notizen und Zitate für *Das Passagen-Werk*; einschließlich seiner Ausführungen über Konstellationen. Die folgende Passage – ein theoretisch hochabstrakter Versuch des Nachdenkens darüber, wie solche Bildkonstellationen beschaffen sind – kann als ein Meta-Tagebuch verstanden werden, in dem Benjamin über seine Gegenwart nachdenkt. Dabei hebt er die historische Einbettung von Bildern sowie den Begriff des ‚Ursprungs' hervor, der entscheidend für sein Verständnis des Begriffs des Performativen ist. Benjamin schreibt:

> Der historische Index der Bilder sagt nämlich nicht nur, daß sie einer bestimmten Zeit angehören, er sagt vor allem, daß sie erst in einer bestimmten Zeit zur Lesbarkeit kommen. Und zwar ist dieses „zur Lesbarkeit" gelangen ein bestimmter kritischer Punkt der Bewegung in ihrem Innern. Jede Gegenwart ist durch diejenigen Bilder bestimmt, die mit ihr synchronistisch sind: jedes Jetzt ist das Jetzt einer bestimmten Erkennbarkeit. In ihm ist die Wahrheit mit Zeit bis zum Zerspringen geladen. (Dieses Zerspringen, nichts anderes, ist der Tod der Intentio, der also mit der Geburt der echten historischen Zeit, der Zeit der Wahrheit, zusammenfällt.) Nicht so ist es, daß das Vergangene sein Licht auf das Gegenwärtige oder das Gegenwärtige sein Licht auf das Vergangene wirft, sondern Bild ist dasjenige, worin das Gewesene mit dem Jetzt blitzhaft zu einer Konstellation zusammentritt. Mit anderen Worten: Bild ist die Dialektik im Stillstand. Denn während die Beziehung der Gegenwart zur Vergangenheit eine rein zeitliche ist, ist die des Gewesenen zum Jetzt eine dialektische: nicht zeitlicher sondern bildlicher Natur. Nur dialektische Bilder sind echt geschichtliche, d. h. nicht archaische Bilder. Das gelesene Bild, will sagen das Bild im Jetzt der Erkennbarkeit trägt im höchsten Grade den Stempel des kritischen, gefährlichen Momentes, welcher allem Lesen zugrunde liegt.[5]

5 Benjamin: *Das Passagen-Werk*, S. 577–578, N 3, 1. Weitere Formulierung in N 2a, 3: „Nicht so ist es, daß das Vergangene sein Licht auf das Gegenwärtige oder das Gegenwärtige sein Licht auf das Vergangene wirft, sondern Bild ist dasjenige, worin das Gewesene mit dem Jetzt blitzhaft zu einer Konstellation zusammentritt. Mit anderen Worten: Bild ist die Dialektik im Stillstand. Denn während die

Neben dem Hinweis auf die räumlichen Dimensionen solcher bildlichen Konstellationen, die visuell In-Szene-Gesetztes sind (so wie auch die Sternenkonstellationen), führt Benjamin eine zeitliche, historische Dimension ein, die von Bildern und ihren dialektischen Rahmungen beherrscht wird.
Benjamin ist sich der Rolle der Zuschauenden in diesem räumlich-zeitlichen Drama hochbewusst, denn Konstellationen werden geformt im „kritischen, gefährlichen Moment, welcher allem Lesen zugrunde liegt." Benjamin argumentiert also, dass im Moment der Lektüre die Zeit eingefroren und das Bild in eine „Dialektik im Stillstand" transformiert wird, in der „das Gewesene mit dem Jetzt blitzhaft zu einer Konstellation zusammentritt." Konstellationen bringen nicht nur Vergangenes und Gegenwärtiges zusammen, sondern stellen Verbindungen zwischen dem Zeitlichen und dem Räumlichen her. Ich glaube, dass man Benjamin gleichzeitig auch dahingehend interpretieren kann, dass diese Bilder tatsächlich nur entstehen können, wenn die Dialektik der Geschichte zu einem solchen Stillstand gekommen ist; in seinen eigenen Worten: „Das Bild im Jetzt der Erkennbarkeit trägt im höchsten Grade den Stempel des kritischen, gefährlichen Moments, welcher allem Lesen zugrunde liegt." Dies ist das Bild des Wagens von Mutter Courage, der sich in eine Richtung bewegt, während sich die Drehbühne in die andere Richtung dreht.
In seinen Fragmenten *Über den Begriff der Geschichte* formuliert Benjamin wenig später, dass ein Bild tatsächlich nur in Momenten solcher Gefahr seine volle, innere Klarheit als Teil einer weitgreifenderen Konstellation erreicht. In der sechsten These dieser posthum veröffentlichten Sammlung kurzer, fragmentarischer Texte schreibt Benjamin:

> Vergangenes historisch artikulieren heißt nicht, es erkennen, „wie es denn eigentlich gewesen ist". Es heißt, sich einer Erinnerung bemächtigen, wie sie im Augenblick einer Gefahr aufblitzt. Dem historischen Materialismus geht es darum, ein Bild der Vergangenheit festzuhalten, wie es sich im

Beziehung der Gegenwart zur Vergangenheit eine rein zeitliche, kontinuierliche ist, ist die des Gewesenen zum Jetzt dialektisch: ist nicht Verlauf, sondern Bild, sprunghaft. – Nur dialektische Bilder sind echte (d. h.: nicht archaische Bilder); und der Ort, an dem man sie antrifft, ist die Sprache." (Benjamin: *Das Passagen-Werk*, S. 576–577.)

> Augenblick der Gefahr dem historischen Subjekt unversehens einstellt. Die Gefahr droht sowohl dem Bestand der Tradition wie ihren Empfängern. Für beide ist sie ein und dieselbe: sich zum Werkzeug der herrschenden Klasse herzugeben. In jeder Epoche muß versucht werden, die Überlieferung von neuem dem Konformismus abzugewinnen, der im Begriff steht, sie zu überwältigen. Der Messias kommt ja nicht nur als der Erlöser; er kommt als der Überwinder des Antichrist. Nur *dem* Geschichtsschreiber wohnt die Gabe bei, im Vergangenen den Funken der Hoffnung anzufachen, der davon durchdrungen ist: auch die Toten werden vor dem Feind, wenn er siegt, nicht sicher sein. Und dieser Feind hat zu siegen nicht aufgehört.[6]

Der Begriff der Konstellation – falls Benjamin sich hier tatsächlich in einem weiteren Sinne als in *Das Passagen-Werk* auf ihn bezieht – beinhaltet auch eine metaphysische Dimension, in der der Messias als ein möglicher Aspekt historischer Entwicklung und Gegenspieler beständig erscheinender Gefahren gesehen wird. Es scheint sogar, dass Benjamin sich intuitiv auf Nietzsches endgültige Geisteskrankheit als Quelle dieser Gefahr bezieht.

Brecht und Benjamin begannen zu einem Zeitpunkt Fragen zu stellen und Ausdrucksweisen zu untersuchen, die systematisch die traditionellen Grenzen zwischen Philosophie und Theater überschreiten, als beide Formen diskursiver Praktiken von einer tiefen Krise befallen waren und ihre allgemein akzeptierten Grundannahmen nicht länger als selbstverständlich betrachtet werden konnten. Während Hamlet mit dem Theater experimentierte, indem er durch die Aufführung eines Stücks herauszufinden suchte, ob Claudius seinen Vater ermordet hatte, gab es für Brecht und Benjamin keinen Zweifel über die Quellen von Ungerechtigkeit und Verfolgung ihrer Zeit. Um Aufmerksamkeit auf die heraufziehende Katastrophe, die wir heute den Zweiten Weltkrieg nennen, zu lenken, während traditionelle Arten des Theatermachens, also die Inszenierung eines Theaterstücks, nicht unmittelbar zur Verfügung standen, nutzten Brecht und Benjamin (zusammen mit vielen anderen) jede mögliche rhetorische Strategie, um philosophische Formen des Performativen oder theatrale Modi der Philosophie zu erproben. Dies war der Ausgangspunkt ihres Experimentierens mit Formen des Schreiben, die ihre

6 Benjamin: Über den Begriff der Geschichte, S. 695.

potentiellen Leser*innen in hohem Maße involvieren und verpflichten sollten. Benjamin erreichte er sein Publikum allerdings erst, nachdem sich der katastrophale Sturm gelegt hatte (wenn er sich denn wirklich gelegt hat).

Die letzten beiden Kapitel dieses Buchs untersuchen einige dieser Strategien – insbesondere mit Blick auf die technischen Entwicklungen, die für die unglaubliche Erneuerung der Kriegsmaschinerie verantwortlich waren, die zwischen den beiden Weltkriegen stattfand. In Zusammenhang mit dem Aufschwung des Faschismus waren diese technischen Neuerungen mitverantwortlich für jenen Ausnahmezustand, mit dem Brecht und Benjamin sich konfrontiert sahen. Ich umreiße diese Entwicklungen im Titel meines Kapitels durch die Verwendung der Schlagworte ‚Unfälle' und ‚katastrophal'. Im ersten Teil des Kapitels beschäftige ich mich sowohl mit der Bedeutung von Verkehrsunfällen in einem kulturellen Sinne als auch in ihrer wegweisenden Funktion für die Schauspieltheorie – ganz besonders für die Theorie Brechts, aber auch für Konstantin Stanislawski, den Gründer des Moskauer Künstlertheaters und einen der theoretischen Wegbereiter des modernen Theaters. Selbst wenn Brecht auf Stanislawski in vielen seiner Schriften als Repräsentanten des K-Typus-Theaters verweist, den er seinen eigenen Konzeptionen diametral entgegensetzt, liegen ihre Vorstellungen von Theater im Allgemeinen und ihre jeweiligen Auffassungen des Unfalls als Paradigma für die Kunst des Schauspiels im Besonderen viel näher beieinander, als die bisherige Forschung vermuten lässt. Der zweite Teil dieses Kapitels untersucht Benjamins Begriff der Konstellation in Verbindung mit den menschengemachten Katastrophen, die zum Zweiten Weltkrieg geführt haben. Ich werde hier insbesondere auf das Bombardement von Guernica (der baskischen Kleinstadt, die im April 1937 von den Nazis bombardiert wurde) eingehen und die performativen Strategien untersuchen, die angewendet wurden, um sich künstlerisch mit diesem Ereignis auseinanderzusetzen – vor allem Pablo Picassos berühmtes Wandgemälde. Ich werde zeigen, wie dieses Bild – ebenso wie Paul Klees kleines Bild *Angelus Novus* durch Benjamins berühmte Gedanken – in umfassende performative Kontexte hineingestellt wurde, die auch philosophische Überlegungen zum Ausdruck bringen; im Fall des Kleebilds geschieht dies durch das literarische Genre des *Denkbildes*.

5. Unfälle und katastrophale Konstellationen: Performative Anliegen

Das letzte Kapitel widmet sich schließlich in aller Ausführlichkeit den performativen Aspekten von Benjamins *Denkbildern*. Ein *Denkbild* ist eine Form des Schreibens, durch welche philosophische Ideen in komplexe und manchmal rätselhafte performative Kontexte hineingestellt werden. Der direkte Wettstreit zweier diskursiver Praktiken, mit dem meine Untersuchung – durch die Analyse von Platons *Gastmahl* – begann, wandelt sich mit dieser Textgattung zu einem intellektuellen wie kreativen Anliegen. Durch solcherlei Bemühungen wandelt sich der Philosoph vollends zum Theatermacher, ohne dass er diesen zu ersetzen oder aus einem idealen Staat zu verbannen versucht, sondern indem er theatrale Praktiken zum Ausdruck einer Performativität des Denkens verwendet. Sprache wird durch einen kreativen Modus performativ, in welchem Philosophie gleichzeitig denkt und inszeniert. Diese Form gleichzeitigen Denkens und Inszenierens tritt nicht auf, wenn man die performative Funktion der Sprache auf handlungsorientierte Situationen reduziert, die durch die Fähigkeit von Wörtern bestimmt sind, ein spezifisches, klar bestimmtes Ziel zu erreichen, sondern wird möglich durch das Erzeugen einer prozessualen und dialogischen Beziehung mit den Leser*innen.
Es wird vielleicht nicht überraschen, dass ich davon ausgehe, dass Walter Benjamin die Sokratische Methode voll umsetzte, indem er sowohl Tragödie – die für Benjamin von der Geschichte selbst repräsentiert wird – als auch Komödie vollständig in seinen philosophischen Diskurs einarbeitete; im letzteren Fall paradoxaler Weise artikuliert durch sein Verständnis einer messianischen Utopie. Da ein utopischer Zustand offensichtlich niemals realisiert werden kann, müssen wir ihn als eine sich stets zurückziehende Möglichkeit begreifen, von der wir unweigerlich durch die Geschichte und ihre wiederkehrenden Katastrophen entfremdet werden. Und während diese Form des Performativen notwendigerweise verlangt, die konkreten historischen Umstände ihrer Äußerung in den Blick zu nehmen, stellt sie auch die Fragen an die/den überhistorische*n Leser*in, mit denen der erste Akt von *Hamlet* beginnt: „Wer da?" und „Ist das Ding heut wiederum erschienen?"

Unfälle

Die Erfindung der Dampfmaschine verbesserte kollektive Formen des Transports mit dem Schiff in rasantem Tempo und ermöglichte eine völlig neue Form des Transports – die Reise mit dem Zug. Die Reise zum nächsten Dorf wurde zugleich schneller und gefährlicher. Und mit der Entwicklung des Verbrennungsmotors schließlich übertrug sich ‚schneller und gefährlicher' auch auf das individuellere Reisen im Auto. Weil Autos eigentlich von jedermann gefahren werden können, haben sie eine ganz eigene Form der Gefahr hervorgebracht. Jeffrey Schnapp hat eine nützliche Unterscheidung zwischen „Passagier- und Fahrer-zentrierten Reiseformen" gemacht, „oder, um es anders zu formulieren, zwischen Formen des Massentransports und individueller Fortbewegung; ob in den Erfahrungen oder Phantasien, zu denen sie Anlass geben, oder den Diskursen, die entstehen, um diese Reiseformen zu regulieren oder zu repräsentieren."[7] Schnapp entwickelt in seiner Argumentation die These, dass die Geschwindigkeit „zu einer Art Droge wird, eine Intensivierung, ein *excitant moderne*. Das menschliche Subjekt der Geschwindigkeit – gewöhnlich der Fahrer – findet sich in einem Abhängigkeitskreislauf, auf der einen Seite bedroht von Monotonie und auf der anderen Seite von dem ständigen Verlangen nach neuen Stimuli, um dasselbe Level der Intensität aufrechtzuerhalten."[8] Die Gefahren einer solchen Abhängigkeit sind offensichtlich, auch wenn die italienischen Futuristen diese Form des Rauschs feierten und die neuen Technologien der Fortbewegung verehrten, die sich ihrer Ansicht nach erfolgreich auf den Schlachtfeldern des sogenannten Großen Kriegs bewiesen hatten.

Die neugewonnene Geschwindigkeit, ganz besonders die der fahrerzentrierten Transportformen, beeinflusste maßgeblich die Wahrnehmungen von Raum, Bewegung und vor allem Gefahr. Sie regte das philosophische Denken ebenso an wie die künstlerischen Praktiken, das Theater eingeschlossen. Angesichts der technologischen Innovationen stieg das Risiko von Unfällen beständig – auch wenn, wie wir bereits festgestellt haben, die Gefahr der Straße offensichtlich viel tiefere Wurzeln hat als technische ‚Verbesserungen' und schon

7 Jeffrey T. Schnapp: Crash (Speed as Engine of Individuation). In: *Modernism/ Modernity* 6,1 (1999), S. 1–49, hier S. 2 (Übers. M. Z.).
8 Ebd., S. 2–3.

mit Ödipus' Reise vom Orakel zu jener Wegkreuzung einsetzte, an der er seinen Vater ermordete. In *Hamlet* wird diese Gefahr ironisch durch die Reise nach England – Shakespeares eigenes Heimatland – in Szene gesetzt, zu der Claudius seinen Neffen zwingt, um ihn töten zu können.

Aber mit dem 19. Jahrhundert setzte eine neue Dimension der Gefährdung durch das Reisen ein. In seinem Buch *Die Geschichte der Eisenbahnreise: Zur Industrialisierung von Raum und Zeit im 19. Jahrhundert* schreibt Wolfgang Schivelbusch:

> Die vorindustriellen Katastrophen sind Naturereignisse, Naturunfälle. Sie kommen auf die Gegenstände, die sie vernichten, von außen zu, als Sturm, Flut, Blitzschlag, Schlagwetter usw. Demgegenüber kommt die Vernichtung durch den technischen Unfall, die die industrielle Revolution beiträgt, gleichsam von innen. Die technischen Apparaturen zerstören sich durch ihre eigene Kraft. Die Energien, die die Dampfmaschine bändigt, um sie als Arbeitsleistung reguliert abzugeben, schlagen im Unfall gegen sie selber aus. Die mit immer höherer Geschwindigkeit sich bewegenden Verkehrsmittel vernichten sich im Fall der Kollision tendenziell bis zur Selbstpulverisierung. Je höher die technische Intensivierung (Druck, Spannung, Geschwindigkeit usw.) einer Apparatur, um so gründlicher die Destruktion in der Dysfunktion. Der Achsenbruch einer Kutsche im 18. Jahrhundert unterbricht lediglich eine ohnehin langsame und starken Erschütterungen ausgesetzte Reise auf der Landstraße, der Achsenbruch einer Lokomotive auf der Eisenbahnstrecke Paris-Versailles führt 1842 zur ersten Europa erschütternden Eisenbahnkatastrophe.[9]

Durch Beförderung ausgelöste Unfälle wurden zum Ausdruck jener Zufälligkeit und Wahllosigkeit, die sich aus dem Verhältnis von menschlichem Individuum und den neuesten technologischen Innovationen ergeben. In einigen Fällen wurden Unfälle sogar als Bindeglied zwischen der endemischen Kreativität spezifischer Kunstpraktiken und dem philosophischen Versuch verstanden, diese zu beherrschen bzw. zu erklären.

9 Wolfgang Schivelbusch: *Geschichte der Eisenbahnreise: Zur Industrialisierung von Raum und Zeit im 19. Jahrhundert*. München / Wien: Hanser 1977, S. 118–119.

Für Kafka, Brecht und Benjamin, sowie viele ihrer Zeitgenoss*innen, wurde der Unfall – besonders auf der Straße – ebenso wie andere menschengemachte Katastrophen (vor allem der Krieg) in ihrer ästhetischen Sensibilität zu einem der archetypischen Entwürfe für die Idee der Moderne selbst. Der Unfall wurde zu einem *Topos* des Erforschens und Experimentierens mit neuen Formen der Repräsentation. Diese neuen Formen schienen von den deterministischen Gesetzen der Kausalität befreit, welche die Avantgardebewegung des späten 19. Jahrhunderts (inklusive Nietzsche) dominiert hatten, die noch unter dem Bann des hegelianischen und darwinistischen Denkens standen. Ein Unfall wird hingegen durch eine andere Form der kausalen Gesetzmäßigkeit bestimmt. Die neu entwickelten und sich beständig verbessernden Technologien verlangten nach neuen Ausdrucksformen, während zeitgleich – teilweise basierend auf dem Unfall als Paradigma wie in Kafkas *Das nächste Dorf* – grundständige ästhetische Prinzipien für künstlerische Kreativität im Allgemeinen und im Theater im Besonderen tiefgreifend überprüft und reformuliert wurden.
Kafka war Angestellter bei einer Versicherungsfirma, die Fotographien benutzte, um Autounfälle zu verstehen und sie dadurch, so scheint es, künftig verhindern zu können. Wie wir bereits gesehen haben, zeigte er jene aufkeimende moderne Sensibilität, die ihre ‚Inspiration' aus dem Verkehrsunfall zog. Ein bemerkenswerter Tagebucheintrag Kafkas vom 15. Dezember 1910 erinnert an die kurze Geschichte des Reiters. Kafka ist zum ersten Mal in Paris zu Besuch:

> Wenn ich mich zum Schreibtisch setze, ist mir nicht wohler als einem, der mitten im Verkehr der Place de l'Opéra fällt und sich beide Beine bricht. Alle Wagen streben trotz ihres Lärmens schweigend von allen Seiten nach allen Seiten, aber bessere Ordnung als die Schutzleute macht der Schmerz jenes Mannes, der ihm die Augen schließt und den Platz und die Gassen verödet, ohne daß die Wagen umkehren müßten. Das viele Leben schmerzt ihn, denn er ist ja ein Verkehrshindernis, aber die Leere ist nicht weniger arg, denn sie macht seinen eigentlichen Schmerz los.[10]

10 Franz Kafka: *Tagebücher 1910–1923*. Frankfurt am Main: Fischer 1990, S. 22. Vgl. auch Hartmut Binder: *Kafka in Paris: Historische Spaziergänge mit alten Photographien*. München: Langen Müller 1999.

Hier beschreibt Kafka, wie er sich plötzlich auf einem der belebtesten Plätze von Paris wiederfindet, dem Place de l'Opéra. Während er an seinem Schreibtisch sitzt, ist es der Akt des Schreibens selbst, der es Kafka erlaubt, sich den gewaltsamen Ansturm des Verkehrs vorzustellen und sogar direkt zu erleben, wie er von Fahrzeugen und ihrem Lärm umgeben ist, der ihn von allen Seiten bedrängt. In dem Moment aber, da er befürchten muss, von diesen Fahrzeugen überfahren zu werden, findet eine Art Wunder statt: Sein Schmerz lässt ihn die Augen schließen und der Place de l'Opéra ist plötzlich vollkommen leer. Allerdings ist diese folgende „Leere nicht weniger arg, denn sie macht seinen eigentlichen Schmerz los." Auch wenn die Verbindung von Kreativität und den Gefahren des Verkehrs unerwartet ist, stehen sie für Kafka in einer intimen Beziehung zueinander und bringen den inneren Zustand der Verzweiflung und des Schmerzes zum Ausdruck, den das Individuum im Zeitalter der technologischen Moderne verspürt. Benjamin formuliert in seinem Tagebucheintrag vom 31. August 1934 (dem Tag, an dem er *Das nächste Dorf* mit Brecht diskutiert): „Kafkas Perspektive: die des Mannes, der unter die Räder gekommen ist." Und er fügt hinzu: „Es ist eine Kafkasche Ironie, daß der Mann Versicherungsbeamter war, der von nichts überzeugter erscheint als von der Hinfälligkeit sämtlicher Garantien."[11]
Das Stadtleben, besonders von Paris, aber auch von Berlin oder Moskau, hat auf Benjamins Denken einen ebenso grundlegenden Einfluss wie auf das von Kafka. *Das Passagen-Werk* ist der obsessive Versuch, die Urszene der Moderne im Straßenleben des Paris des 19. Jahrhunderts aufzuspüren. Während er in der Bibliothèque Nationale sitzt, ist er Benjamin eher ein *Flaneur* als ein exilischer Wanderer – also ‚jemand, der schlendert' und in seiner Vorstellung durch die Straßen spaziert. Tatsächliche Begegnungen mit der Stadt finden nur an sehr wenigen Stellen Einlass in Benjamins Schreiben. Dadurch unterscheidet er sich von Kafka, der sich als am Schreibtisch Sitzender doch zugleich als integralen und leidenden Teil des Stadtlebens begreift. Weniger als ein Jahr nach seinem ersten Aufenthalt besucht Kafka Paris erneut und beschreibt in seinem Tagebuch in großer

11 Benjamin: Notizen Svendborg, S. 529.

Ausführlichkeit einen Verkehrsunfall, dessen Zeuge er war.[12] Benjamin hingegen ist trotz seiner minutiösen Dokumentation der Pariser Vergangenheit sehr viel sparsamer, wenn es darum geht, seine eigenen, direkten Erfahrungen der Stadt mitzuteilen. Einer der seltenen Momente, in dem Benjamin seinen Leser*innen ermöglicht, die Geräusche des gegenwärtigen Paris zu hören, findet sich in einem Brief an seinen engen Freund und Mentor, den Philosophen und Kulturkritiker Theodor Adorno vom 2. November 1937. Als er diesen Brief schreibt, hat Benjamin sich gerade in einer befristeten und sehr ungemütlichen Unterkunft eingerichtet. Sein vormaliger Vermieter hatte ihm nach dem „konkurrenzlose[n] Angebot"[13] (wie er in einem früheren Brief an Adorno schreibt) eines neuen Mieters gekündigt. Aus der neuen Unterkunft schreibt Benjamin:

> In der Tat: seh ich dem geschenkten Gaul (dem Zimmer von Else Herzberg) ins Maul, so finde ich mich drinnen, wachen Sinnes von morgens sechs Uhr ab, den weit unerforschlichern als ozeanischen Rhythmen des pariser Verkehrswesens lauschen, das an dem schmalen Asphaltstreifen vor meinem Bett vorüberbraust. Vor meinem Bett – denn wo das Fenster ist, da steht auch bereits das Bett. Hebt man die Rolladen, so ist die Straße Zeugin meiner Schriftstellerei, senkt man sie, bin ich den klimatischen Ausgeburten, die eine (nicht abstellbare) Zentralheizung mit dem frühlingshaften Oktober zeugt, ausgeliefert.[14]

Eine von Benjamins Absichten ist sicherlich, Adornos Aufmerksamkeit auf sein physisches und psychisches Elend zu lenken und ihn indirekt um Hilfe und Mitgefühl zu bitten. Interessanter ist in diesem

12 Nachzulesen in Kafka: *Tagebücher 1910–1923*, S. 1012–1017. John Zilcosky leitet aus dieser Passage das Argument ab, Kafka würde versuchen, sich einen flüssigeren Stil zuzulegen, und dass er hier „dem notierenden Polizeibeamten ähnelt, der durch seine Notizen über den Unfall zur Ruhe kommt." (John Zilcosky: *Kafka's Travels: Exoticism, Colonialism and the Traffic of Writing*. Basingstoke / New York: Palgrave Macmillan 2003, S. 12 (Übers. M. Z.).)

13 Walter Benjamin an Theodor Adorno, 23.09.1937. In: Theodor Adorno / Walter Benjamin: *Briefwechsel 1928–1940*, hrsg. v. Theodor-W.-Adorno-Archiv. Frankfurt am Main: Suhrkamp 1994, S. 280–283, hier S. 281.

14 Walter Benjamin an Theodor Adorno, 02.11.1937. In: Ebd., S. 289–293, hier S. 289. Dieser Austausch ist zutiefst verbunden mit Benjamins schwierigen finanziellen Situationen – einem Umstand, dem Adorno Abhilfe zu verschaffen versuchte, möglicherweise aber nicht genug.

Zusammenhang aber, dass Benjamin sich anders als Kafka nicht als jemand inszeniert, der von seinem Schreibtisch in das Gewühl des Pariser Verkehrs gezogen wird, sondern er ‚lässt' den Verkehr in seine Behausung hinein, so dass „die Straße Zeugin meiner Schriftstellerei" wird. Hätte es nicht jene unerträgliche Hitze gegeben, so hätte Benjamin seine Fenster vermutlich allzeit verschlossen gehalten und die Stadt komplett aus seinem kleinen Zimmer ausgesperrt.
Auch in seinem Buch *Berliner Kindheit um 1900* erinnert sich Benjamin wie in diesem Brief an die entfernten Geräusche einer Stadt, die in einen geschützten Innenraum dringen.

> Nichts kräftigte die meine [zarte Erinnerung an die Kindheit, M. Z.] inniger als der Blick in Höfe, von deren dunklen Loggien eine, die im Sommer von Markisen beschattet wurde, für mich die Wiege war, in die die Stadt den neuen Bürger legte. Die Karyatiden, die die Loggia des nächsten Stockwerks trugen, mochten ihren Platz für einen Augenblick verlassen haben, um an dieser Wiege ein Lied zu singen, das wenig von dem enthielt, was mich für später erwartete, dafür jedoch den Spruch, durch den die Luft der Höfe mir auf immer berauschend blieb. [...] Der Takt der Stadtbahn und des Teppichklopfens wiegte mich in den Schlaf. Er war die Mulde, in der sich meine Träume bildeten. Zuerst die ungestalten, die vielleicht vom Schwall des Wassers oder dem Geruch der Milch durchzogen waren, dann die langgesponnenen: Reise- und Regenträume.[15]

Diese Art der meditativen Erinnerung an eine alltägliche, wiederkehrende Erfahrung aus vergangener Zeit führt Benjamin bereits indirekt in die Passagen von Paris. Passagen bilden eine Art Schwelle zwischen der geschäftigen Stadt und jenen intimen Orten, an denen Benjamins Träume der Vergangenheit Gestalt annehmen und aus deren scheinbar bewusst gesuchten introvertierten Perspektiven sie zugleich mit der Außenwelt in Beziehung treten. In seinen Erinnerungen an die Außenwelt seiner Kindheit in Berlin verbindet Benjamin sich über die Loggien und Karyatiden schließlich mit dem Geräusch der weiter entfernten Stadtbahn. Und genau wie in seinem Brief an

15 Walter Benjamin: Berliner Kindheit um neunzehnhundert. In: Ders.: *Gesammelte Schriften*, Bd. VII.1, hrsg. v. Rolf Tiedemann / Hermann Schweppenhäuser. Frankfurt am Main: Suhrkamp 1989, S. 385–432, hier S. 386.

Adorno über die Geräusche des Verkehrs bekommen diese eine größere Bedeutung für das Kind, das in den Hof starrt, denn sie ermöglichen seinem Träumen vom Reisen Schritt für Schritt Gestalt anzunehmen. Im *Passagen-Werk* werden die Konstellationen, die durch gleichzeitige Bewegungen in die Vergangenheit und den Bezug zu distanzierten Ausblicken erzeugt werden, allmählich in ein Nachdenken über Geschichte als einem katastrophalen Unfall überführt.

Ludwig Wittgenstein begegnete den Gefahren des Verkehrs viel pragmatischer. Seine während des Ersten Weltkriegs verfassten Tagebücher präsentieren eine ganz andere Perspektive auf diese moderne Beschäftigung mit dem Verkehrsunfall als Paradigma. Die Bildtheorie der Bedeutung, die er später in *Tractatus logico-philosophicus* (publiziert 1921) entwickelt, basiert auf der Lektüre eines Magazins während des Ersten Weltkriegs. Diese Erfahrung gibt den Anstoß zu Wittgensteins Bildtheorie, die zu einer der immer wiederkehrenden Ideen in seiner Sprachphilosophie werden sollte. Am 9. September 1914 schreibt Wittgenstein in sein Tagebuch: „Der allgemeine Begriff des Satzes führt auch einen ganz allgemeinen Begriff der Zuordnung von Satz und Sachverhalt mit sich: Die Lösung aller meiner Fragen muß *höchst* einfach sein! Im Satz wird eine Welt probeweise zusammengestellt." Und er fügt in Klammern hinzu: „Wie wenn im Pariser Gerichtssaal ein Automobilunglück mit Puppen etc. dargestellt wird."[16]

Einer von Wittgensteins Studierenden, Georg Henrik von Wright, später selbst einflussreicher Philosoph, verweist in seinen Memoiren auf die bildtheoretischen Entdeckungen Wittgensteins, auch wenn immer wieder diskutiert wurde, ob diese tatsächlich an der Ostfront ihren Ursprung haben. Wäre dies der Fall, so wäre die Verbindung von Unfall und Krieg tatsächlich sehr evident. Von Wright schreibt:

> Es war Herbst 1914, Ostfront: Wittgenstein war in die Lektüre eines Magazins über einen Gerichtsprozess in Paris vertieft, in dessen Zentrum ein Autounfall stand. Und in diesem Prozess wurde der Unfall mit

16 Ludwig Wittgenstein: Tagebücher 1914–1916. In: Ders.: *Werkausgabe*, Bd. 1, S. 87–224, hier S. 94–95. Vgl. dazu Anthony Kenny: *Wittgenstein*, aus d. Engl. v. Hermann Vetter. Frankfurt am Main: Suhrkamp 1989; Ludger Schwarte: *Die Regeln der Intuition, Kunstphilosophie nach Adorno, Heidegger und Wittgenstein*. München: Fink 2000. Ich möchte mich bei Ludger Schwarte für den Hinweis auf diese Passage und Wittgensteins Beschäftigung mit Unfällen bedanken.

> Miniaturmodellen rekonstruiert. Das Modell hatte die Funktion eines Vorschlags, also der Beschreibung eines möglichen Hergangs der Ereignisse. Es erhält seine Funktion durch eine Korrespondenz zwischen den Teilen des Modells (die Miniaturhäuser, -autos, -menschen) und den Dingen (Häuser, Autos, Menschen) der Realität. Wittgenstein fiel auf, dass man diese Analogie auch umkehren und sagen kann, dass ein *Vorschlag* als Modell oder *Bild* dient, aufgrund einer ähnlichen Korrespondenz zwischen *seinen* Teilen und der Welt.[17]

Wittgenstein verallgemeinert den Verkehrsunfall, um ihn für seine sich allmählich entwickelnde Sprachphilosophie über einen grundlegenden Ausdruck aller Sprachen nutzbar zu machen.
Der erste Satz in Wittgensteins *Tractatus logico-philosophicus*, den ich bereits im Zusammenhang mit Hamlets Schweigen im 2. Kapitel zitiert habe, sagt: „Die Welt ist alles, was der Fall ist."[18] Das Wort „Fall" ist hier vielschichtig: Es impliziert nicht nur den grammatischen „Fall", sondern ist eng verwandt mit Zufall und Unfall – beides „Fälle", die auf ein Fallen, den Fehlschlag oder Zusammenbruch verweisen. Die Welt, also „alles, was der Fall ist", ist versunken in Tragödie und Verlust. Wittgenstein spiegelt hier auch eine von Kafkas Überlegungen, wenn er schreibt: „Die Erforschung der Logik bedeutet die Erforschung *aller Gesetzmäßigkeit*. Und außerhalb der Logik ist alles Zufall."[19] Hier lässt sich sogar ein Bezug auf Kafkas *Der Prozeß* vermuten. Und auch Benjamin und Brecht scheinen sich im Dialog mit Wittgenstein zu befinden, der quasi eine ergänzende Lektüre von Kafkas *Das nächste Dorf* bereitstellt:

> Der Sinn der Welt muß außerhalb ihrer liegen. In der Welt ist alles, wie es ist, und geschieht alles, wie es geschieht; es gibt *in* ihr keinen Wert – und wenn es ihn gäbe, so hätte er keinen Wert. Wenn es einen Wert gibt, der Wert hat, so muß er außerhalb alles Geschehens und So-Seins liegen. Denn alles Geschehen und So-Sein ist zufällig. Was es nichtzufällig macht, kann

17 Georg Henrik von Wright: A Biographical Sketch, zit. n. David G. Stern: *Wittgenstein on Mind and Language*. New York / Oxford: Oxford UP 1995, S. 35 (Übers. M.Z.).

18 Wittgenstein: *Tractus logico-philosophicus*, S. 11.

19 Ebd., S. 78.

> nicht *in* der Welt liegen, denn sonst wäre dies wieder zufällig. Es muß außerhalb der Welt liegen.[20]

Zufall und zufällig: Wittgenstein verwendet hier die gleichen Begriffe wie Kafka in seinem kurzen Prosatext, um auf das zufällige Unvorhersehbare hinzuweisen, dessen ungeachtet es in Kafkas Welt nicht möglich ist, das nächste Dorf zu erreichen und aus der geschlossenen und begrenzten Welt herauszutreten. Es ist vorstellbar, dass Wittgenstein Kafkas Geschichte gelesen hat, und er wäre sicherlich ein guter Gesprächspartner in Brechts und Benjamins Diskussion gewesen.

Es gibt ein zunehmendes Bewusstsein für die kulturelle Bedeutung des Unfalls. In seinem berühmt wie berüchtigten Essay *Heine und die Folgen* führt Karl Kraus 1910 die Degeneration der deutschen Sprache auf die Dichtung Heines zurück und macht sarkastische Seitenhiebe wie Folgenden, in dem er klar auf *König Ödipus* und das Rätsel der Sphinx verweist:

> In Berlin steht es trotz üblem Ehrgeiz noch nicht so schlimm. Wenn dort ein Straßenbahnunfall geschehen ist, so beschreiben die Berliner Reporter den Unfall. Sie greifen das Besondere dieses Straßenbahnunfalls heraus und ersparen dem Leser das allen Straßenbahnunfällen Gemeinsame. Wenn in Wien ein Straßenbahnunglück geschieht, so schreiben die Herren über das Wesen der Straßenbahn, über das Wesen des Straßenbahnunglücks und über das Wesen des Unglücks überhaupt, mit der Perspektive: Was ist der Mensch? Über die Zahl der Toten, die uns etwa noch interessieren würde, gehen die Meinungen auseinander, wenn sich nicht eine Korrespondenz ins Mittel legt. Aber die Stimmung, die Stimmung treffen sie alle; und der Reporter, der als Kehrichtsammler der Tatsachenwelt sich nützlich machen könnte, kommt immer mit einem Fetzen Poesie gelaufen, den er irgendwo im Gedränge an sich gerissen hat. Der eine sieht grün, der andere sieht gelb – Farben sehen sie alle.[21]

20 Wittgenstein: *Tractus logico-philosophicus*, S. 82–83.

21 Karl Kraus: Heine und die Folgen. In: Ders.: *Heine und die Folgen*. Stuttgart: Reclam 1985, S. 35–71, hier S. 41. Vgl. Paul Reitter: *The Anti-Journalist: Karl Kraus and the Jewish Self-Fashioning in Fin-de-Siècle Europe*. Chicago / London: University of Chicago Press 2008, S. 17; Ritchie Robertson: *The "Jewish Question" in German Literature 1749–1939: Emancipation and Its Discontents*. Oxford: Oxford UP 1999, S. 315–320.

Straßenszenen

> Wenn eine Menschenmasse auf der Straße plötzlich durch irgendeine Katastrophe dazu gebracht wird, daß jeder auf seine Weise sein natürliches Gefühl ausdrückt, so werden so, ohne sich verständigt zu haben, ein wundervolles Schauspiel schaffen, tausend kostbare Beispiele für die Skulptur, die Malerei, die Musik und die Dichtkunst.
> Denis Diderot: *Paradox über den Schauspieler*[22]

Unfälle auf der Straße sind nicht nur paradigmatisch für einen wichtigen Aspekt der Moderne, sondern sie spielen auch eine große Rolle für die Schauspieltheorien, die in den Jahren vor dem Krieg formuliert wurden. Die Ähnlichkeiten von Straße und Bühne sind augenscheinlich und waren es auch bereits für Diderot. Öffentliche Hinrichtungen während der Französischen Revolution waren sicherlich daran beteiligt, die Verbindung von Gewalt und Theatralität zu festigen. Ich habe allerdings keine klare Antwort darauf gefunden, warum in den 1930er Jahren der Akt, Zeug*in eines Verkehrsunfalls zu sein, zu einem solch starken Paradigma für die Schauspielkunst und die Ausbildung individueller Schauspielfähigkeiten geworden ist. In diesem Jahrzehnt haben die beiden einflussreichsten Regisseur-Theoretiker dieser Zeit – Stanislawski und Brecht – beide den Verkehrsunfall zur Grundlage des spezifischen und hochspezialisierten Wissens gemacht, über das ein*e Schauspieler*in angeblich verfügt oder verfügen muss, um auf einer Bühne vor Zuschauer*innen einen fiktionalen Charakter verkörpern zu können.

In *Die Arbeit des Schauspielers an sich selbst* – ein Text, der 1936 in den Vereinigten Staaten publiziert wurde, zwei Jahre vor der ersten sowjetischen Edition – erzählt Stanislawskis fiktionaler Erzähler-Student Kostya davon, dass er eines Tages nach dem Schauspielunterricht eine große Menschenmenge auf der Straße versammelt gesehen hätte. „Ich habe Straßenszenen gern", fährt er fort, „und drängte mich deshalb

22 Denis Diderot: *Paradox über den Schauspieler*, aus d. Franz. v. Katharina Scheinfuß. Leipzig: Insel 1964, S. 19.

ganz nach vorn. Dort bot sich meinen Blicken ein furchtbares Bild."[23] Kostya beschreibt, dass ein alter Mann durch eine Straßenbahn zu Tode gekommen sei. Während sich eine Frau und Kinder über das Opfer beugen, zeigt der Straßenbahnführer, was am Getriebe des Fahrzeugs fehlerhaft war, „andere stierten neugierig, entsetzt oder angeekelt."[24] Einige Wochen später hat Kostyas Gedächtnis diese Szene des Unfalls und ihre Beteiligten in etwas Größeres und Majestätisches verwandelt. Und während er über die Teilaspekte des Vorgangs sinniert, erinnert er sich an einen weiteren Unfall, dessen Zeuge er einmal gewesen ist.

Im Rückblick stellt er fest, dass dieser frühere Unfall – bei dem ein zu einem italienischen Bettler gehöriger Affe getötet wurde – aus irgendwelchen Gründen einen viel tieferen Eindruck auf ihn gemacht hat. Und er kommt zu folgendem Schluss:

> Diese Szene hat mich anscheinend mehr gerührt als der Tod des Bettlers. Sie hat sich tiefer in mein Gedächtnis eingegraben. [...] Wenn ich diese Szene auf die Bühne übertragen müßte, würde ich nicht das dazugehörige Material aus meinem Gedächtnis hervorholen, sondern jenes andere, viel früher, unter anderen Umständen und durch andere handelnde Personen [...] gewonnene.[25]

Als Kostya das Problem in seiner Schauspielklasse anbringt, kommt Tortsov, der Regisseur-Lehrer und offensichtlich Stanislawskis Alter Ego, zu folgendem Schluss:

> Jeder Mensch hat im Leben nicht nur eine, sondern mehrere Katastrophen erlebt. Das Gedächtnis behält sie in Erinnerung, aber nicht in allen Einzelheiten, sondern nur bestimmte Züge, die den stärksten Eindruck hinterlassen haben. Aus vielen solcher Erlebnisspuren entsteht eine einzige – große, verdichtete, erweiterte und vertiefte – Erinnerung an gleichartige Empfindungen. Diese Erinnerung enthält nichts Überflüssiges, sondern nur das Wesentlichste. Sie ist die Synthese aller gleichartigen

23 Konstantin Stanislawski: *Die Arbeit des Schauspielers an sich selbst*, Bd. 1, aus d. Russ. v. Ingrid Tintzmann. Frankfurt am Main: Zweitausendeins 1996, S. 196.

24 Ebd., S. 196.

25 Ebd., S. 198.

> Empfindungen. […] Sie ist reiner, dichter, vollständiger, inhaltsreicher und eindringlicher als die Wirklichkeit selbst. […] Die Zeit […] reinigt die Erinnerungen nicht nur, sondern verwandelt sie auch dichterisch.[26]

Dem Schauspieler ist es möglich, seine Begegnung mit dem Tod durch eine Synthese seiner Erinnerungen in Kunst zu verwandeln, die der Freud'schen Idee von Trauma und zwanghaftem Verhalten nahezu diametral entgegensteht. Schauspieler*innen scheinen ohne große Anstrengung dazu in der Lage zu sein, sich von einem Unfall zum nächsten zu bewegen – es gibt also scheinbar keine Verdrängung, die zu einem Trauma führen könnte. Verschiedene Unfallerfahrungen werden schrittweise übereinander gelegt, bis sie schließlich ein zusammengesetztes Erinnerungsbild ergeben, das es den Schauspieler*innen auf der Bühne ermöglicht, die für eine bestimmte Inszenierung notwendigen emotionalen Erinnerungen nachzuspielen bzw. wieder zu erleben und in Kunst zu übersetzen. Nach Stanislawski muss der/die Schauspieler*in dazu in der Lage sein, die synthetisierenden Anstrengungen des Gedächtnisses von der Kunst des Schauspielens zu unterscheiden. Schauspielen basiere auf der Fähigkeit, Emotionen aus dem eigenen synthetisierenden Gedächtnis auf bestimmte Charaktere zu projizieren. Dabei greift der/die Schauspieler*in auf einen psychischen Mechanismus zurück, der die Bildung von Zwangsvorstellungen verhindert, die aus der Ähnlichkeit zwischen Ereignissen herrühren und zu einem Trauma führen könnten – selbst wenn es sich bei diesen Ereignissen nur um dramatische Fiktion handelt. Diese Form einer Wiederbegegnung mit der Vergangenheit mittels eines emotionalen Gedächtnisses ist Stanislawskis Methode, damit seine Forderung erfüllt werden kann, dass Schauspieler*innen sich zugleich einer Emotion und ihrer Theatralität bewusst sind.

Stanislawskis Darstellung ist eng mit Brechts Aufsatz *Die Straßenszene. Grundmodell einer Szene des epischen Theaters* verbunden, der vermutlich 1938 verfasst wurde. In diesem Text fungiert der Unfall als Paradigma für Brechts episches Theater und das Bezeugen eines Unfalls als primärer Auslöser der Schauspielkunst. Der epische Schauspieler allerdings, so Brecht, soll kein emotionales Erinnerungsbild aus mehreren Unfällen zusammensetzen. Brecht versteht ihn nach

26 Ebd., S. 198–199.

dem Modell des Zeugen, der einigen Umstehenden von einem soeben Geschehenen berichtet, damit diese „sich über den Unfall ein Urteil bilden können.“[27] Brecht interessiert sich nicht für die Projektion emotionalen Materials auf eine spezifische Rolle, sondern für die Fähigkeit seines Zeugen-Schauspieler-Vorführers, den Umstehenden – einer dritten Partei, die wie die Zuschauenden im Theater platziert sind – zu demonstrieren, wie die unterschiedlichen Beteiligten des Unfalls reagiert haben: „das Verhalten des Fahrers oder des Überfahrenen“[28]. Brecht interessiert sich für Verhalten, Reaktionen und Gegenreaktionen, nicht für Emotionen.

Statt diesen Aufsatz von 1938 im Detail zu analysieren, werde ich mich auf das Gedicht *Über alltägliches Theater* konzentrieren, das einige Jahre vorher verfasst wurde – noch bevor Stanislawski seine Gedanken über die Verbindung von Schauspielkunst und Straßenunfällen publik machte, vielleicht sogar schon um 1930. Auch wenn man eine Verbindung von Schauspielkunst und Unfall bis zu Diderots *Paradox über den Schauspieler* zurückverfolgen kann, war es vermutlich Brecht, der als erster systematisch die Idee ausgearbeitet hat, eine*n Schauspieler*in als Zeug*in zu definieren. Der/die Schauspieler*in gibt auf verschiedenen Ebenen einen Bericht von einem bezeugten Unfall. Brecht geht davon aus, dass der/die Schauspieler*in auf diese Weise ihre oder seine einzigartige Performativität entwickelt bzw. dass dies das Wissen der Schauspieler*innen sei. Die Tatsache, dass Brecht diese Überlegungen schon zu einem verhältnismäßig frühen Zeitpunkt in einem Gedicht ausgearbeitet hat, ist wegen seines eigenen Autounfalls interessant, der 1929 stattfand und über den ausführlich in der Presse berichtet wurde. Mit seinem Gedicht von 1930 und dem Aufsatz von 1938 schlägt er möglicherweise die Brücke zwischen der eigenen Erfahrung und seinen theoretischen Überlegungen zum epischen Theater.

Es ist schwer zu sagen, ob Stanislawski mit *Die Arbeit des Schauspielers* und seiner psychologischen Verbindung zwischen Unfall und Schauspielen auf Brechts Überlegungen reagiert oder ob er überhaupt um sie weiß. Vergleiche zwischen der jeweiligen Verwendung von Unfällen durch Brecht und Stanislawski in einem weit gefassten performativen Kontext von Schauspieltheorie lassen Brechts *Über alltägliches Theater*

27 Brecht: Die Straßenszene, S. 371.

28 Ebd.

deutlich politischer erscheinen als seinen später verfassten Straßenszenen-Aufsatz – und dies umso mehr, wenn man das Gedicht mit Stanislawskis Überlegungen aus den mittleren 1930er Jahren vergleicht. Aber unabhängig davon, wer mit dem Theoretisieren über die systematischen Beziehungen von Unfällen und Schauspielkunst begonnen hat, ist für diesen Zusammenhang die beharrliche Wiederkehr des Motivs von Interesse.

Brechts *Über alltägliches Theater* ist ein ‚Vortrag', der sich direkt an die Schauspieler*innen als Kollektiv wendet und sie dazu auffordert, aus dem durch ‚künstliche Sonnen' erleuchteten Bühnenraum herauszutreten und sich dem ‚Theater' auf der Straße zuzuwenden:

> Ihr Künstler, die ihr Theater macht
> In großen Häusern, unter künstlichen Lichtsonnen
> Vor der schweigenden Menge, sucht zuweilen
> Jenes Theater auf, das auf der Straße sich abspielt.
> Das alltägliche, tausendfache und ruhmlose
> Aber so sehr lebendige, irdische, aus dem Zusammenleben
> Der Menschen gespeiste Theater, das auf der Straße sich abspielt.[29]

Diese homerisch anmutende Anrufung („Singe, oh Göttin") stellt eine direkte Verbindung zwischen dem Sprecher und den alltäglichen Geschehnissen auf der Straße her. Dann wird der Fokus auf die Geschehnisse an einer Straßenecke gelegt, wo jemand „zeigt, wie / Der Unfall vor sich ging." Dies, so Brecht, ist das Modell, aus dem die/der Schauspieler*in ihre/seine Kunst abzuleiten haben. Aber anders als in der klassischen Epik, so fährt Brecht fort, fungiert sein*e Schauspieler*in nicht als göttliche*r Richter*in der Ereignisse. Sie oder er ist vielmehr mit einem*r Zeitungsreporter*in zu vergleichen, also einem Menschen, der die umstehenden Passant*innen über die Vorgänge informiert und den Fahrer „dem Urteil der Menge" überantwortet. Zu einem bestimmten Punkt fängt er an, die Vorgänge zu demonstrieren oder – mit dem Wort, das Brecht in diesem Kontext bevorzugt – „nachzuahmen":

29 Bertolt Brecht: Über alltägliches Theater. In: Ders.: *Werke. Große kommentierte Berliner und Frankfurter Ausgabe*, Bd. 22.2. Frankfurt am Main: Suhrkamp 1993, S. 857–860, hier S. 857.

> Seht dort den Mann an der Straßenecke. Er zeigt, wie
> Der Unfall vor sich ging. Gerade
> Überliefert er den Fahrer dem Urteil der Menge. Wie der
> Hinter der Steuerung saß, und jetzt
> Ahmt er den Überfahrenen nach, anscheinend
> Einen alten Mann. Von beiden gibt er
> Nur so viel, dass der Unfall verständlich wird, und doch
> Genug, daß sie vor euren Augen erscheinen. Beide
> Zeigt er aber nicht so, daß sie einem
> Unfall nicht zu entgehen vermöchten. Der Unfall
> Wird so verständlich und doch unverständlich, denn beide
> Konnten sich auch ganz anders bewegen, jetzt zeigt er, wie nämlich
> Sie sich hätten bewegen können, damit der Unfall
> Nicht erfolgt wäre. Da ist kein Aberglauben
> An diesem Augenzeugen, er gibt
> Nicht den Gestirnen die Sterblichen preis, sondern
> Nur ihren Fehlern.[30]

Brecht hebt hervor, dass der Unfall vermeidbar gewesen wäre und sowohl der Fahrer als auch der vom Auto angefahrene alte Mann sich anders hätten verhalten können. Auch wenn sie über einen freien Willen verfügen, so sind sie eben auch Sterbliche, die Fehler begehen. Und auch der Zeuge, der über den Unfall berichtet, ist auf diese Weise verstanden menschlich.

Der Bericht stellt unterschiedliche Szenarios für den Vorgang des Geschehenen nebeneinander, präsentiert Alternativen. Dann verwandelt sich das Gedicht in eine Schauspiellektion, die über die Frage menschlichen Versagens und seiner Konsequenzen hinausgeht. Brecht bittet seine Leser*innen: „Beachtet auch / Seinen Ernst und die Sorgfalt seiner Nachahmungen“. Der Einsatz ist offenbar hoch. Er

> Weiß, daß von seiner Genauigkeit vieles abhängt, ob der Unschuldige
> Dem Verderben entrinnt, ob der Geschädigte
> Entschädigt wird. Seht ihn
> Jetzt wiederholen, was er schon einmal gemacht hat. Zögernd
> Seine Erinnerung zu Hilfe rufend, unsicher
> Ob er auch gut nachahmt, einhaltend

30 Brecht: Über alltägliches Theater, S. 858.

Und einen anderen auffordernd, er möge
Dies oder jenes berichtigen.[31]

Während er spezifische Details des Unfalls wiederholt (und vielleicht sogar den Punkt zu finden versucht, an dem das Unglück nicht mehr zu verhindern war), wird sich der ‚Nachahmende' also bewusst, dass er nicht nur ein Zeuge ist, dessen Aussage in einem Gerichtssaal bedeutsam wäre. Er trägt nämlich auch eine bürgerliche Verantwortung als Künstler. Weil Brecht ja ganz direkt Schauspielstudierende adressiert, wird nun die mangelnde Involviertheit und Identifikation des ‚Nachahmenden' mit seiner Tätigkeit zentral:

Und mit Staunen
Möget ihr eines betrachten: daß dieser Nachahmende
Nie sich in einer Nachahmung verliert. Er verwandelt sich
Nie zur Gänze in den, den er nachahmt. Immer
Bleibt er der Zeigende, selbst nicht Verwickelte. Jener
Hat ihn nicht eingeweiht, er
Teilt nicht seine Gefühle.[32]

Brecht distanziert sich deutlich von Stanislawskis Schauspielpraxis, indem er emotionale Distanz empfiehlt. Sie zeigt sich in der Distanz zwischen dem ‚Nachahmenden' und den Menschen, die in den Unfall involviert waren. Und sie wird zumindest angedeutet, indem der ‚Nachahmende' aus dem Missverständnis befreit wird, er würde jenseits oder über der versammelten Menge stehen:

Unser Zeigender an der Straßenecke
Ist kein Schlafwandler, den man nicht anrufen darf. Er ist
Kein Hoher Priester beim Gottesdienst. Jederzeit
Könnt ihr ihn unterbrechen: er antwortet euch
Ganz ruhig und setzt
Wenn ihr mit ihm gesprochen habt, seine Vorführung fort.[33]

31 Ebd.

32 Ebd., S. 858–359.

33 Ebd., S. 859. *Über alltägliches Theater* ist in Brechts eigenem Typoskript erhalten und wurde durch das Brechtarchiv auf 1930 datiert. Zusammen mit der Straßenszene ist das Gedicht Teil von *Der Messingkauf*. Seine Kritik an der Methode Stanislawskis ist wichtiger Bestandteil von Brechts eigener Theorie, aber es ist nicht

Das Zeugnis eines Verkehrsunfalls ist zu epischem Theater geworden.
Ein Jahr, bevor dieses Gedicht geschrieben wurde, war Brecht am 20. Mai 1929 auf dem Weg nach Saint Cyr in Frankreich mit seinem Steyr in einen Unfall verwickelt. Er befand sich auf einer Straße in der Nähe von Fulda, wo er mit Kurt Weill zu Mittag essen wollte. Vor Brecht hatte ein entgegenkommendes Fahrzeug zur Überholung eines Lastwagens angesetzt und raste ihm nun auf seiner Seite der Fahrbahn entgegen. Um eine Frontalkollision zu vermeiden, wich Brecht – der mit 70 km/h unterwegs war – nach rechts aus, kam von der Straße ab und prallte gegen einen Baum. Er kam mit einigen Prellungen am Knie davon, zu deren Behandlung er nach Berlin gebracht wurde. Im November desselben Jahres brachte das Magazin *UHU*, herausgegeben von Kurt Tucholsky und Vicki Baum, den Fotoessay „Rekonstruktion des Autounfalls des Dichters Brecht“ mit der Überschrift „Ein Lehrreicher Auto-Unfall“ heraus.[34]

klar, zu welchem Grade Stanislawski sich dieser Kritik bewusst war. Aber diese Frage ist kein zentrales Problem für diese Diskussion, es geht mir hier mehr um die Tatsache, dass Unfälle zu einem Paradigma der Schauspielkunst wurden. John White behauptet, sowohl *Über alltägliches Theater* als auch *Rede an dänische Arbeiterschauspieler über die Kunst der Beobachtung* wären 1935 verfasst worden (ders.: *Bertolt Brecht's Dramatic Theory*. Rochester: Camden House 2004, S. 160, Anm. 21), was ich für unwahrscheinlich halte. Er erwähnt den Artikel *Schauspieler in der Straße*, der am 29. Mai 1930 in der *Berliner Illustrierten Woche* erschienen ist und den er als möglichen Ursprung einer Idee alltäglichen Theaters versteht. In dem Artikel werden Sprache und Verhalten eines hausierenden Krawattenverkäufers analysiert. Auch das Gedicht *Rede an dänische Arbeiterschauspieler* erwähnt diesen Krawattenverkäufer. White schließt daraus: „Da auch Stanislawskis *Die Arbeit des Schauspielers* eine Alltagsillustration eines Straßenunfalls beinhaltet, die als Modell dafür fungiert, was ein apolitischer Schauspieler aus dieser Situation lernen kann, kann es durchaus sein, dass Brechts Modell als ein Gegenargument zu dieser Passage im Kapitel über das emotionale Gedächtnis entworfen wurde.“ (Ebd., S. 164, Übers. M. Z.) Als Brecht sich mit *Die Arbeit des Schauspielers* 1937 auseinandersetzte, hatte er das Gedicht schon geschrieben, nicht aber die *Straßenszene*. Stanislawski starb im August 1938. Vgl. Joachim Fiebach: Brechts *Straßenszene*: Versuch über die Reichweite eines Theatermodells. In: *Weimarer Beiträge* 24 (1978), S. 123–147; Freddie Rokem: Acting and Psychoanalysis: Street Scenes, Private Scenes and Transference. In: *Theatre Journal* 39,2 (1987), S. 175–184; Meg Mumford: Brecht Studies Stanislavski: Just a Tactical Move? In: *New Theatre Quarterly* 11,43 (1995), S. 241–258.

34 Ein lehrreicher Autounfall: Rekonstruktion eines Auto-Unfalls des Dichters Brecht. Mit Aufnahmen von A. Stöcker. In: *Uhu – Das neue Ullsteinmagazin*, 02.11.1929, S. 62–65. Über den Fotografen sind keine Informationen verfügbar.

Dieser Fotoessay (hier abgedruckt auf S. 232–235) besteht aus vier Seiten und ist in der Art eines didaktischen *Lehrstücks* konzipiert, das den Unfalls Brechts im Stil seines eigenen Gedichts bzw. Aufsatzes rekonstruiert: Als Storyboard-Narrativ, welches die Leser*innen darüber informiert, dass die Straße ein gefährlicher Ort sei und dass Brecht sich vollkommen richtig verhalten habe, indem er schnell und kraftvoll bremste. Die wichtigste Information ist aber natürlich, dass es sich bei dem österreichischen Steyr um ein wirklich sicheres Gefährt handelt, das es Brecht ermöglichte, nur mit ein paar Prellungen davonzukommen. Die Firma Steyr, die sich 1929 mit einigen ökonomischen Schwierigkeiten konfrontiert sah, stellte für die Fotostrecke ein nagelneues Auto zur Verfügung. Am 22. März 1933 wurde Brechts neues Auto dann von den Nazis konfisziert – mit der Begründung, es sei für kommunistische Aktivitäten verwendet worden.[35]
1934 verbanden sich Steyr und die Firma Austro-Daimler-Puch zu Steyr-Daimler-Puch, die während des Zweiten Weltkriegs ein wichtiger Hersteller von Fahrzeugen und Waffen wurde, für deren Produktion Zwangsarbeiter*innen in Fabriken im Konzentrationslager Mauthausen-Gusen in Österreich eingesetzt wurden.

Uhu wurde von Ullstein zwischen 1924 und 1934 produziert. Auf seinem kommerziellen Höhepunkt im Oktober 1929 wurden von dem Magazin 211.000 Exemplare verkauft, im April 1933 war diese Zahl auf 111.000 Exemplare gefallen. Vgl. Eva Noack-Mosse: Uhu. In: *Hundert Jahre Ullstein 1877–1977*, Bd. 2. Berlin: Ullstein 1977, S. 177–207.

35 Weiterführende Informationen zu dem Steyr Auto von Brecht und seinem Unfall finden sich in Hans-Christian von Herrmann: *Sang der Maschinen: Brechts Medienästhetik*. München: Fink 1996, S. 143, 170–172.

Rekonstruktion eines Auto-Unfalls des Dichters Brecht.

I.

Ein Brecht entgegenkommendes Auto sucht einen Lastwagen zu überholen, ohne sich zu vergewissern, ob die Straßenseite frei ist, auf der Brecht im 70-km-Tempo fährt.

Ein lehrreicher Auto-Unfall

★

Mit Aufnahmen für den „Uhu" von A. Stöcker

II. Statt zu stoppen, versucht das überholende Auto (durch die Lücke entgegenkommendem Auto) seine Fahrseite

Der Feind des Automobilisten, des Fußgängers, überhaupt des Verkehrs, ist der wilde Fahrer. Der wilde Fahrer ist fast an allen Verkehrsunfällen schuld, sei es, daß er nur ein Motorrad lenkt, einen Hanomag, einen Opel oder einen Mercedes. Das wohlerzogenste Land auf dem Gebiete des Automobilverkehrs ist wohl England. Ueberholen von Wagen findet dort meistens nur mit Erlaubnis des vorausfahrenden Wagens statt. Dafür macht aber in England der vorausfahrende Wagen auch von selber Platz, um dem hinterherfolgenden schnelleren Wagen das Ueberholen nach Möglichkeit zu erleichtern. In England hat man auch den Boulevard - Stop, nicht nur für die Städte, sondern auch für die Landstraßen. Der Boulevard Stop verhindert von vornherein 50 Prozent aller Unfälle. Niemand wird in

III. In dieser Position befanden sich die Wagen wenige Sekunden vor der Katastrophe. Der Wagen 3732, der so unvorsichtig überholt hatte, . . .

. . hatte zum Einbiegen nicht mehr Platz und mußte im nächsten Augenblick in Brechts Wagen (26225) hineinfahren

zwischen Lastwagen und Brechts wiederzugewinnen.

England wagen, aus einer Seitenchaussee auf die Hauptlandstraße einzubiegen, ohne vorher zu stoppen und sich von der

IV. Wie Brecht sich zu helfen wußte: Rechts von Brecht befand sich ein sehr tiefer Straßenabhang. Brecht riß den Wagen stark nach rechts und steuerte ihn bewußt, um nicht den Abhang herabzustürzen, genau (siehe Bild V) mit der Mitte des Kühlers auf den nächst erreichbaren Baum zu. Wagen und Motor gingen in Trümmer; die Insassen blieben bis auf geringe Abschürfungen unverletzt.

(Die Rekonstruktion des Unfalls erfolgte mit freundlicher Unterstützung der Steyr A.-G.)

V. Der Abhang, vor dem sich Brecht durch das zielsichere Auffahren auf den Baum rettete.

VI. Brecht's Wagen nach dem Unglück. Der zertrümmerte Wagen zeigt, wie richtig Brecht gehandelt hatte, den Wagen an dem Baum aufzufangen.

Fot. Segel

Wie die beiden Wagen ausgesehen hätten, wenn sie aufeinander gefahren wären:
Aufnahme von einem der vielen täglichen Auto-Zusammenstöße

Ungefährlichkeit des Einbiegen zu überzeugen. Dafür hat jeder auf der Hauptstraße die Erlaubnis, schnell fahren zu können. Die typische Redensart des wilden Fahrers ist: „Ich habe meinen Wagen in der Hand." Er vergißt nur jedesmal dabei, daß der andere ihm Entgegenkommende seinen Wagen genau so sicher in der Hand haben muß.

Der Dichter Brecht hatte kürzlich einen für viele Auto-Unfälle typischen Unfall. Er steuerte seinen Steyr auf der Straße nach Fulda im 70-Kilometer-Tempo. Die Straße war gar nicht so schmal, aber auf seiner Seite schoß hinter einem entgegenkommenden Lastwagen ein Wagen, der viel stärker war als der seine, überholend vor, ohne sich vorher überzeugt zu haben, daß ein anderer Wagen (Brechts Wagen) ihm entgegenkam. Für Brecht war die Lage außerordentlich gefährlich; nach links konnte er wegen des Lastwagens, der sich auch in ziemlicher Fahrt befand, nicht ausweichen, rechts standen Bäume, und hinter diesen Bäumen fiel die Straße ungefähr 5 Meter in einer Böschung ab. Brecht hatte zwei Möglichkeiten; einmal, die Böschung hinabzufahren und sich im offenen Auto mehrmals zu überschlagen oder im 70-km-Tempo gegen einen Baum zu fahren und zu zersplittern. Der Abstand zwischen dem entgegenkommenden und seinem eigenen Wagen bei einer gegenseitigen Geschwindigkeit von 70 km, war sehr gering. Brechts Wagen war also gezwungen, auszuweichen, und Brecht vermochte, die Bremsen mehrmals stark anziehend und sofort wieder öffnend, auf den ihm zunächst erreichbaren Baum aufzufahren. Es gelang ihm, genau mit der Mitte des Kühlers den Baum zu treffen und so den Wagen aufzufangen. Der Kühler zerbrach, und die aufstoßende Vorderseite des Chassis bog sich ringförmig um den Baum, aber sie hielt den Wagen auch zugleich fest. Das Ergebnis waren nur unbedeutende Verletzungen.

Katastrophen

> Der Begriff des Fortschritts ist in der Idee der Katastrophe zu fundieren. Daß es „so weiter“ geht, *ist* die Katastrophe.
> Walter Benjamin: *Das Passagen-Werk*[36]

In seinem Essay *Engagement* erzählt Theodor Adorno eine Anekdote über Pablo Picasso, der während des Zweiten Weltkriegs in Paris lebte. Adorno schreibt:

> Als ihn ein deutscher Besatzungsoffizier in seinem Atelier besuchte und vorm Guernica-Bild fragte: ‚Haben Sie das gemacht?‘, soll er geantwortet haben: ‚Nein, Sie.‘[37]

Diese Anekdote verdient aus verschiedenen Gründen Aufmerksamkeit. Einer ist rein historisch: Als die Nazis 1941 Paris besetzten, war Picassos *Guernica* – das für den Spanischen Pavillon der Pariser Weltausstellung *Exposition Internationale des Arts et Techniques dans la Vie Moderne* 1937 in Auftrag gegeben worden war – bereits in die Vereinigten Staaten verschifft worden. Das heißt, als der Offizier angeblich Picassos Atelier besuchte, war das Gemälde schon nicht mehr in Paris. Die Anekdote war aber weit verbreitet und Picasso erzählte in einem Interview vom März 1945 – etwas mehr als ein halbes Jahr nach der Befreiung von Paris –, dass er dem Nazioffizier nur eine Postkarte des Bilds gezeigt habe. Und auf die Frage, ob er denn tatsächlich „Nein, *Sie*“ gesagt hätte, antwortete er lachend: „Ja, das stimmt, das ist mehr oder weniger wahr.“[38]

Der Grund dafür, Picassos *Guernica* und die Versionen der Anekdote ins Spiel mit Benjamins Auffassung von Konstellationen und seiner Idee des Bildes als Dialektik im Stillstand zu bringen – wie der Wagen der Mutter Courage, der im vorherigen Kapitel analysiert wurde – ist die Geste des Zeigens (in diesem Fall auf ein Gemälde). Sie erzeugt eine Wechselbeziehung zwischen dem ästhetischen Feld und einem

36 Benjamin: *Passagen-Werk*, S. 592, N 9a, 1.

37 Theodor Adorno: Engagement. In: Ders.: *Gesammelte Schriften*, Bd. 11, hrsg. v. Rolf Tiedemann. Frankfurt am Main: Suhrkamp 1974, S. 409–430, hier S. 424.

38 Zit. n. Gijs Van Hensbergen: *Guernica. Biographie eines Bildes*, aus d. Engl. v. Nikolaus G. Schneider. München: Siedler 2004, S. 164.

bestimmten historischen Ereignis. Zugleich werden wir als Leser*innen und Zuschauer*innen dazu eingeladen, an dieser Verbindung ‚mitzuwirken': über sie nachzudenken und uns eine Meinung zu bilden. Georg Steiner hat sogar den stillen Schrei von Helene Weigel als Mutter Courage – den sie ausstößt, wenn ihr ermordeter Sohn Schweizerkas von der Bühne getragen wird, von dem sie nicht zugeben kann, dass es ihr Sohn ist – mit dem schreienden Pferd auf Picassos *Guernica* verglichen.[39]

Der Akt des Zeigens auf das Gemälde – unabhängig davon, ob es sich um das Original oder eine reproduzierte Postkarte handelte – eröffnet ein performatives Szenario um Picasso und den Offizier, die mit Blick auf *Guernica* wechselseitig aufeinander zeigen und sagen: „Haben *Sie* das getan?" „Nein, *Sie*." Diese Wechselbeziehung zeigt paradigmatisch auf, wie ästhetische Bilder performativ bedeutsam werden. Weil die Geste des Zeigens in diesem Fall Teil von politischen, sogar subversiven Aktivitäten ist, wird der Akt des Zeigens und Kommentierens noch komplexer und ergebnisoffener als im Rahmen traditioneller Formen vorgeschriebener Verkörperungen auf einer Theaterbühne. Diese Interaktion problematisiert auch, womit ich mich in den vorangegangenen Kapiteln beschäftigt haben: die direkte, persönliche Begegnung zwischen einem Philosophen und einem Theatermacher. Die folgenden Beispiele werden nun stattdessen zeigen, wie die Interaktionen zwischen den jeweiligen Diskurspraktiken in einem spezifischen historischen Kontext funktionieren. Schauen wir auf das *Gastmahl* und *Hamlet* zurück, so können wir auch dort finden, dass sich brutale politische Realitäten im Hintergrund anbahnen – vertreten durch Alkibiades und Fortinbras. Und die Anwesenheit dieser politischen Realitäten beeinflusst ohne Zweifel das Verständnis des Performativen.

Die Frage, die ich stellen möchte, ist, auf welche Weise Erzählungen wie die über Picasso – die menschliche Akteure und bildliche Darstellungen von Katastrophen und Elend einschließen – performative Bildkonstellationen hervorbringen. Das Bombardement von Guernica im April 1937 hat durch metanarrative Kontextualisierung unzählige Bedeutungskomplexe hervorgebracht; darunter auch das große Wandgemälde, auf das in den zwei Versionen der Picasso-Anekdote gezeigt

39 Steiner: *Der Tod der Tragödie*, S. 274–275.

wird. Eine solche Form der Konstellation, die auf die ideologischen und politischen Entwicklungen hin zum Zweiten Weltkrieg reagiert, ist durch den bekannten Text über Paul Klees *Angelus Novus* weiter ausgeführt worden, in dem Benjamin auf eine Figur zeigt und sie den Engel der Geschichte nennt.

Retrospektiv können die Jahre zwischen den beiden Weltkriegen als verzweifelte und schließlich gescheiterte Versuche beschrieben werden, in den Turbulenzen und dem Rausch sich neu entwickelnder Technologien Ordnung und Rationalität zurückzugewinnen; Technologien, die in Kombinationen mit den faschistischen Ideologien der Zeit das Bombardement von Guernica überhaupt möglich gemacht haben. Die Ausstellung in Paris – bei der Picassos Bild erstmals gezeigt wurde und die sich technologischen Errungenschaften widmete – wurde nur drei Monate nach diesem Angriff eröffnet. Die Präsentation des Gemäldes in diesem Rahmen scheint ironischerweise zu unterstellen, *Guernica* sei als eine Lobpreisung von Kunst und Technologie des modernen Lebens zu verstehen. Auch wenn Picasso als Antwort auf das Bombardement ein riesiges Leinwandgemälde zeichnete, spiegelt seine Produktionsgeschwindigkeit doch klar die technologischen Erfindungen zur Verbreitung und Reproduktion von Bildern, die in der späten Hälfte des 19. Jahrhunderts ihren Anfang nahmen. Diese Technologien hatten bereits die Basis für neue Formen der Repräsentation großer Katastrophen und der Berichterstattung von lokalen Unglücken geliefert. Die Geschwindigkeit, mit der Bilder nun geschaffen und ‚ausgestellt' wurden,[40] entsprach der Beschleunigung, mit der sich Menschen plötzlich von einem Ort zum anderen bewegen konnten. Diese Geschwindigkeiten ermöglichten überhaupt, Bombardements in einem so großen Maßstab auszuführen – und, wie wir bereits gesehen haben, die Tödlichkeit von Unfällen bei der Benutzung privater Fahrzeuge.

Walter Benjamins *Das Kunstwerk im Zeitalter seiner technischen Reproduzierbarkeit* ist vermutlich einer der bekanntesten und von Kritiker*innen am meisten gefeierten Aufsätze zu dieser neuen Form

40 Rokem verwendet hier das im englischen doppeldeutige *exposed*, das er in Klammern folgendermaßen erläutert: *exposure time* als fotografischer Terminus meint die Belichtungszeit, zugleich bezieht sich das Verb auf die öffentliche Präsentation in einem Ausstellungsraum.

des ‚bildlichen Denkens', das in dieser Zeit entstanden ist. Im letzten Teil des Texts, in dem Benjamin sein Argument über die komplexe Dialektik von Aura und technologischer Reproduzierbarkeit entfaltet, lenkt er die Aufmerksamkeit der Leser*innen auf die enge Beziehung von Krieg und Ästhetik. Es gibt eine dritte, finale Version dieses Aufsatzes, die höchstwahrscheinlich im März oder April 1939 beendet wurde und die in ihren Formulierungen in diesem Zusammenhang viel deutlicher ist als die zweite Version, die Benjamin 1936 publizierte.[41] Mit dieser dritten Version reagierte Benjamin möglicherweise, unausgesprochen, auf das Bombardement von Guernica und Picassos Gemälde. Direkt wird Picasso von Benjamin mit Blick auf Charlie Chaplins Filme erwähnt. Benjamin verweist mit Hinweis auf das Massenpublikums des Films, das Gemälde nicht haben, auf den „besonderen Konflikt [...], in welchen die Malerei durch die technische Reproduzierbarkeit des Bildes verstrickt worden ist."[42] Diese Aussage zeigt, dass Benjamin sich zweifellos der Aufmerksamkeit bewusst war, der sich Picassos *Guernica* nicht weit von seinem Arbeitsplatz in der Bibliothèque Nationale erfreute.

Im letzten Teil seines Aufsatzes zitiert Benjamin den italienischen Futuristen Filippo Marinetti, der geschrieben hat: „Der Krieg ist schön, weil er eine blühende Wiese um die feurigen Orchideen der Mitrailleusen bereichert."[43] Benjamin attestiert dieser Äußerung „den Vorzug der Deutlichkeit"[44] und fährt fort:

> *Der imperialistische Krieg ist ein Aufstand der Technik, die am „Menschenmaterial" die Ansprüche eintreibt, denen die Gesellschaft ihr natürliches Material entzogen hat.* Anstatt Flüsse zu kanalisieren, lenkt sie den Menschenstrom in das Bett ihrer Schützengräben, anstatt Saaten aus ihren Aeroplanen zu streuen, streit sie Brandbomben über die Städte hin, und im Gaskrieg hat sie ein Mittel gefunden, die Aura auf neue Art abzuschaffen.

41 Eine gekürzte Version wurde im Mai 1936 auf Französisch in der *Zeitschrift für Sozialforschung* veröffentlicht. Danach begann Benjamin mit der Arbeit an einer dritten Version, die aber nicht mehr zu seinen Lebzeiten veröffentlicht wurde.

42 Walter Benjamin: Das Kunstwerk im Zeitalter seiner technischen Reproduzierbarkeit. In: Ders.: *Gesammelte Schriften*, Bd. I.2, S. 471–508, hier S. 497–498.

43 Ebd., S. 507.

44 Ebd.

> „Fiat ars – pereat mundus" sagt der Faschismus und erwartet die künstlerische Befriedigung der von der Technik veränderten Sinneswahrnehmung, wie Marinetti bekennt, vom Kriege. Das ist offenbar die Vollendung des l'art pour l'art. Die Menschheit, die einst bei Homer ein Schauobjekt für die olympischen Götter war, ist es nun für sich selbst geworden. Ihre Selbstentfremdung hat jenen Grad erreicht, der sie ihre eigene Vernichtung als ästhetischen Genuß ersten Ranges erleben läßt. *So steht es um die Ästhetisierung der Politik, welche der Faschismus betreibt. Der Kommunismus antwortet ihm mit der Politisierung der Kunst.*[45]

Diese Schlussfolgerungen mögen für unsere Ohren heute naiv klingen, aber ich zitiere sie hier vollständig, um zu demonstrieren, auf welche Weise die Präsentation von Bildern Konstellationen erzeugt, wie dies in der Picasso-Anekdote veranschaulicht wird. Faschistische Ideologien ästhetisieren Politik, indem sie den vermeintlich subversiven Künstler fragen: „Haben *Sie* das getan?" Picasso politisiert die Kunst mit der Antwort: „Nein, *Sie*." Für die in diesem Buch entwickelte Perspektive ermöglicht uns Benjamins Unterscheidung, die performativen Dimensionen philosophischer, ästhetischer Anliegen und der Performativität des Denkens zu untersuchen, die sich nicht auf die Aufführung von Theater beschränken, sondern die Interaktionen zwischen diesen beständig kreisenden Perspektiven einschließen. Natürlich ist die Art und Weise, wie Bilder in dieser Zeit der Unruhe und Krise durch Texte kontextualisiert wurden, nicht einzigartig. Ähnliches wurden bereits in den vielschichtigen Formen symbolhaften Denkens zum Ausdruck gebracht, die sich im Barock entwickelten und die Benjamin in aller Ausführlichkeit in seinem *Trauerspiel*-Buch untersucht, das zwischen 1924 und 1925 verfasst wurde. Benjamin führt hier aus: „[I]n solcher Zerrissenheit spiegelt die Gegenwart gewisse Seiten der barocken Geistesverfassung bis in die Einzelheiten der Kunstübung."[46] Im modernen Denken des frühen 20. Jahrhunderts *in*, *durch* und *über* Bilder wurden entsprechende Formen des Bezugs zu visuellen Bildern im Sinne von katastrophalen Konstellationen schrittweise wiederentdeckt bzw. neuerfunden. Auch wenn sie einige ihrer früheren, explizit theologischen Fundamente

45 Benjamin: Das Kunstwerk, S. 507–508.
46 Benjamin: Ursprung des deutschen Trauerspiels, S. 236.

verloren hatten, lenkten sie weiterhin Aufmerksamkeit auf ihre eigene Theatralität – die sich zwischen visuellen, oftmals figurativen, allegorischen Bildern und menschlichen Agenten aufspannte, die die Bilder zunächst wahrnahmen und dann auf unterschiedliche Weise von dieser Erfahrung Zeugnis ablegten. Gleichzeitig aber führten diese neuen Formen des emblematischen Denkens, insbesondere für Benjamin, wieder eine theologisch-metaphysische Dimension ein, welche die historischen Ereignisse – Katastrophen – zu einem Nexus aus der unmittelbar vorhandenen materialistischen Dialektik der Gegenwart und einem messianischen Zeitschema machten.

Picassos *Guernica* wurde erstmals im Spanischen Pavillon ausgestellt, der direkt hinter dem von Hitlers Architekten Albert Speer entworfenen Deutschen Pavillon auf dem Trocadéro stand, zwischen Eifelturm und dem Palais de Chaillot. Auf Speers Gebäude thronte ein Adler. Auf der anderen Seite des Trocadéro befand sich der Sowjetische Pavillon, auf dessen Dach sich die gigantische Statue eines jungen Paars mit einer Sichel in ihren ausgestreckten Händen befand, während sie einer utopischen Zukunft entgegen laufen. All diese Orte erzeugten eine Karte aus Bildern mit einer komplexen Dramaturgie, in der Kunst und Technologie auf verschiedenen Ebenen mit Ideologie interagierten.[47] Es ist erwähnenswert, dass mehr oder weniger zeitgleich zur Pariser Ausstellung (nämlich am 19. Juli 1937) die Ausstellung *Entartete Kunst* in München eröffnete; ein Tag, nachdem ebenfalls dort die *Große Deutsche Kunstausstellung* begann. All das nur eine Woche, nachdem der spanische Pavillon am 12. Juli 1937 in Paris eröffnete. Ganz Europa war Teil einer performativen Karte der Bilder geworden, auf der sich Kunst und Politik überlagerten.

Einen Tag, bevor der spanische Pavillon mit Picassos *Guernica* als dem prominentesten Bild eröffnete, wandte sich der französischstämmige Autor und Kritiker Max Aub an die Männer, die den Pavillon errichtet hatten. Während er sprach, deutete er auf das Bild Picassos:

> Am Eingang rechts springt uns Picassos großartiges Gemälde ins Auge. Von diesem wird noch lange die Rede sein. Picasso hat hier die Tragödie von Gernika dargestellt. Es kann sein, dass man dieser Kunst vorwerfen

47 Vgl. James D. Herbert: *Paris 1937: Worlds on Exhibition*. Ithaca / London: Cornell UP 1998; Van Hensbergen: *Guernica*.

> wird, zu abstrakt oder zu schwierig für einen Pavillon wie den unseren zu sein, der vor allem, vor allem anderen, eine Manifestation des Volkes sein möchte. Dies ist nicht der Augenblick für Rechtfertigungen, aber ich bin mir sicher, dass mit etwas gutem Willen jeder die Wut, die Verzweiflung und den schrecklichen Protest erkenn kann, die in diesem Bild zum Ausdruck kommen … Denjenigen, die sich dagegen verwehren und sagen, die Dinge sein nicht so, muss man entgegenhalten, ob sie nicht zwei Augen besitzen, um die schreckliche Realität in Spanien zu sehen. Wenn das Bild Picassos einen Fehler hat, dann den, dass es zu real, zu fürchterlich wahr, abscheulich wahr ist.[48]

Es ist nicht übertrieben, in dieser Rede bereits die dramaturgisch-narrative Anlage der Picasso-Anekdote zu hören: „Haben *Sie* das getan?“ „Nein, *Sie*.“
Ungefähr zeitgleich, in einem weniger öffentlichen, abgelegenen Raum, saß Walter Benjamin – wie wir dem berühmten Foto von Benjamin am Tisch der Bibliothèque Nationale entnehmen können – nicht weit entfernt vom Ort der Pariser Weltausstellung und sammelte Material für sein *Passagen-Werk*. Nebenbei überarbeitete er seinen Aufsatz *Das Kunstwerk im Zeitalter seiner technischen Reproduzierbarkeit* zum dritten Mal. Benjamin scheint sich ob seines Schreibens über den Aufenthalt in einer Bibliothek der großen Ereignisse, die ihn umgeben, gar nicht bewusst zu sein. Unter dem Dach der Bibliothek entwirft er eine gänzlich andere Bildkonstellation.

> Diese Niederschrift, die von den pariser Passagen handelt, ist unter freiem Himmel begonnen worden wolkenloser Bläue, die überm Laube sich wölbte und doch den Millionen von Blättern, in denen die frische Brise des Fleißes, der schwerfällige Atem des Forschers, der Sturm des jungen Eifers und das träge Lüftchen der Neugier rauschten, mit vierhundertjährigem Staube bedeckt worden. Denn der gemalte Sommerhimmel, der aus Arkaden in den Arbeitssaal der pariser Nationalbibliothek hinuntersieht, hat seine träumerische, lichtlose Decke über ihr ausgebreitet.[49]

48 Van Hensbergen: *Guernica*, S. 89.
49 Benjamin: *Passagen-Werk*, S. 571, N 1, 5.

Benjamin verortet sich hier wie des Öfteren in seinen Texten in einem geschlossenen Innenraum, aus dem heraus er in Gedanken die Bildkonstellation der öffentlichen Pariser Passagen rekonstruiert.
Einige Jahre vor der Pariser Weltausstellung, im Jahr 1935, schickte Benjamin das vorläufige Exposé seines *Passagen-Werks* an Adorno. Er bezeichnet die Weltausstellung als Institution und formuliert bereits eine negative Haltung gegenüber solchen ‚globalen' Ereignissen. In einer Passage über die Weltausstellung von 1867 verweist er direkt auf die komplexen Beziehungen von Bild und Ideologie. Er argumentiert, dass der drohende Niedergang der Idee solcher vermeintlich ‚allumfassenden' Ausstellungsformate ein Ausdruck jener Illusion sei, die durch die Massenkultur begründet wurde. Solche Ausstellungen seien „die Wallfahrtstätten zum Fetisch Ware" und

> eröffnen eine Phantasmagorie, in die der Mensch eintritt, um sich zerstreuen zu lassen. Die Vergnügungsindustrie erleichtert ihm das, in dem sie ihn auf die Höhe der Wahre hebt. Er überläßt sich ihren Manipulationen, indem er seine Entfremdung von sich und den andern genießt.[50]

Während Picassos *Guernica* zu einem Ausdruck des Protests gegen Gewalt wurde, wie er in der Öffentlichkeit geäußert wurde (und gar eine Art Fetischfunktion übernahm), entwickelte Benjamin eine sehr persönliche Beziehung zu einem Bild, das ihm privat gehörte: dem *Angelus Novus* von Paul Klee. Benjamin erwarb dieses Bild in einer Ausstellung in München 1921 für ungefähr 14 Dollar und es wurde zu einem seiner wertvollsten Besitztümer. Nachdem er vor den Nazis geflohen war, wurde es ihm nach Paris gebracht, und bevor er an die spanische Grenze floh, wo er Selbstmord beging, verwahrte er das Bild mit den Manuskripten, die zum *Passagen-Werk* wurden, in zwei Koffern, die Georges Bataille in der Bibliothèque Nationale vor den Nazis versteckte. Nach dem Krieg fand das Bild seinen Weg zu Theodor Adorno in New York, der es zunächst zurück nach Frankfurt brachte, bevor er es einem von Benjamins ältesten und engsten Freunden zukommen ließ: dem Kabbalahgelehrten Gershom Scholem in

50 Walter Benjamin: Paris, die Hauptstadt des XIX. Jahrhunderts. In: Ders.: *Gesammelte Schriften*, Bd. V.I, S. 45–59, hier S. 50–51.

Jerusalem. Nach dem Tod von Scholems Witwe Fania Scholem wurde das Gemälde dem Israel-Museum in Jerusalem gestiftet.
Bekannt geworden ist Klees *Angelus Novus* vor allem durch Benjamins vielzitierte und vor allem viel diskutierte Interpretation des Bildes in *Über den Begriff der Geschichte* aus dem Jahr 1940.

> Es gibt ein Bild von Klee, das Angelus Novus heißt. Ein Engel ist darauf dargestellt, der aussieht, als wäre er im Begriff, sich von etwas zu entfernen, worauf er starrt. Seine Augen sind aufgerissen, sein Mund steht offen und seine Flügel sind aufgespannt. Der Engel der Geschichte muß so aussehen. Er hat das Antlitz der Vergangenheit zugewendet. Wo eine Kette von Begebenheiten vor *uns* erscheint, da sieht *er* eine einzige Katastrophe, die unablässig Trümmer um Trümmer häuft und sie ihm vor die Füße schleudert. Er möchte wohl verweilen, die Toten wecken und das Zerschlagene zusammenfügen. Aber ein Sturm weht vom Paradies her, der sich in seinen Flügeln verfangen hat und so stark ist, daß der Engel sie nicht mehr schließen kann. Dieser Sturm treibt ihn unaufhaltsam in die Zukunft, der er den Rücken kehrt, während der Trümmerhaufen vor ihm zum Himmel wächst. Das, was wir den Fortschritt nennen, ist *dieser* Sturm.[51]

Benjamins Überlegungen zu Klees Bild dramatisieren und kontextualisieren die mysteriöse Figur auf ganz andere Art und Weise, als Picassos Gemälde durch die von ihm ausgelösten Narrative gerahmt wurde. Benjamins kurzer Text über Klees Aquarellbild, ein nahezu flüsterndes Nachdenken, ist ein *Denkbild* – ein Genre, über das ich schon kurz gesprochen habe und das ich im letzten Kapitel genauer untersuchen werde. Nach Sigrid Weigel sind „seine Denkbilder [...] gleichsam geschriebene dialektische Bilder, [...] in denen sich die Dialektik von Bild und Denken entfaltet und sichtbar wird."[52] Weigel, für die Benjamins Text über Angelus Novus ein zentrales Beispiel für ein solches Denkbild ist, lenkt den Blick auf die Konkretheit der durch diese Form des Schreibens generierten Bilder, die ein philosophisches „*Gegenstück*, keinen Vergleich"[53] erzeugen. Ein Denkbild drückt

51 Benjamin: Über den Begriff der Geschichte, S. 697–698.

52 Sigrid Weigel: *Entstellte Ähnlichkeit. Walter Benjamins theoretische Schreibweise.* Frankfurt am Main: Fischer 1997, S. 58.

53 Ebd., S. 61.

Gedanken durch ein Bild aus, das zu einem schweigenden, stummen Stillstand gekommen ist.

Wenn wir uns Benjamins kurzen Text genauer anschauen, können wir sehen, wie er eine Inszenierung jenes kleinen Bildes vornimmt, die nicht nur Benjamin, sondern zunehmend auch die Leser*innen des Texts einschließt. Nachdem er kurz die Figur des Engels in den Blick nimmt, der seinen Mund geöffnet und seine Flügel ausgebreitet hat und „aussieht, als wäre er im Begriff, sich von etwas zu entfernen, worauf er starrt"[54], schreibt Benjamin: „Der Engel der Geschichte *muß so* aussehen"[55]. Der Widerspruch zwischen dem Konjunktiv des ersten und dem Indikativ des zweiten Satzes erzeugt eine starke dynamische Spannung. Auf der einen Seite verwendet Benjamin die Möglichkeitsform, entwickelt also eine Potentialität, während er auf der anderen Seite eine Notwendigkeit zum Ausdruck bringt: Er spricht nicht davon, dass dies der Engel der Geschichte ‚sein könnte' oder dieser ‚so aussehen könnte' wie auf dem Gemälde. Der Engel der Geschichte *muss* so aussehen – Benjamin entwickelt eine Art notwendige Verbindung zwischen dem Bild auf der Leinwand und einer allgemeineren, abstrakten Vorstellung von Geschichte. Nach der Etablierung dieser Spannung aus Potentialität und Notwendigkeit erweitert Benjamin die Kreise performativer Kontextualisierung, indem er davon spricht, dass das Gesicht des Engels der Vergangenheit, dem Paradies zugewandt ist, während sich die Zukunft hinter seinem Rücken befindet.

Das bedeutet für uns als Bildbetrachter*innen, dass unser Gesicht der Zukunft zugewandt ist, während sich das Paradies hinter unserem Rücken befindet. „Wo eine Kette von Begebenheiten vor *uns* erscheint, da sieht *er* eine einzige Katastrophe, die unablässig Trümmer auf Trümmer häuft und sie ihm vor die Füße schleudert."[56] Dies verweist auf die Katastrophen der Geschichte im Allgemeinen und impliziert, dass die physische Distanz zwischen dem Gemälde und den Betrachter*innen auch eine zeitliche Dimension hat. Dies erzeugt den Unterschied zwischen einem Geschichtsverständnis, das für uns eine Kette von eigenständigen Ereignissen ist, im Auge des Engels aber „eine

54 Benjamin: Über den Begriff der Geschichte, S. 697–698.

55 Ebd., S. 697 (Herv. F. R.).

56 Ebd.

einzige Katastrophe". Es handelt sich um dieselbe rhetorische Strategie, die Benjamin einsetzt, um sein Verständnis der Konstellationen zu erklären. In dem Moment, in dem wir akzeptieren, dass der Engel der Geschichte so aussehen *muss*, wenn er zurückschaut und unseren Blicken begegnet, eröffnet die vermittelnde, dialektische Inszenierung, die Benjamin aus ihrem Stillstand aktiviert hat, ein Denkbild vom Fortschreiten der Geschichte. Benjamins Nachdenken über den Engel ist eine ‚theatrale' Inszenierung, in der die Leser*innen dazu eingeladen werden, im kosmischen Drama um Paradies und messianische Zukunft eine aktive Rolle einzunehmen.

Wie bereits zitiert, schreibt Benjamin im *Passagen-Werk*, das „Bild ist dasjenige, worin das Gewesene mit dem Jetzt blitzhaft zu einer Konstellation zusammentritt."[57] Die Trümmerfelder und Katastrophen der Geschichte, die der Engel sieht, werden aufgetürmt und durch unseren Blick auf ihn zu uns zurückgespiegelt, was eine performative Konstellation des Nachdenkens, Verstehens und gar der Einsicht eröffnet. Der Engel ist Zeuge des vollen Ablaufs der Geschichte – einer „einzigen Katastrophe". Der Blick des Engels spiegelt dieses kosmische Drama auf uns, die Betrachter*innen des Bilds, zurück und ermöglicht uns, die Abfolge von Ereignissen zu sehen, die sich teilweise hinter unserem Rücken zutragen (und die wir daher nicht direkt sehen) und die sich bis zu einem gewissen Grad auch in dem Raum zwischen uns und dem Bild befinden. In dem Moment, in dem wir das Bild anschauen, wird es durch ein Wechselspiel der Blicke lebendig: Indem der Engel in Richtung der Vergangenheit schaut, erlaubt er uns, mit der Zukunft zu interagieren, die wir vor uns sehen. Wir werden unsererseits zu Zeug*innen des Engels-Boten-Zeugen. Oder, wie Benjamin in den Notizen zum *Passagen-Werk* schreibt: „Das gelesene Bild, will sagen das Bild im Jetzt der Erkennbarkeit trägt im höchsten grade den Stempel des kritischen, gefährlichen Momentes, welcher allem Lesen zugrunde liegt." Damit signalisiert Benjamin, dass der gegenwärtige Moment von Gefahr und Gewalt der grundlegende Moment ist, durch den der Text in eine mentale Inszenierung verwandelt wird. In dieser Inszenierung tauschen zwei Zeugen, ein metaphysischer und ein menschlicher, einen doppelten Blick aus. Oder in den Worten

57 Benjamin: *Passagen-Werk*, S. 576–577, N 2a, 3, bzw. S. 577–578, N 3, 1. Vgl. S. 209, Anm. 5.

von Rainer Maria Rilke, mit denen ich dieses Buch eingeleitet habe: „Engel und Puppe: dann ist endlich Schauspiel.“[58]

Benjamins Text über Klees *Angelus Novus* eröffnet eine fast diametral entgegenstehende Konstellation zu Picassos *Guernica*. Er komponiert einen Denkbild-Text über das kleine, privat besessene Aquarell und dramatisiert den Moment des Betrachtens mit einer Zeigegeste auf das Bild: „Es gibt ein Bild von Klee, das *Angelus Novus* heißt.“ Das Geröll, die Trümmerhaufen oder auch Ruinen der Geschichte können nur vom Engel gesehen werden, während die Betrachter*innen sich diese Trümmer im Raum zwischen ihnen und dem Bild, aber auch hinter ihrem Rücken vorstellen müssen. Demgegenüber zeigt das Wandgemälde Picassos aufgrund seiner Ausmaße eine übermenschengroße Figurengruppe – einige tierisch, andere mythologisch, einige menschlich –, die uns dazu zwingt, die Zerstörung – insbesondere das menschliche Leiden –, das auf das Bombardement von Guernica zurückgeht, direkt anzuschauen. Seine Darstellung ermöglicht es Picasso, zu dem Nazioffizier zu sagen: „Das haben *Sie* getan.“ Picasso macht uns zu direkten Zeug*innen dieser speziellen Katastrophe, während Benjamin uns dazu aufruft, die bereits bekannte Kette von Ereignissen in eine universelle, ‚abstrakte‘ Katastrophe zu verwandeln: die Geschichte selbst. Wir können nur mit unseres „Geistes Aug“ (I.2, 185), – so Hamlet während seines ersten Treffens mit Horatio und vor der Begegnung mit dem Geist – sehen, was der Engel der Geschichte sieht.

Guernica und *Angelus Novus* stehen beispielhaft für zwei radikal unterschiedliche Formen einer performativen Kontextualisierung. Benjamins sich langsam entfaltender, nachdenklicher Text zu dem von ihm besessenen Klee-Gemälde, den er fast zwanzig Jahre nach dem Ankauf des Bilds verfasst hat, steht in deutlichem Gegensatz zu der unmittelbaren und prominenten Natur von Picassos riesigem Gemälde. *Guernica* wurde als öffentliche Geste des Protests ausgestellt – präsentiert im Spanischen Pavillon auf der Pariser Weltausstellung – und bezog sich auf ein noch zeitnahes Ereignis. Das Gemälde wurde nicht nur wenige Monate nach dem Angriff fertiggestellt, sondern auch sehr schnell durch die von ihm ausgelösten

58 Rainer Maria Rilke: Duineser Elegien. In: Ders.: *Werke*, Bd. 2. Frankfurt am Main / Leipzig: Insel 1996, S. 199–236, hier S. 212.

öffentlichen Diskurse kontextualisiert: durch die Rede vor der Eröffnung des Pavillons oder auch durch die Anekdote über den Maler und den Nazioffizier, aber auch in vielen anderen Zusammenhängen. *Guernica* wurde sofort als ein öffentliches Anti-Kriegs-Manifest verstanden, während Benjamins Text erst nach seinem Tod veröffentlicht wurde. Als er sich der spanischen Grenze und seinem eigenen Tod näherte, war sein Text noch nicht bekannt.

Trotz Benjamins Warnungen vor dem Verlust der Aura im Zeitalter der technischen Reproduzierbarkeit wurde auf der *documenta 12* im Jahr 2007 in Kassel als eines der zentralen Eröffnungsbilder der Ausstellung eine Reproduktion von Klees *Angelus Novus* präsentiert. Während das Original in Jerusalem verweilte, konnte man die Reproduktion in einem engen Treppenhaus des Museums Fridericianum, des Hauptgebäudes der Ausstellung, besichtigen. Folgender Kommentar stammt von einem Besucher der Ausstellung:

> Über der Documenta schwebt ein Engel, *Angelus Novus* von Paul Klee. Der Engel hat einen unruhigen Platz, hier ist das Dreieck, in dem 3 Treppen zusammenlaufen. Würde man bei dem Betrachten einen Schritt zurück tun, so stürzte man die Treppe rückwärts hinunter. Zudem: Der Engel ist ein Fake, über der grössten und renommiertesten deutschen Kunstaustellung schwebt die Kopie des *Angelus Novus*. Der kleine Engel ist ein gutes Synonym für das Auseinanderfallen von Anspruch und Realität dieser Documenta.[59]

Wie der Besucher hervorhebt, hing das Bild an einem Ort, wo sich drei verschiedene Treppen kreuzten. Dies lässt an Ödipus' vage Erinnerung denken, an einem Ort gewesen zu sein, wo sich drei Wege kreuzen. Benjamins Text hat *Angelus Novus* in eine Ikone der katastrophischen Überschneidung von Moderne und Geschichte verwandelt.

Picassos *Guernica* wird seit 1992 im Spanischen Nationalmuseum für Kunst des 20. Jahrhunderts, dem Museo Nacional Centro de Arte Reina Sofía in Madrid, ausgestellt. Es wurde vom Prado dorthin

59 Der Besucherkommentar von Dorothea Bode vom 16.09.2007 wurde veröffentlicht zu Ute Thon: Gefangen im Palmenhain. In: *Art. Das Kunstmagazin*, 27.07.2007. http://www.art-magazin.de/kuns/491.html / http://archive.is/aEqz (Zugriff am 21.04.2017). Das Original wurde für fünf Tage und Nächte im Mai 2008 in Bern ausgestellt und zog 60.000 Besucher*innen an.

gebracht, als Reina Sofía eröffnete. Picasso hatte festgelegt, dass das Gemälde erst nach Spanien zurückkehren durfte, wenn das Land eine Demokratie geworden sei, was sich nach dem Tod Francisco Francos 1975 vollzog. Aber das Museum of Modern Art in New York, dem das Gemälde noch vor dem Zweiten Weltkrieg überantwortet worden war, gab dem Druck, das Gemälde dem spanischen Volk zu überlassen, erst 1981 nach.

Eine Kopie von *Guernica* befindet sich heute bei den Vereinten Nationen. Und wie um die katastrophische Überschneidung von Moderne und Geschichte weiter zu vertiefen, hat Wikipedia folgendes über die Entscheidung der UN zu sagen:

> Im Gebäude der Vereinten Nationen in New York, am Eingang zum Security Council Room, ist eine Wandteppichreproduktion von Picassos *Guernica* als Erinnerung an die Grauen des Krieges ausgestellt. Die Reproduktion wurde von Nelson Rockefeller in Auftrag gegeben und finanziert und ist nicht ganz so monochromatisch wie das Original, sondern weist verschiedene Brauntöne auf. Am 5. Februar 2003 wurde das Gemälde durch einen langen, blauen Vorhang verdeckt, damit es während der Pressekonferenz von Colin Powell und John Negroponte nicht gesehen werden konnte. Am nächsten Tag wurde behauptet, der Vorhang sei auf Wunsch der Fernsehreporter angebracht worden, die sich über die wilden Linien und schreienden Figuren, die ein schlechter Fernsehbild-Hintergrund seien, sowie das Hinterteil eines Pferdes direkt über dem Gesicht der Sprecher beschwert hätten. Tatsächlich aber enthüllten Diplomaten gegenüber Journalisten, dass die Bush-Regierung Druck auf die Vereinten Nationen ausgeübt hatte, den Wandteppich abzudecken, damit er nicht im Hintergrund zu sehen wäre, wenn Powell und andere U. S. Diplomaten für einen Krieg im Irak argumentierten.[60]

Auch heute noch stehen wir vor komplexen, katastrophalen Konstellationen, die fragen: „Haben *Sie* das getan?“

60 Guernica (Picasso). In: *Wikipedia*. https://en.wikipedia.org/wiki/Guernica_(Picasso) (Zugriff am 21.04.2016, Übers. M.Z.).

6.
Wünsche, Versprechen und Drohungen
Walter Benjamins performative Erzählungen

> Damit, dass man nach den Anfängen sucht, wird man Krebs. Der Historiker sieht rückwärts; endlich glaubt er auch rückwärts.
> Friedrich Nietzsche: *Götzen-Dämmerung*

> Unter diesen Umständen kann wahre literarische Aktivität nicht beanspruchen, in literarischem Rahmen sich abzuspielen – vielmehr ist das der übliche Ausdruck ihrer Unfruchtbarkeit. Die bedeutende literarische Wirksamkeit kann nur in strengem Wechsel von Tun und Schreiben zustande kommen.
> Walter Benjamin: *Einbahnstraße*

Mit *Einbahnstraße,* publiziert 1928, einem von Benjamins frühen Versuchen, Techniken der Literaturwissenschaft auf das Leben zu übertragen, legte er die Grundlage für eine Performativität in der philosophischen Praxis. Das kurze, dieses Kapitel einleitende Zitat aus diesem Werk behauptet, dass nur „in strengem Wechsel zwischen Tun und Schreiben" jene – laut Benjamin – „bedeutende literarische Wirksamkeit" erzeugt werden kann. Es handelt sich hier um eine Form des performativen Schreibens, weil es eine zusätzliche Dimension enthält, die ich zuvor als ‚vorgeschriebene Form körperlicher In-Szene-Setzung' bezeichnet habe. Durch die konstante Wechselbewegung zwischen Handlung und Schreiben werden die diskursiven Praktiken von Theater und Philosophie miteinander verwoben und erzeugen eine diskursive Formation, die eine performative Modalität inkorporiert (im wörtlichen Sinne von Verkörperung). Das bereits erwähnte Denkbild ist der Begriff, der für diese Art des Schreibens benutzt wird. Diese literarische Technik wurde von einer kaum definierten Gruppe aus Autoren und Philosophen praktiziert, unter anderem, neben Benjamin selbst, Franz Kafka, Bertolt Brecht, Ernst Bloch, Siegfried Kracauer, Robert Musil und nach dem Zweiten Weltkrieg auch Theodor Adorno.[1] *Einbahnstraße* ist eine Sammlung von solchen Denkbildern.

Auch wenn es wichtige Unterschiede zwischen den vielen Autoren gibt, bringt ein Denkbild normalerweise eine abstrakte philosophische Überlegung durch eine kurze Erzählung oder Beschreibung zum Ausdruck, die emblematischen Charakter hat. Diese Form ist nah mit der Tradition des barocken Emblems verwandt, auch wenn Denkbilder meistens kein visuelles Bild einschließen. In diesem Sinne ist Benjamins Text über das Bild von Paul Klee eine Ausnahmeerscheinung, denn es beinhaltet das Gemälde zwar nicht im eigentlichen Sinne, verweist aber darauf: „Es gibt ein Bild von Klee, das *Angelus Novus* heißt ..."

Während das barocke Emblem nach der Harmonisierung seiner unterschiedlichen Teile strebt, lenkt das Denkbild Aufmerksamkeit auf die Notwendigkeit, die Situation und die Bilder immer wieder in Betracht zu ziehen und neu zu überdenken. In der Regel werden diese Bilder konkret und mit exakten Begriffen beschrieben. Daraus ergibt sich eine Art Ausdehnung, welche die Beteiligung der Leser*innen verlangt – sie können nicht im Zustand ‚passiv' Beobachtender verbleiben, sondern werden zu aktiven Teilnehmer*innen an jener performativen Situation, die der Text inszeniert. Denkbilder können sogar eine Moral vorstellen, so zum Beispiel Rilkes *Archaischer Torso Apollos*, das, obwohl es sich um ein Gedicht handelt und sich einer Statue widmet, denkbildnerischen Charakter hat. Nachdem Rilke die Schönheit

1 Nach Klaus Berghahn lassen sich diesem Genre neben Walter Benjamins *Einbahnstraße* auch Siegfried Kracauers *Die Angestellten* (1930), Ernst Blochs *Spuren* (1930), Bertolt Brechts *Geschichten von Herrn Keuner* (1926–34), Robert Musils *Nachlass zu Lebzeiten* (1936) und Theodor Adornos *Minima Moralia: Reflexionen aus dem beschädigten Leben* (1944) zurechnen. Vgl. Klaus L. Berghahn: A View through the Red Window: Ernst Bloch's *Spuren*. In: Jamie Owen Daniel / Tim Moylan (Hrsg.): *Not Yet: Reconsidering Ernst Bloch*. London / New York: Verso 1997, S. 202–214. Nach meinem Verständnis lassen sich viele von Kafkas Kurzgeschichten, wie *Das nächste Dorf*, dieser Liste zurechnen.

einer Statue beschrieben hat, endet das Gedicht abrupt mit dem Satz: „Du mußt dein Leben ändern."[2] Die Schönheit der Statue erzeugt für ‚Dich', die/den Leser*in, die Notwendigkeit, ‚dein' Leben zu ändern. Sie stellt einen Imperativ dar, der ‚deine' Zukunft betrifft.

Ein Denkbild fordert also seine Leser*innen nicht nur dazu auf, die von der Erzählung präsentierte, konkrete Situation zu visualisieren und eine manchmal rätselhafte Sachlage mittels der eigenen Fantasie in Szene zu setzen, sondern häufig auch dazu, sich mit den praktischen Folgen solch kontemplativer Aktivitäten auseinanderzusetzen. Dabei ist der Vorgang der Textinterpretation genau jenes performative Szenario, durch welches die Lesenden in die Situation hineingezogen und ‚inszeniert' werden. Zumindest die von Benjamin verfassten Denkbilder verkehren in ihrer Strategie dabei den einleitenden Satz des *Trauerspiel-Buchs* (das, wie ich zuvor schon erwähnt habe, zutiefst in den barocken Traditionen verwurzelt ist): „Es ist dem philosophischen Schrifttum eigen, mit jeder Wendung erneut vor der Frage der Darstellung zu stehen."[3] Statt sich auf philosophische Weise mit Darstellungsfragen auseinanderzusetzen, zwingt das konkrete Narrativ des Denkbilds seine Leser*innen dazu, in eine komplexe dramatische Situation hineinzutreten, die allmählich entsteht, und sie dadurch in ihren darstellerischen Dimensionen zu entfalten. Benjamins Denkbilder enthalten eine Einladung, und wenn die Leser*innen sich an seine impliziten Regieanweisungen halten, werden sie schließlich unweigerlich in eine Konfrontation mit philosophischen Fragestellungen hineingezogen. Unabhängig aber vom Ausgangspunkt – Philosophie oder Darstellung – ist das Wichtigste, dass Benjamin zeigt, wie beide Sphären miteinander interagieren und verwoben sind.

Im Abschnitt „Chinawaren" findet sich in *Einbahnstraße* der folgende kurze Text:

> Die Kraft der Landstraße ist eine andere, ob einer sie geht oder im Aeroplan darüber hinfliegt. So ist auch die Kraft eines Textes eine andere, ob einer ihn liest oder abschreibt. Wer fliegt, sieht nur, wie sich die Straße durch die Landschaft schiebt, ihm rollt sie nach den gleichen Gesetzen ab

2 Rainer Maria Rilke: Archaischer Torso Apollos. In: Ders.: *Gedichte. 1895–1910*, hrsg. v. Manfred Engel / Ulrich Fülleborn. Frankfurt am Main / Leipzig: Insel 1996, S. 513.

3 Benjamin: *Ursprung des deutschen Trauerspiels*, S. 207.

> wie das Terrain, das herum liegt. Nur wer die Straße geht, erfährt von ihrer Herrschaft und wie aus eben jenem Gelände, das für den Flieger nur die aufgerollte Ebene ist, sie Fernen, Belvederes, Lichtungen, Prospekte mit jeder ihrer Wendungen so herauskommandiert, wie der Ruf des Befehlshabers Soldaten aus einer Front. So kommandiert allein der abgeschriebene Text die Seele dessen, der mit ihm beschäftigt ist, während der bloße Leser die neuen Absichten seines Inneren nie kennen lernt, wie der Text, jede Straße durch den immer wieder sich verdichtenden inneren Urwald, sie bahnt: weil der Leser der Bewegung seines Ich im freien Luftbereich der Träumerei gehorcht, der Abschreiber aber sie kommandieren läßt. Das chinesische Bücherkopieren war daher die unvergleichliche Bürgschaft literarischer Kultur und die Abschrift ein Schlüssel zu Chinas Rätseln.[4]

Dieser kurze Text beginnt mit dem Vergleich zweier Formen des Reisens: dem Laufen auf einer Landstraße und dem Fliegen über eine Landschaft in einem Flugzeug. Im Kern beider Bewegungsformen findet sich die *Figur* der Reise, welche für die von mir entwickelte Auffassung des Performativen zentral ist – beginnend mit Ödipus bis hin zu Kafkas Prosatext. Im nächsten Satz wendet Benjamin diesen grundlegenden Vergleich an, um das Lesen, das wie Fliegen sei, vom Abschreiben eines Texts zu unterscheiden, bei dem sich der Reisende langsam und akribisch durch einen Text ‚bewegt' und mit den Einzelheiten des von ihm beschrittenen Wegs vertraut macht. Aus dem ländlichen *Flaneur*, der hier im übertragenen Sinne eine Straße erwandert und sorgfältig die exakten Details der ihn umgebenden Landschaft wahrnimmt, verwandelt sich der Abschreiber im letzten Teil des Benjamin'schen Texts dann in einen Militärkommandeur, der sich in totaler Kontrolle der ihn umgebenden Szenerie befindet.

Das militärische Bild mag als unpassende Analogie erscheinen, aber ich gehe davon aus, dass Benjamin hier auf die Problematiken hinweisen möchte, die der Versuch einer kompletten Besetzung des literarischen Terrains und eines Überblicks über all seine Details beinhaltet. Wie wir später sehen werden, kehrt er in seinen Denkbild-Erzählungen immer wieder zu Bildern des Krieges zurück. Nach dem

4 Walter Benjamin: Einbahnstraße. In: Ders.: *Gesammelte Schriften*, Bd. IV.1, hrsg. v. Tillman Rexroth. Frankfurt am Main: Suhrkamp 1972, S. 83–148, hier S. 89–90.

Einsatz der Soldaten kommt Benjamin in „Chinawaren" auf zwei Ebenen zu Schlussfolgerungen und löst eine dynamische Beziehung zwischen Text und ‚Reisendem' aus. Ganz am Ende des kurzen Texts zieht er ein allgemeineres Fazit und behauptet, dass die chinesische Tradition des Buchkopierens etwas sehr Zentrales über die Raffinesse dieser Kultur verrät bzw. gar als Schlüssel zu ihren versteckten Mysterien dient. Aber bevor er zu dieser eher unpersönlichen Konklusion kommt, vergleicht Benjamin die Wirkungen, die Lesen und Abschreiben auf die Seele haben. Die Praxis des Abschreibens „kommandiert [...] die Seele" so wie der Militärkommandeur seine Soldaten. Sie befähigt den Abschreibenden, „neue Absichten seines Inneren" kennenzulernen, bevor er sich dann, wie Benjamin schreibt, ganz dem Kommando des Texts überlässt. Der oder die Abschreibende ist dadurch in der Lage, den „inneren Urwald" seiner eigenen Seele zu betreten. Auf der anderen Seite gehorcht der/die Leser*in der „Bewegung seines Ich im freien Luftbereich der Träumerei" und so kann er oder sie den Details des Texts nicht folgen.

Es handelt sich um einen bemerkenswerten Text: Zunächst, weil Benjamin damit seine eigene forschende Praktik aufwertet, mit der er vor allem in den 1930er Jahren seine Tage in der Bibliothèque Nationale in Paris verbringt. Dort macht er Notizen und unternimmt akribische Vorbereitungen für das, was eine unabgeschlossene Zitatsammlung bleiben sollte, *Das Passagen-Werk*. Er beschreibt diese Tätigkeit hier indirekt als eine Form der Kapitulation, die im Gegensatz zu einer „Bewegung seines Ich im freien Luftbereich der Träumerei" steht. Offenbar begreift sich Benjamin als Gefangenen seiner eigenen Forschungsaktivitäten. Hannah Arendt behauptet darüber hinaus, Benjamin entwerfe ein „Ideal davon, eine Arbeit zu produzieren, die vollständig aus Zitaten besteht und die so gebieterisch aufgebaut ist, das sie auf jeden Begleittext verzichten kann."[5] Bevor er zitiert, war für Benjamin aber das Abschreiben wichtig. Und das *Passagen-Werk* besteht heute in seiner publizierten Form genau aus diesen Passagen, die Benjamin aus den Büchern in der Bibliothèque Nationale abgeschrieben hat. Die Zitate, die von seinen eigenen Gedankengängen durchsetzt sind, sind in Kategorien eingeteilt. Durch diese Kategorien

5 Hannah Arendt: Introduction to Illuminations. In: Walter Benjamin: *Illuminations*. London: Cape 1970, S. 1–55, hier S. 47 (Übers. M.Z.).

werden jene dicht strukturierten Konstellationen aus Zitaten und Reflexionen erzeugt, die, so Benjamin, die Emergenz der Kultur der Moderne zum Ausdruck bringen. Es ist sogar möglich, die Behauptung aufzustellen, dass die Moderne selbst – und dies trifft mit Sicherheit auf die Postmoderne zu – durch die Bergung der Spuren der Vergangenheit bestimmt ist, also der ‚Trümmerhaufen' der Geschichte, und zwar durch das Abschreiben (und damit auch das Aufzeichnen) des Vergangenen.

Ein weiteres interessantes Merkmal von Benjamins Text, das eine charakteristische Eigenschaft auch vieler anderer seiner Denkbilder ist, ist direkt mit der Idee des Reisens verknüpft. Ich spreche hier bewusst von ‚Idee', denn auch wenn die von Benjamin beschriebene Straße eine konkrete ist, hat das Reisen selbst eine abstraktere Natur. Es wird häufig ausgedacht, erinnert oder rekonstruiert und als Möglichkeit einer existentiellen Projektion auf eine nur vage beschriebene Vergangenheit verstanden, statt als direkte Erfahrung präsentiert zu werden. Kafkas kurzer Prosatext *Das nächste Dorf*, der zum Gegenstand der Diskussion von Benjamin und Brecht geworden ist, inszeniert die Reise ins Exil im Sinne einer solchen Idee. Diese ‚Idee' des Reisens findet sich auch bei *Angelus Novus*, der durch die aus dem Paradies heranstürmenden Winde in eine Zukunft getragen wird. Und weil dieser Engel fliegt, kann er die einzelnen historischen Ereignisse nicht auseinanderhalten: Er sieht „eine einzige Katastrophe, die unablässig Trümmer um Trümmer häuft und sie ihm vor die Füße schleudert." Als Abschreibende können wir im Gegensatz dazu eine Kette individueller und eindeutiger Katastrophen sehen. Ich werde später darauf zurückkommen, dass dies auch die Situation des Bettlers in der Geschichte ist, die Benjamin in seinen Kafka-Essay ‚hineinkopiert' hat.

In seinem Aufsatz *Der Erzähler* aus dem Jahr 1936 nimmt Benjamin direkt Bezug auf die Beziehung zwischen Erzählen und Reisen und argumentiert, dass es zwei Formen des Erzählens gibt:

> Auch bekommt die Figur des Erzählers ihre volle Körperlichkeit nur für den, der sie beide vergegenwärtigt. „Wenn einer eine Reise tut, so kann er was erzählen", sagt der Volksmund und denkt sich den Erzähler als einen, der von weither kommt. Aber nicht weniger gerne hört man dem zu, der,

> redlich sich nährend, im Lande geblieben ist und dessen Geschichten und Überlieferungen kennt.[6]

Nach Benjamin muss der ideale, ‚vollständige' Erzähler sowohl Reisender als auch derjenige sein, der zu Hause bleibt. Diese Doppelperspektive bildet einen wichtigen Aspekt von Benjamins performativer Erzähltechnik: Wenn der Erzähler eine Geschichte erzählt, ist sein Zustand der einer Rast oder eines Stillstandes (*rest*) – er ist aber nicht wirklich „zu Hause", sondern macht Pause auf einer Reise und schafft sich damit eine temporäre Beheimatung. Während für Hamlet „der Rest [...] Schweigen" ist und für Hamm – eine Kombination aus einem versehrten, gealterten Hamlet und Hummel (aus Strindbergs *Geistersonate*) – in Becketts *Endspiel* „die Rechnung aufgeht und die Geschichte endet"[7], übernimmt Benjamin (bis zu seinem Selbstmord) die Rolle von Horatio, der damit fortfährt, Geschichte (immer wieder) zu erzählen, während Engel für Hamlets letzte Ruhe (*rest*) singen. Betrachtet man es so, dann schreibt sich auch die Reise des Erzählers bis zum Moment des temporären Innehaltens in seine Erzählung selbst ein und wird höchst bedeutsam. Und nur durch diese doppelte Perspektive von Bewegung und Innehalten können wir das erreichen, was Benjamin eine „Dialektik im Stillstand" nennt; eine dynamische Stasis, in der das Denkbild durch die Reise des Erzählers, die sich in die Bewegung der Erzählung selbst verwandelt, als Bild eines Gedankens Form annimmt. Diese narrative Dynamik leitet uns vom Moment des Stillstands zurück zu einer entfernten Vergangenheit, wo die Reise ihren Ursprung nahm. Diese grundlegende Struktur findet sich genauso in Benjamins Gedanken zu Klees Aquarellbild wie auch in der Geschichte vom Bettler und dem Hemd, auf die ich gleich zurückkommen werde. Und sie findet sich auch in Benjamins Interpretation von Kafkas *Das nächste Dorf*: „So schnell wie man ein paar Seiten zurückblättert ist sie [die Erinnerung] vom nächsten Dorf an die Stelle gelangt, an der der Reiter den Entschluß zum Aufbruch faßte."[8]

6 Benjamin: Der Erzähler, S. 440.

7 Samuel Beckett: *Endspiel*, aus d. Franz. v. Elmar Tophoven. Frankfurt am Main: Suhrkamp 1996, S. 177.

8 Benjamin: Notizen Svendborg, S. 529.

In dem Text aus *Einbahnstraße* mobilisiert Benjamin unterschiedliche erzählerische Ebenen, die metaphorisch gesprochen miteinander interagieren, und betont die Bedeutung der Beziehung zweier Reiseformen – Laufen und Fliegen. Gleichzeitig hebt er aber indirekt auch eine Auffassung des Zu-Hause-Seins hervor, einen Zustand der Rast. Das dem Wandern (als Flaneur) auf einer Landstraße entsprechende Abschreiben (Benjamins Arbeitsweise in der Bibliothèque Nationale) wird an einem Schreibtisch praktiziert. Und dieser ‚Reisende', der abschreibt oder wandert, kann „neuen Absichten seines Inneren" kennenlernen.

Wenn wir zum ursprünglichen Beispiel von Lesen und Abschreiben zurückkehren, dann ist diese doppelte Aktivität teilweise real (Abschreiben) und teilweise imaginär (Lesen). Zwischen Abschreibendem und Text entwickelt sich eine vergleichende Gegenüberstellung, die zu einer Komplexität der Gedanken führt, die ein*e Leser*in (auch dieses Texts) nicht erfahren kann, der/die hauptsächlich „der Bewegung seines Ich im freien Luftbereich der Träumerei gehorcht". Während des Lesens ist es, als befänden wir uns im Flug, degradiert zum Tagträumen und nur dazu. Auch dabei handelt es sich aber um eine mentale Form des Zu-Hause-Seins und sie erinnert uns an Walter Benjamin als Jungen, der in der im letzten Kapitel besprochenen Kindheitserinnerung aus dem Fenster seines Zuhauses schaut. Im Abschnitt aus *Einbahnstraße* werden zwei Formen des Reisens – Gehen und Fliegen – zwei klaren Ausdrücken zugeordnet: Nachdenken (über die wirkliche Erfahrung des eigenen Selbst) und Tagträumen. Und diese beiden Ausdrucksformen interagieren in ihren psychischen wie physischen Formen konstant mit ‚uns' – so wie wir im Gegenzug dieses Buch *jetzt in diesem Moment* entweder lesen oder abschreiben.

Ich habe mich dazu entschlossen, „Chinawaren" tatsächlich selbst abzuschreiben. Es war eine ganz besondere Erfahrung, die von Benjamin vorgeschlagene Methode des Abschreibens und Nachahmens genau mit diesem Text in eine eigene Praxis zu überführen. Benjamin argumentiert, dass sich über das Abschreiben eine Wechselbeziehung mit dem Text herstellt, welche zum Beispiel das ‚Copy/Paste'-Vorgehen am Computer – ganz im Sinne des Reisens per Flugzeug oder sogar Satellit – niemals eröffnen kann. Benjamin sagt, dass das Abschreiben eines Texts dem Abschreibenden direkt involviert zu sein erlaubt, indem es ihn oder sie mit der eigenen performativen Fantasie verflicht. Je genauer man sich mit den Details von „Chinawaren" beschäftigt, desto mehr wird man schrittweise einbezogen und von der Möglichkeit ermutigt, dass man an diesem Text seinen Anteil hat und sich tatsächlich in seinem inszenatorischen Raum wiederfindet. Der Akt des Abschreibens erzeugt eine performative Selbstreflexivität, eine *Inszenierung*, welche die abschreibende Person einschließt. Es geht hier nicht nur um eine Form der Identifikation oder Empathie mit irgendetwas ‚im Text', also einem Ereignis oder einem Charakter, sondern um eine Form der eigenen In-Szene-Setzung, zu der der Text auffordert – die er sogar verlangt – und auf die man sich, denke ich, langsam, aber durchaus gerne einlässt.

Ein weiteres Charakteristikum dieser von Benjamin praktizierten Erzähltechnik ist das Zitieren, eine Variante der Abschrift, wie es vom Erzähler in Kafkas *Das nächste Dorf* praktiziert wird, der seinen Großvater als Quelle der Erzählung über den Reiter nennt. Immer wieder betont Benjamin, dass er die Idee oder das Narrativ eines Denkbilds nach einer anderen Quelle zitiere, jedoch zumeist ohne eine exakte Referenz anzugeben, während er bei der Arbeit an seiner Zitatensammlung für das *Passagen-Werk* peinlich genau darauf achtete. Es klingt im Allgemeinen ein gewisser Stolz durch, dass er Bilder oder Geschichten, die er erzählt, ‚nicht' erfunden habe. In *Der Erzähler* schreibt Benjamin: „Geschichten erzählen ist ja immer die Kunst, sie weiter zu erzählen, und die verliert sich, wenn die Geschichten nicht mehr behalten werden."[9] 1930 veröffentlichte Benjamin im Berliner Magazin *Uhu* – das ein Jahr zuvor die Erzählung über Brechts Autounfall veröffentlicht hatte – eine Geschichte. In „Myslowitz – Braunschweig – Marseille: Die Geschichte eines Haschisch-Rausches" erzählt Benjamin von den tragischen Konsequenzen, die das Rauchen von Haschisch für die finanziellen Verhältnisse eines jungen, wohlhabenden Mannes hat und wie er eine Million verliert. Benjamin beginnt seine Erzählung mit der emphatischen Bekundung, dass er nicht aus persönlicher Erfahrung schreibe. Stattdessen verweist er sofort darauf, dass er die Geschichte von jemand anderem

9 Benjamin: Erzähler, S. 446.

erzähle – Ausdruck eines „Zeitalters der Plagiate“[10], wie Benjamin sich ausdrückt.

Benjamins Auffassungen vom Weitererzählen, Zitieren und Abschreiben sind verschiedene Varianten über das Thema der Reproduzierbarkeit, die Benjamin in seinem Aufsatz *Das Kunstwerk im Zeitalter seiner technischen Reproduzierbarkeit* untersucht. Zentral argumentiert er, dass die Kunst aufgrund neuer technologischer Innovationen ihre Aura verliere. Auch im *Erzähler* geht es um die Feststellung, dass die Erzählkunst ihre Aura verloren habe. Aber in seiner eigenen Rolle als Erzähler – davon legen die vielen Erzählungen in seinen Aufsätzen deutliches Zeugnis ab – strebt Benjamin nach der Wiederherstellung einer Aura, welche die Künste seiner Zeit sowie die Erzählkunst verloren haben. Wie wir später genauer sehen werden, unternimmt er paradoxerweise sowohl im Fall der Haschischgeschichte als auch im Fall des Bettlers den Versuch, durch Erzählungen über Verlust (in diesen Fällen der Verlust von einer Million oder eines Hemds und eines Königreichs) künstlerische, ästhetische und metaphysische Auren zurückzugewinnen bzw. wiederherzustellen. Der Verlust von materiellem Wohlstand oder von Objekten fungiert hier als Quelle – als Ursprung des Versuchs, etwas viel Allgemeingültigeres und Wichtigeres zu retten.

Bevor ich den Beginn von Benjamins Erzählung über den jungen Mann zitiere, der eine Million verloren hat, möchte ich darauf hinweisen, dass der im ersten Satz erwähnte Maler-Erzähler Scherlinger eine ausgedachte Figur ist. Sein Name ist dem Gift Schierling wortverwandt, das Sokrates getrunken und das ihn getötet hat. Im Publikationsjahr dieser Erzählung (1930) veröffentlichte außerdem der Philosoph und enge Freund Benjamins Ernst Bloch *Spuren*, seine eigene Sammlung von Denkbildern. Wie ich später zeigen werde, gab es zwischen den beiden einen versteckten Streit über die Frage, wer der Urheber der Geschichten war, die sie erzählten. Benjamin hatte offenbar gute Gründe, Bloch gegenüber kritisch zu sein, wenn er ihn

10 Walter Benjamin: Myslowitz – Braunschweig – Marseilles: Die Geschichte eines Haschisch-Rausches. In: Ders.: *Gesammelte Schriften*, Band IV.2, hrsg. v. Rolf Tiedemann / Hermann Schweppenhäuser. Frankfurt am Main: Suhrkamp 1972, S. 729–737, hier S. 729.

auch eindeutig bewunderte.[11] Benjamins Erzählung jedenfalls beginnt folgendermaßen:

> Die Geschichte ist nicht von mir. Ob der Maler Eduard Scherlinger, den ich an jenem Abend, als er sie erzählte, zum ersten und zum letzten Male sah, ein großer Erzähler war oder nicht, darüber will ich mich nicht auslassen, weil sich in diesem Zeitalter der Plagiate immer einige Hörer finden, die einem grade dann eine Geschichte zuschreiben werden, wenn man erzählt, sie sei nur getreu wiedergegeben. Ich vernahm sie aber an einem der wenigen klassischen Orte, die Berlin fürs Erzählen und Zuhören hat, eines Abends, bei Lutter & Wegener. Es saß sich gut um den runden Tisch in unsrer kleinen Gesellschaft, die Gespräche aber waren schon längst zerflattert und lebten nur kümmerlich und gedämpft in Gruppen von Zweien oder Dreien, ohne voneinander Notiz zu nehmen. Da ließ in irgendeinem Zusammenhang, den ich niemals erfahren habe, mein Freund, der Philosoph Ernst Bloch, den Satz fallen, es gäbe niemanden, der nicht schon einmal im Leben ums Haar Millionär geworden wäre. Man lachte. Man hielt den Satz für eines seiner Paradoxa. Aber dann ging es sonderbar. Je länger, je lieber begannen wir mit dieser Behauptung uns zu beschäftigen, sie zu debattieren, um schließlich einen nach dem anderen nachdenklich werden und an den Punkt gelangen zu sehen, da er in seinem Leben die Millionen am nächsten gestreift hatte. Aus den mehreren sonderbaren Geschichten, die dabei zum Vorschein kamen, stammt also die von dem verschollenen Scherlinger, und ich gebe sie möglichst mit seinen eigenen Worten wieder.[12]

Nach diesem einleitenden Absatz, in dem die Erzählsituation selbst zum Gegenstand der Darstellung wird (eine Gruppe Freunde versammelt sich in einem bekannten Berliner Restaurant um einen Tisch, und zwar an demselben Platz, dem Gendarmenmarkt, zu dem Kierkegaard wiederholt zurückkehrt), lässt Benjamin Scherlinger selbst davon erzählen, wie er wegen eines Haschischrausches die Möglichkeit verlor, eine Million zu verdienen. Die Idee, eine Erzählung zu wiederholen, die man von jemand anderem gehört hat, ist nicht nur ein wichtiges, performatives Charakteristikum von Benjamins

11 Ich weiß nicht, ob Benjamin zum Zeitpunkt der Veröffentlichung dieser Erzählung schon die Denkbilder-Kollektion von Bloch gelesen hatte.

12 Benjamin: Myslowitz – Braunschweig – Marseilles, S. 729.

Denkbildern, sondern wiederholt auch einen wichtigen Aspekt von Platons *Gastmahl.*

Gerhard Richter hat in seiner Auseinandersetzung mit den Denkbildern darauf hingewiesen, dass dieses literarische Genre „die konventionellen Unterscheidungen von Literatur, Philosophie, journalistischer Erfindung und kultureller Kritik sowohl beleuchtet als auch aufsprengt."[13] Er schreibt, „das Denkbild arbeitet immer als doppeltes Performativ", durch welches

> es die Beziehung zwischen dem Universalen und dem Singulären aufführt: jedes Denkbild thematisiert etwas Einzigartiges – in anderen Worten: es handelt von ‚etwas' und dieses ‚von etwas' eröffnet größere Fragen des Schreibens bis zu dem Punkt, dass jedes Denkbild unabhängig von seinem spezifischen Thema schon in sich die spezifische Exemplifizierung einer größeren, universalen Idee der Literatur ist.[14]

Dieser Aspekt der Denkbilder – der an Hamlets Anweisung an die Schauspieler erinnert, „die Gebärde dem Wort, das Wort der Gebärde" (III.15) anzupassen – kombiniert Denken und Handeln durch einen selbst-reflexiven, performativen Gestus, der beständig zwischen dem ‚Performen' eines bestimmten Denkbilds und dem Nachdenken über ‚die universale Idee von Literatur' oszilliert. Dieses selbstreflexive Moment basiert nach Richter nicht nur auf der Tatsache, dass jemand eine bereits existierende Geschichte wiedergibt, sondern dass Denkbilder die Gesamtheit des Literarischen zitieren. Das wiederum, so Richter,

> hilft uns zu fragen, ob es ein politisches Potential in der Literatur geben kann, also danach, ob es in der Literatur ein Versprechen geben kann, dass über das Lustprinzip hinausgeht. Und wenn ja, was es für dieses Versprechen bedeutet, sich auf der anderen Seite durch Mimesis und auf Realismus basierender Kritik zu entfalten.[15]

13 Gerhard Richter: *Thought-Images: Frankfurt School Writers' Reflections from "Damaged Life"*. Stanford: Stanford UP 2007, S. 7 (Übers. M. Z.).

14 Ebd., S. 26.

15 Ebd.

Die Behauptung, dass jede literarische Arbeit ein Versprechen beinhaltet, also einen ‚Sprechakt' in einer öffentlichen, politischen Arena, ist sowohl Garantie als auch Hoffnung für eine stets offen bleibende prozessuale Performativität und ermöglicht den Zugang zu einer Erfahrung, die jenseits der traditionell anerkannten Funktionen von Literatur liegt.

Man muss diesen Gedankengang genau untersuchen: Er widmet sich einem in Texten eingeschlossenen Versprechen, dass die Leser*innen – mit Richter gedacht – dazu in der Lage sein werden, dessen performative Dimension in Handlungen, sogar politischer Natur, umzuwandeln – was den Text in einem viel weiteren Sinne als performativ begreift, als gewöhnlich anerkannt wird. Das Versprechen in dem zitierten Text über Lesen und Abschreiben ist zwar nicht vordergründig politisch, trotzdem können wir hier ein Versprechen finden. Es sagt, ‚wenn' wir diesen Text abschreiben, ‚dann' werden wir nicht nur seine verborgene Botschaft begreifen, sondern auch neue Aspekte unseres inneren Selbst entdecken, die uns durch die Aktivität des Abschreibens zugänglich werden. Auch wenn dieses Versprechen nicht durch die Form eines Satzes ausgedrückt wird, der mit den Worten ‚Ich verspreche, dass …' beginnt, enthält dieses Versprechen eine Dimension der Sprache, die von Linguisten wie John L. Austin und John Searle als ‚Sprechakt' beschrieben wurde: Die Überzeugung, dass verbale Ausdrücke als Formen von Handlung verstanden werden können und Sprache etwas Performatives ist. Insbesondere stellt sich hier die Frage, wie solche Sprechakte mit der Zukunft zusammenhängen, denn mit einem Versprechen verschieben wir eine bestimmte Handlung – nämlich die Erfüllung des Versprechens, das zu einem bestimmten Zeitpunkt gegeben wird – zeitlich in die Zukunft, in der gewisse Bedingungen erfüllt sein werden.

Zusammen mit dem Versprechen – das die bedeutendste Sprechakt-Dimension ist, die in Benjamins Text über Lesen und Abschreiben inszeniert wird – werde ich zwei weitere Formen von Sprechakten in Benjamins Denkbildern untersuchen, die einen zeitlichen Aufschub auf Zukünftiges beinhalten: Wünsche und Drohungen. Benjamins performativer Einsatz von Versprechen, Wünschen und Drohungen, und möglicherweise anderen Arten von Sprechakten, stellt eine zusätzliche Dimension in den komplexen Formen von Performativität dar, die sein Text aktiviert. Genau an dieser Stelle werden die Leser*innen ‚eingeladen', Teil zu haben und aktiv Teil zu werden. Es handelt sich hier natürlich um eine ambitionierte These (*claim*), die im Idealfall sowohl eine Diskussion jener durch Austin und Searle eingeführten, traditionell weiter verbreiteten Kategorien der Sprechakte beinhalten würde sowie den Versuch, ihre bereits erwähnte tief sitzende Feindlichkeit gegenüber dem fiktionalen Diskurs im Generellen und dem Theater im Besonderen auszubalancieren. Ich habe den Begriff der Performativität bereits weit über das Maß jenes linguistischen Verständnisses ausgedehnt, auf das ich mich zuvor bezogen habe. Insbesondere, da ich kontextuelle Komponenten wie den Wettstreit (‚agon'), die Begegnung mit dem Übernatürlichen (*Hamlet*) und die Furcht davor, vom Wahnsinn überwältigt zu werden (Strindberg und Nietzsche), berücksichtigt und diskutiert habe. Deshalb mag der Hinweis ausreichen, dass die von Benjamin eingeführten Formen der Performativität hauptsächlich auf Kommunikationsweisen basieren, die direkt mit rituellen Aspekten der Sprache und des Erzählens verbunden sind. All diese Kommunikationsformen wurden von Austin und Searle aus ihrer formalen (und begrenzenden) linguistischen Analyse ausgeschlossen. Ich hoffe aber, dass meine abschließenden Beispiele ausreichen, diese Überlegungen zu unterstützen.[16]

Die zentralen Sprechakte in Benjamins Denkbildern sind Versprechen, Drohungen (die in einigen Fällen auch Warnungen sein können) und Wünsche. Ihre Gemeinsamkeit ist, dass sie etwas formulieren, das zukünftige Konsequenzen sowohl für Sprecher*in als auch die Zuhörer*innen haben kann; zugleich können diese Sprechakte oft eine entfernte Vergangenheit heraufbeschwören. Unter diesen Sprechakten beschreibt Douglas Walton Versprechen und Drohungen als

16 Joseph Hillis Miller hat in *Speech Acts in Literature* sehr überzeugend auf die unerlässliche Präsenz des Theaters in Austins *Theorie der Sprechakte* hingewiesen. Vgl. auch de Vries: Must We (NOT) Mean What We Say? De Vries untersucht die grundlegenden Debatten um das Austin-Zitat von Hippolytus – „Meine Zunge hat geschworen, mein Herz (oder Geist oder sonst ein Künstler hinter den Kulissen) aber nicht." (Austin: *Zur Theorie der Sprechakte*, S. 32.) Aber diese Diskussion geht über den Umfang der hier vorliegenden Studie hinaus. Es ist allerdings wichtig, darauf hinzuweisen, dass Benjamin und seine scharfsinnigen Überlegungen zur Beziehung zwischen Sprache und dem Performativen in diesen Debatten nicht prominent vorkommen.

„verpflichtende Sprechakte", da sie den Sprechenden an eine künftige Handlung binden, und die im Fall der Drohungen auch den impliziten Effekt eines grammatikalischen Imperativs haben können.[17] Der Wunsch andererseits ist eine fast tautologische Form des Ausdrucks und aus diesem Grund stehen seine rituellen Funktionen im Vordergrund – ‚Wenn mein Wunsch wahr wird, wird sich mein Begehren erfüllen und ich werde das haben, was ich mir gewünscht habe' –, die klare Implikationen für die Zukunft haben. Zugleich ist der Wunsch aber auch mit der Dimension des Ursprungs verbunden, weil er zumindest in Benjamins Verständnis mit etwas verbunden ist, das verloren wurde. Wünsche können so verstanden sogar mit Gebeten verglichen werden, die ritualisiert wiederholt werden, um eine Art von metaphysischem Wesen um etwas zu bitten, das fehlt oder unwiederbringlich verloren scheint. Wie Sigmund Freud in *Die Traumdeutung* systematisch gezeigt hat, kann der Traum „einen Wunsch als erfüllt"[18] darstellen. Der Wunsch ist eine starke Trope. Er drückt Begehren aus, verweist uns direkt auf Eros und auf die metaphysischen Sehnsüchte im *Gastmahl* sowie auf die Welten der Fantasie, der Vorstellung und der Kreativität, die den Träumen des Individuums entspringen.

Der letzte Teil von Benjamins Kafka-Essay, „Sancho Pansa", wird von einer Erzählung eingeleitet, die nicht von Kafka ist und die ich schon im Kontext der Diskussion von Brecht und Benjamin über Kafkas *Das nächste Dorf* erwähnt (und zitiert) habe. Benjamin führt uns mit dieser Erzählung, wie er schreibt, „tief in den Haushalt von Kafkas Welt":

> In einem chassidischen Dorf, so erzählt man, saßen eines Abends zu Sabbath-Ausgang in einer ärmlichen Wirtschaft die Juden. Ansässige waren es, bis auf einen, den keiner kannte, einen ganz ärmlichen, zerlumpten, der im Hintergrunde im Dunkeln einer Ecke kauerte. Hin und her waren die Gespräche gegangen. Da brachte einer auf, was sich wohl jeder zu

17 Douglas N. Walton: Practical Reasoning and the Structure of Fear Appeal Arguments. In: *Philosophy and Rhetoric* 29,4 (1996), S. 301–313 (Übers. M. Z.).

18 Sigmund Freud: *Die Traumdeutung. Gesammelte Werke*, Bd. 2/3, hrsg. v. Anna Freud. Frankfurt am Main: Fischer 1942, S. 128. Siehe auch Sarah Ley Roff: Benjamin and Psychoanalysis. In: David Ferris (Hrsg.): *The Cambridge Companion to Walter Benjamin*. Cambridge: Cambridge UP 2004, S. 115–133.

wünschen dächte, wenn er einen Wunsch frei hätte. Der eine wollte Geld, der andere einen Schwiegersohn, der dritte eine neue Hobelbank, und so ging es die Runde herum. Als jeder zu Worte gekommen war, blieb noch der Bettler in der dunklen Ecke. Widerwillig und zögernd gab er den Fragern nach: „Ich wollte, ich wäre ein großmächtiger König und herrschte in einem weiten Lande und läge nachts und schliefe in meinem Palast und von der Grenze bräche der Feind herein und ehe es dämmerte wären die Berittenen bis vor mein Schloß gedrungen und kein Widerstand gäbe es und aus dem Schlaf geschreckt, nicht Zeit mich auch nur zu bekleiden, und im Hemd, hätte ich meine Flucht antreten müssen und sei durch Berg und Tal und über Wald und Hügel und ohne Ruhe Tag und Nacht gejagt, bis ich hier auf der Bank in eurer Ecke gerettet angekommen wäre. Das wünsche ich mir." Verständnislos sahen die anderen einander an. – „Und was hättest du von diesem Wunsch?" fragte einer. – „Ein Hemd" war die Antwort.[19]

Der einletende Nebensatz „so erzählt man" hebt wieder einmal hervor, dass Benjamin diese Erzählung aus anderer Quelle ‚abschreibt' bzw. zitiert. Zum Schabbat-Ausgang, also nach der sogenannten *Se'udah shlishit* (hebr.: das ‚dritte Mahl'), singen die Teilnehmenden traditionell Lieder oder erzählen Geschichten, während sie darauf warten, dass drei Sterne am Himmel zu sehen sind, die das Ende des Schabbat signalisieren. Hier finden wir einen weiteren Aspekt der selbstreflexiven Performativität von Benjamins Kunst des Erzählens: er erzählt von einem Ereignis des Erzählens.

Die Herausgeber von Benjamins *Gesammelten Schriften* geben einen Hinweis darauf, dass diese „Geschichte [...] als jüdischer Witz geläufig [war]; s. in jüdischen Witzbüchern um 1900"[20]. Liliane Weissberg hat stattdessen – allerdings ohne Angabe einer exakten Quelle – die Behauptung aufgestellt, die Erzählung entstamme einer von Bubers

19 Benjamin: Franz Kafka, S. 433.

20 Anmerkungen der Herausgeber zum Kafka-Aufsatz in Walter Benjamin: *Gesammelte Schriften*, Bd. II.3, hrsg. v. Rolf Tiedemann / Hermann Schweppenhäuser. Frankfurt am Main: Suhrkamp 1977, S. 1153–1276, hier S. 1275; vgl. auch ders.: Der Wunsch. In: Ders.: *Gesammelte Schriften*, Bd. IV.2, hrsg. v. Tillman Rexroth. Frankfurt am Main: Suhrkamp 1991, S. 759–760.

Kollektionen chassidischer Geschichten.[21] Mir war es bisher nicht möglich, diese kurze und rätselhafte Erzählung tatsächlich zu dieser oder einer anderen spezifischen Quelle zurückzuverfolgen. Benjamins enger Freund Ernst Bloch hatte aber bereits zuvor eine andere Version dieser Geschichte in seine Textsammlung *Spuren* aufgenommen.[22] Es erscheint wahrscheinlich, dass Bloch diese Geschichte tatsächlich von Benjamin selbst gehört hat. Wie wir bereits gesehen haben, haben Benjamin und Bloch sich anscheinend zu Erzählrunden in Restaurants getroffen, genauso wie diese chassidische Erzählung vom Geschichtenerzählen in einem Gasthaus nach dem gemeinsamen Essen handelt. In der Korrespondenz zwischen Benjamin und Scholem (in Jerusalem) aus dem Sommer 1934 findet sich ein direkter Hinweis auf die Tatsache, dass es zwei Geschichten gibt (auf die andere werde ich in Kürze zurückkommen), die sowohl in Benjamins Kafka-Essay sowie in Blochs *Spuren* vorkommen. Während Benjamin Brecht in Dänemark besuchte, schickte er seinen Kafka-Essay an Scholem. Im letzten Absatz seines Briefs vom 9. Juli 1934 fragt Scholem plötzlich:

> Und eine Frage: von wem stammen nun eigentlich diese vielen Erzählungen: hat Ernst Bloch sie von Dir oder Du von ihm? Der auch bei Bloch erscheinende große Rabbi mit dem tiefen Diktum über das messianische Reich bin *ich* selber; so kommt man noch zu Ehren!! Es war eine meiner ersten Ideen über die Kabbala.[23]

21 Liliane Weissberg: Philosophy and the Fairy Tale: Ernst Bloch as Narrator. In: *New German Critique* 55 (1992), S. 21–44. Siehe auch Günther Oesterle: Vom Wünschen und Erzählen: Eine chassidische Geschichte und ihre Variationen bei Ernst Bloch und Walter Benjamin. In: Patrik Primavesi / Olaf A. Schmitt (Hrsg.): *AufBrüche: Theaterarbeit zwischen Text und Situation*. Berlin: Theater der Zeit 2004, S. 183–186.

22 Ernst Bloch: Fall ins Jetzt. In: Ders.: *Spuren*. Frankfurt am Main: Suhrkamp 1995, S. 98–99.

23 Gershom Scholem am Walter Benjamin, 09.07.1934, Nr. 56. In: Walter Benjamin / Gershom Scholem: *Briefwechsel*, hrsg. v. Gershom Scholem. Frankfurt am Main: Suhrkamp 1985, S. 153–154, hier S. 154. In einer Notiz zu diesem Brief fügt Scholem an: „In Ernst Blochs *Spuren* wird von einem ‚wahrhaft kabbalistischem Rabbi' derselbe Satz zitiert, der von W. B. einem ‚großen Rabbi' zugeschrieben wird. Schon 1932 hatte er es aber, und zwar wörtlich in der von mir stammenden Fassung: ‚Alles wird sein wie hier – nur ein ganz klein wenig anders', als einen ‚Spruch

Benjamin antwortet darauf lakonisch: „[D]ie Herkunft der Geschichte aus dem ‚Kafka' bleibt mein Geheimnis, das zu lüften Dir nur bei persönlicher Anwesenheit gelingen würde, wo ich Dir dann allerdings noch eine Anzahl gleich schöner versprechen könnte."[24] Es ist nicht bekannt, ob Benjamin Scholem den Ursprung der Geschichte irgendwann enthüllt hat. Auf jeden Fall handelt es sich offensichtlich um eine Frage, die sie beide sehr beschäftigt hat.

Aber die persönlichen und manchmal angespannten Beziehungen von Benjamin, Scholem und Bloch sind nicht zentral für die vorliegende Diskussion. Die Briefe verweisen ungeachtet ihrer biographisch-historischen Bedeutung auf eine zentrale Fragestellung hinsichtlich der Performativität der Geschichte über den Bettler, zumindest in Benjamins Version, die direkt mit dem Begriff des *Ursprungs* zusammenhängt. Neben der offensichtlichen, faktischen Frage nach der tatsächlichen Quelle der Geschichte über den Bettler ist die Frage nach dem Ursprung mit einer tiefgreifenden, meta-narrativen und meta-performativen Dimension verbunden, die zur Herkunft des Bettlers in Beziehung steht: Woher er kommt, welche Art von Königreich er beherrschen wollte, bevor sein Palast von den Feinden gestürmt wurde – ein zusätzlicher Ausdruck des militärischen Aspekts in Benjamins Denkbildern, den ich zuvor erwähnt habe –, und schließlich, welche Art Reise der Bettler gemacht hat, um an dem Tisch in der Wirtschaft zu landen? Es handelt sich um die Geschichte von einem messianischen Königreich, das in der Vergangenheit liegt, und der Wunsch nach einem Hemd stellt den ersten Schritt auf dem Weg dar, dieses Königreich wiederherzustellen und es sich als Möglichkeit vorzustellen. Die Frage, die Benjamin so pointiert stellt und die in Blochs Version der Geschichte überhaupt nicht vorkommt, ist die Frage danach, wie der Weg zurück zum Ursprung gefunden werden kann, wo das imaginierte, messianische Königreich liegt. Das ist die Funktion des Wunsches.

der Chassidim von der kommenden Welt' in das Stück ‚In der Sonne' übernommen. Ich habe daran gelernt, welche Ehre man mit einem apokryphen Satz einlegen kann." (Scholem am Benjamin, 09.07.1934, Nr. 56., S. 156.)

24 Walter Benjamin an Gershom Scholem, 20.07.1934, Nr. 59. In: Ebd., S. 159–162, hier S. 161.

Zu dem Zeitpunkt, als Benjamin seinen Kafka-Essay schrieb, hatte er bereits ein ‚wissenschaftliches' Buch über die Frage des Ursprungs verfasst: Seine Habilitationsschrift *Der Ursprung des deutschen Trauerspiels*. Es wurde 1928 veröffentlicht und in seiner „Erkenntniskritischen Vorrede" formuliert er bereits in theoretischen, abstrakten Begriffen, was die Geschichte über den Bettler und das Hemd so beeindruckend konkretisiert:

> Ursprung, wiewohl durchaus historische Kategorie, hat mit Entstehung dennoch nichts gemein. Im Ursprung wird kein Werden des Entsprungenen, vielmehr dem Werden und Vergehen Entspringendes gemeint. Der Ursprung steht im Fluß des Werdens als Strudel und reißt in seine Rhythmik das Entstehungsmaterial hinein. Im nackten offenkundigen Bestand des Faktischen gibt das Ursprüngliche sich niemals zu erkennen, und einzig einer Doppeleinsicht steht seine Rhythmik offen. Sie will als Restauration, als Wiederherstellung einerseits, als eben darin Unvollendetes, Unabgeschlossenes andererseits erkannt sein. In jedem Ursprungsphänomen bestimmt sich die Gestalt, unter welcher immer wieder eine Idee mit der geschichtlichen Welt sich auseinandersetzt, bis sie in der Totalität ihrer Geschichte vollendet daliegt.[25]

Es handelt sich zweifellos um einen sehr komplexen Text, aber die Erzählung, wie der Bettler in einer Wirtschaft ankommt, in der seine Geschichte erzählt werden kann, veranschaulicht die abstrakte Bedeutung von Ursprung ganz konkret. Ursprung bezeichnet wörtlich den ‚ersten Sprung', also das Sich-In-Bewegung-Setzen – was der Bettler zu tun gezwungen war, als sein imaginärer Palast gestürmt wurde und er fliehen musste. Der Sprung ins Exil ist der Ursprung. An dieser Stelle werden auch die tiefen Unterschiede zwischen Benjamin und Nietzsche offensichtlich.

Durch seine Geschichte einer realen oder imaginierten Reise und schließlich das Ankommen an einem Ort, an dem die Geschichte über die Reise erzählt werden kann, wird der Wunsch des Bettlers

25 Benjamin: Ursprung des deutschen Trauerspiels, S. 226. Eine erhellende Diskussion dieser Passage findet sich bei Beatrice Hanssen: Philosophy at Its Origin: Walter Benjamin's Prologue to the *Ursprung des deutschen Trauerspiels*. In: *MLN* 110,4 (1995), S. 809–833, hier S. 822, Anm. 27.

zu einer Performance der Ursprünge – das „dem Werden und Vergehen Entspringende". Möglich wird diese Performance durch seine temporäre Rast in der Wirtschaft und das Erzählen. Das Bild des gewünschten Hemds wird zu einer „Dialektik im Stillstand": einem Zeitpunkt der Gefährdung mit ungewisser Zukunft, aber auch einer Zeit der Potentialitäten und der „Restauration, als Wiederherstellung". Genau aus diesem Grund, so fährt Benjamin in seinen Ausführungen fort, muss dieser Zeitpunkt als etwas „Unvollendetes, Unabgeschlossenes" verstanden werden. Das vorgestellte Hemd ermöglicht es Benjamin, den Begriff des Ursprungs genau an jener Verbindungsstelle zu imaginieren und aufzuführen, wo sich nicht nur die Wiederherstellung und die Unvollkommenheit treffen, sondern auch Philosophie und Theater. Die Geste, auf einen unsicheren, versteckten Ursprung und auf das imaginäre Königreich zu zeigen, aus dem der Bettler fliehen musste, ver- und entbirgt zur gleichen Zeit den komplexen Ursprung/Aufbruch des Denkens sowie einer performativen In-Szene-Setzung dieser Gedanken durch eine Erzählung.
Der Wunsch des Bettlers nach einem Hemd enthält auch ein implizites Versprechen: Sollte der Wunsch nach einem Hemd in Erfüllung gehen – unabhängig davon, ob es verloren oder nur ausgedacht war –, könnte er sein Königreich zurückgewinnen. Aus der Perspektive einer solch messianischen, zeitlichen Modalität ist Benjamins Erzählung über den Bettler in sich selbst zugleich ein Wunsch und ein Versprechen. Darüber hinaus artikuliert sich sogar ein Wunsch nach einem Versprechen – dem Hemd –, das sowohl ihm wie den Leser*innen ermöglichen würde, sich die Wiedergewinnung des verlorenen ‚und' imaginierten Königreichs vorzustellen. Diese radikale Ambiguität eines Wunsches nach einem solchen Versprechen bildet einen weiteren Aspekt des performativen Denkens – der Denkbilder –, das in Benjamins Version der Geschichte zum Ausdruck kommt.
Tatsächlich ein Hemd zu haben – was für den Bettler offensichtlich nicht der Fall ist – wird das erste sichtbare Zeichen sein, dieses Königreich zurückerobern zu können, und damit ein Zeichen dafür, dass es tatsächlich existiert. Das nichtexistierende Hemd wird zu dem physischen Objekt, das den Bettler mit seinem verlorenen Königreich verbindet, und es weist die eifrigen Zuhörer*innen in der Wirtschaft ebenso wie uns Leser*innen darauf hin, dass es auf einer bestimmten Ebene tatsächlich existiert hat – und nicht nur als Medium des Wunsches, ein König gewesen zu sein. Ein Hemd zu haben, wird

den Bettler nicht nur an Ort und Zeit zurückführen, wo die ausgedachte Reise ihren Ursprung nahm, als die Feinde in sein königliches Schloss eindrangen, sondern es wird ‚beweisen', dass es möglich ist, dieses Königreich wieder zu finden. Die Interaktion der imaginierten Vergangenheit des Bettlers mit der Möglichkeit, dass er eines Tages wirklich ein Hemd haben wird, eröffnet aber auch eine komplexe, apokalyptische Dimension in Benjamins Geschichte. Die Möglichkeit, dass dies nicht geschehen wird und dass der Bettler auch in der nächsten Wirtschaft ohne Hemd ankommen wird, erscheint als untergründige Drohung. Als Leser*innen von Benjamins kurzem Text mögen wir das schwierig oder sogar grausam finden, aber wir müssen sie notwendigerweise akzeptieren. Wunsch, Versprechen und Drohung vereinen sich in einem kraftvollen und konkreten Bild: dem nicht-existierenden Hemd. Im Nachdenken über dieses Hemd erfährt seine Wirklichkeit unterschiedliche Ausdrucksformen: als Wunsch, als Versprechen und auch als Drohung.

Im *Erzähler* stellt Benjamin in Verbindung mit seinem Argument, dass die „Kunst des Erzählens zu Ende geht", die Frage: „Hatte man nicht bei Kriegsende bemerkt, daß die Leute verstummt aus dem Felde kamen? nicht reicher – ärmer an mittelbarer Erfahrung."[26] Aus dieser Beobachtung, einer lokalen Beobachtung des Trümmerhaufens, den der Engel der Geschichte betrachtet, oder des Orts, von dem der Bettler tatsächlich gekommen ist, lebhaft ebenfalls zum Bild der Reise zurückkehrend, leitet Benjamin folgende Überlegung ab:

> Eine Generation, die noch mit der Pferdebahn zur Schule gefahren war, stand unter freiem Himmel in einer Landschaft, in der nichts unverändert geblieben war als die Wolken und unter ihnen, in einem Kraftfeld zerstörender Ströme und Explosionen, der winzige, gebrechliche Menschenkörper.[27]

Benjamin begibt sich als Erzähler immer wieder in dieses Szenario, an diesen Ort, und durch die komplexe Form der Performativität seiner Texte nimmt er auch seine Leser*innen, jeden einzelnen von uns, als „winzige, gebrechliche Menschenkörper" dorthin mit. Von der

26 Benjamin: Der Erzähler, S. 439.
27 Ebd.

ursprünglichen Trias aus Wünschen, Versprechen und Drohungen ist es nur die Drohung, die weiterhin greifbar und real erscheint.

*

> Dieser Assimilationsprozeß, welcher sich in der Tiefe abspielt, bedarf eines Zustandes der Entspannung, der seltener und seltener wird. Wenn der Schlaf der Höhepunkt der körperlichen Entspannung ist, so die Langeweile der geistigen. Die Langeweile ist der Traumvogel, der das Ei der Erfahrung ausbrütet. Das Rascheln im Blätterwalde vertreibt ihn.
> Walter Benjamin: *Der Erzähler*[28]

Das Schweigen der Männer, die vom Schlachtfeld des Krieges zurückkehren, unterscheidet sich vom Schweigen Hamlets. Aber ihnen allen fehlt die Stimme. Ich habe dieses Buch damit begonnen, eine Erklärung für die Dialektik zwischen der einen Stimme und den vielen Beinen im Rätsel der Sphinx zu finden. Ich habe untersucht, wie die originäre Stimme des Orakels von Delphi und die der Sphinx in zwei unterschiedliche diskursive Praktiken getrennt wurden: die philosophische und die theatrale. In Becketts *Warten auf Godot* lenkt Estragon Vladimirs Aufmerksamkeit auf „[a]ll die toten Stimmen." Sie haben offenbar engelsgleiche Qualitäten, denn Vladimir antwortet: „Die rauschen wie Flügel." Estragon ergänzt: „Wie Blätter. [...] Sie murmeln." Und nach einem Moment des Schweigens fahren sie fort:

> Vladimir: Was sagen sie?
> Estragon: Sie sprechen über ihr Leben.
> Vladimir: Es genügt ihnen nicht, gelebt zu haben.
> Estragon: Sie müssen darüber sprechen.
> Vladimir: Es genügt ihnen nicht, tot zu sein.[29]

28 Benjamin: Der Erzähler, S. 446.

29 Samuel Beckett: *Warten auf Godot*, aus d. Franz. v. Elmar Tophoven. Frankfurt am Main: Suhrkamp 1996, S. 94.

Die Philosophen und Theatermacher, denen ich hier zugehört habe, haben alle mit ihren toten Stimmen gesprochen. Was bleibt ist das Rascheln der Blätter.
Die Geschichte vom Wunsch/dem Versprechen/der Drohung des Bettlers, mit der Benjamin seinen letzten Absatz im Kafka-Essay einleitet, führt uns zurück zu der Bedeutung des Ursprungs, indem er auf mehreren Ebenen gleichzeitig jenen Ur-Sprung ‚performt', zu dem wir zurückkehren müssen, bevor wir weitergehen können. Die Erzählung von Potemkins Unterschrift – die wahrscheinlich aus einer Sammlung von Anekdoten und Erzählungen von Puschkin stammt,[30] die 1924 ins Deutsche übersetzt wurde und die auch in Ernst Blochs *Spuren* zu finden ist[31] – geht die Idee des Abschlusses nicht weniger enigmatisch an und es ist bezeichnend, dass Benjamin seinen Essay mit dieser Erzählung einleitet. Der Text erzählt von einem jungen Bediensteten am russischen Hof, der in Benjamins Version Schuwalkin heißt. Als der depressive Kanzler Potemkin sich weigert, wichtige Dokumente zu unterschreiben, die veröffentlicht werden müssen, will Schuwalkin den Versuch unternehmen, Potemkins Unterschrift zu bekommen. Diese Erzählung fungiert in diesem Buch als Abschluss.
Ich zitiere hier Benjamins Version der Erzählung:

> Es wird viel erzählt: Potemkin litt an schweren oder weniger regelmäßig wiederkehrenden Depressionen, während deren sich niemand ihm nähern durfte und der Zugang zu seinem Zimmer aufs strengste verboten war. Am Hofe wurde dieses Leiden nicht erwähnt, insbesondere wußte man, daß jede Anspielung darauf die Ungnade der Kaiserin Katharina nach sich zog. Eine dieser Depressionen des Kanzlers dauerte außergewöhnlich lange. Ernste Missstände waren die Folgen; in den Registraturen häuften sich Akten, deren Erledigung, die ohne Unterschrift Potemkins unmöglich war, von der Zarin geordert wurde. Die hohen Beamten wußten sich keinen Rat. In dieser Zeit geriet durch einen Zufall der unbedeutende kleine Kanzlist Schuwalkin in die Vorzimmer des Kanzlerpalais, wo die Staatsräte wie gewöhnlich jammernd und klagend beisammen standen. „Was gibt es, Excellenzen? Womit kann ich Excellenzen dienen?" bemerkte der eilfertige Schuwalkin. Man erklärte ihm den Fall und bedauerte, von seinen

30 Vgl. Alexander Puschkin: *Anekdoten und Tischgespräche*, hrsg. u. aus d. Russ. v. Johannes von Guenther. München: Allgemeine Verlagsanstalt 1925, S. 42.
31 Ernst Bloch: Potemkins Unterschrift. In: Ders.: *Spuren*, S. 118–119.

> Diensten keinen Gebrauch machen zu können. „Wenn es weiter nichts ist, meine Herren", antwortete Schuwalkin, „überlassen Sie mir die Akten. Ich bitte darum." Die Staatsräte, die nichts zu verlieren hatten, ließen sich dazu bewegen, und Schuwalkin schlug, das Aktenbündel unterm Arm, durch Galerien und Korridore den Weg zum Schlafzimmer Potemkins ein. Ohne anzuklopfen, ja ohne haltzumachen, drückte er die Türklinke nieder. Das Zimmer war nicht verschlossen. Im Halbdunkel saß Potemkin auf seinem Bett, nägelkauend, in einem verschlissenen Schlafrock. Schuwalkin trat zum Schreibtisch, tauchte die Feder ein und, ohne ein Wort zu verlieren, schob er sie Potemkin in die Hand, den erstbesten Akt auf seine Knie. Nach einem abwesenden Blick auf den Eindringling, wie im Schlaf vollzog Potemkin die Unterschrift, dann eine zweite; weiter die sämtlichen. Als die letzte geborgen war, verließ Schuwalkin ohne Umstände, wie er gekommen war, sein Dossier unterm Arm, das Gemach. Triumphierend die Akten schwenkend trat er in das Vorzimmer. Ihm entgegen stürzten die Staatsräte, rissen die Papiere aus seinen Händen. Atemlos beugten sie sich darüber. Niemand sagte ein Wort; die Gruppe erstarrte. Wieder trat Schuwalkin näher, wieder erkundigte er sich eilfertig nach dem Grund der Bestürzung der Herren. Da fiel auch sein Blick auf die Unterschrift. Ein Akt wie der andere war unterfertigt: Schuwalkin, Schuwalkin, Schuwalkin …[32]

„Diese Geschichte", so fügt Benjamin an, „ist wie ein Herold, der dem Werke Kafkas zweihundert Jahre vorausstürmt. Die Rätselfrage, die sich in ihr wölkt, ist Kafkas." Sie ist aber auch eng verbunden mit Benjamins Rätselfrage, die er wiederum seinen Leser*innen weitergibt. Er möchte uns damit sagen, dass, was wir in seinen komplexen, performativen Texten schließlich finden, unsere eigene Signatur ist; und wir können uns niemals ganz sicher sein, wie sie dorthin gekommen ist. Wie auch immer, hier ist meine …

32 Benjamin: Franz Kafka, S. 409–410. Puschkins und Blochs Versionen der Petuschkow-Schuwalkin-Geschichte sind beide vor Benjamins Version publiziert worden.

Bibliographie

Adorno, Theodor W.: Engagement. In: Ders.: *Gesammelte Schriften*, Bd. 11, hrsg. v. Rolf Tiedemann. Frankfurt am Main: Suhrkamp 1974, S. 409–430.

Adorno, Theodor W. / Walter Benjamin: *Briefwechsel 1928–1940*, hrsg. v. Theodor W. Adorno Archiv. Frankfurt am Main: Suhrkamp 1994.

Apollodorus: *The Library*, aus d. Altgr. v. James George Frazer. London: Heinemann 1967.

Arendt, Hannah: Introduction to Illuminations. In: Walter Benjamin: *Illuminations*. London: Cape 1970, S. 1–55.

Arieti, James: *Interpreting Plato: The Dialogues as Drama*. Savage: Rowman & Littlefield 1991.

Aristoteles: *Poetik*, aus d. Altgr. u. hrsg. v. Manfred Fuhrmann. Stuttgart: Reclam 2012.

// Aristoteles: *Zweite Analytik. Analytica Posterioria*, aus d. Altgr. v. Wolfgang Detel. Hamburg: Meiner 2014.

Athenaeus: *Deipnosophistae*, Bd. 4, aus d. Altgr. v. Charles Burton Gallick. Cambridge: Harvard UP 1961.

Austin, John L.: *Zur Theorie der Sprechakte*, aus d. Engl. v. Eike von Savigny. Stuttgart: Reclam 2002.

Barish, Jonas: *The Anti-theatrical Prejudice*. Berkeley: University of California Press 1981.

Beckett, Samuel: *Endspiel*, aus d. Franz. v. Elmar Tophoven. Frankfurt am Main: Suhrkamp 1996.

// *Warten auf Godot*, aus d. Franz. v. Elmar Tophoven. Frankfurt am Main: Suhrkamp 1996.

Behler, Ernst: Nietzsche in the Twentieth Century. In: Bernd Magnus / Kathleen Higgins (Hrsg.): *The Cambridge Companion to Nietzsche*. Cambridge: Cambridge UP 1996, S. 281–322.

Benjamin, Walter: Ursprung des deutschen Trauerspiels. In: Ders.: *Gesammelte Schriften*, Bd. I.1, hrsg. v. Rolf Tiedemann / Hermann Schweppenhäuser. Frankfurt am Main: Suhrkamp 1989, S. 203–409.

// Das Kunstwerk im Zeitalter seiner technischen Reproduzierbarkeit. In: Ders.: *Gesammelte Schriften*, Bd. I.2, hrsg. v. Rolf Tiedemann / Hermann Schweppenhäuser. Frankfurt am Main: Suhrkamp 1978, S. 471–508.

// Über den Begriff der Geschichte. In: Ders.: *Gesammelte Schriften*, Bd. I.2, S. 691–706.

// Franz Kafka. Zur zehnten Wiederkehr seines Todestages. In: Ders.: *Gesammelte Schriften*, Bd. II.2, hrsg. v. Rolf Tiedemann / Hermann Schweppenhäuser. Frankfurt am Main: Suhrkamp 1989, S. 409–438.

// Der Erzähler. Betrachtungen zum Werk Nikolai Lesskows. In: Ders.: *Gesammelte Schriften*, Bd. II.2, S. 438–465,

// Einbahnstraße. In: Ders.: *Gesammelte Schriften*, Bd. IV.1, hrsg. v. Tillman Rexroth. Frankfurt am Main: Suhrkamp 1972, S. 83–148.

// Myslowitz – Braunschweig – Marseilles: Die Geschichte eines Haschisch-Rausches. In: Ders.: *Gesammelte Schriften*, Band IV.2, hrsg. v. Tilman Rexroth. Frankfurt am Main: Suhrkamp 1972, S. 729–737.

// Der Wunsch. In: Ders.: *Gesammelte Schriften*, Bd. IV.2, S. 759–760.

// *Das Passagen-Werk. Gesammelte Schriften*, Bd. V, hrsg. v. Rolf Tiedemann / Hermann Schweppenhäuser. Frankfurt am Main: Suhrkamp 1982.

// Paris, die Hauptstadt des XIX. Jahrhunderts. In: Ders.: *Gesammelte Schriften*, Bd. V.1, S. 45–59.

// Mai–Juni 1931. In: Ders.: *Gesammelte Schriften*, Bd. VI, hrsg. v. Rolf Tiedemann / Hermann Schweppenhäuser. Frankfurt am Main: Suhrkamp 1991, S. 422–441.

// Notizen Svendborg Sommer 1934. In: Ders.: *Gesammelte Schriften*, Bd. VI, hrsg. v. Rolf Tiedemann / Hermann Schweppenhäuser. Frankfurt am Main: Suhrkamp 1991, S. 523–532.

// Berliner Kindheit um neunzehnhundert. In: Ders.: *Gesammelte Schriften*, Bd. VII.1, hrsg. v. Rolf Tiedemann / Hermann Schweppenhäuser. Frankfurt am Main: Suhrkamp 1989, S. 385–432.

// *Briefe 1931–1934*, hrsg. v. Theodor W. Adorno Archiv / Christoph Gödde / Henri Lutz. Frankfurt am Main: Suhrkamp 1998.

Benjamin, Walter / Gershom Scholem: *Briefwechsel*, hrsg. v. Gershom Scholem. Frankfurt am Main: Suhrkamp 1985.

Berghahn, Klaus L.: A View through the Red Window: Ernst Bloch's *Spuren*. In: Jamie Owen Daniel / Tim Moylan (Hrsg.): *Not Yet: Reconsidering Ernst Bloch*. London / New York: Verso 1997, S. 202–214.

Bergman, Gösta: *Den Moderna Teaterns Genombrott*. Stockholm: Bonniers 1966.

Binder, Hartmut: *Kafka in Paris: Historische Spaziergänge mit alten Photographien*. München: Langen Müller 1999.

Bloch, Ernst: *Spuren*. Frankfurt am Main: Suhrkamp 1995.

Blondell, Ruby: *The Play of Character in Plato's Dialogues*. Cambridge: Cambridge UP 2002.

Bode, Dorothea: Besucherkommentar, 16.09.2007, zu Ute Thon: Gefangen im Palmenhain. In: *Art. Das Kunstmagazin*, 27.07.2007. http://www.art-magazin.de/kuns/491.html / http://archive.is/aEqz (Zugriff am 21.04.2017).

Borland, Harold H.: *Nietzsche's Influence on Swedish Literature: With Special Reference to Strindberg, Ola Hanson, Heidenstam and Fröding*. Göteborg: Elanders 1956.

Borup, Morten (Hrsg.): *Georg og Edv. Brandes Brevveksling Med Nordiske Forfattere og Videnskabsmænd*. Copenhagen: Gyldendal 1939.

Brandes, Georg: *Samlede Skrifter*, Bd. 7. Kopenhagen: Gyldendalske Boghandels Forlag F. Hegel & Søn 1901.

// *Selected Letters*, übers. u. hrsg. v. W. Glyn Jones. Norwich: Norvik 1990.

Brecht, Bertolt: Leben des Galilei (1955/56). In: Ders.: *Werke. Große kommentierte Berliner und Frankfurter Ausgabe*, Bd. 5. Frankfurt am Main: Suhrkamp 1993, S. 187–290.

// Mutter Courage und ihre Kinder. In: Ders.: *Werke. Große kommentierte Berliner und Frankfurter Ausgabe*, Bd. 6. Berlin / Frankfurt am Main: Aufbau / Suhrkamp 1989, S. 7–86.

// Legende von der Entstehung des Buches Taoteking auf dem Weg des Laotse in die Emigration. In: Ders.: *Werke. Große kommentierte Berliner und Frankfurter Ausgabe*, Bd. 12. Berlin / Frankfurt am Main: Aufbau / Suhrkamp 1989, S. 32–34.

// Und jetzt trete. In: Ders.: *Werke. Große kommentierte Berliner und Frankfurter Ausgabe*, Bd. 15. Berlin / Frankfurt am Main: Aufbau / Suhrkamp 1993, S. 203.

// Wahrnehmung. In: Ders.: *Werke*, Bd. 15, S. 205.

// Dekoration. In: Ders.: *Werke. Große kommentierte Berliner und Frankfurter Ausgabe*, Bd. 21. Berlin / Frankfurt am Main: Aufbau / Suhrkamp 1989, S. 283–284.

// Die Straßenszene. Grundmodell einer Szene des epischen Theaters. In: Ders.: *Werke. Große kommentierte Berliner und Frankfurter Ausgabe*, Bd. 22.1. Berlin / Frankfurt am Main: Aufbau / Suhrkamp 1993, S. 370–381.

// Über alltägliches Theater. In: Ders.: *Werke. Große kommentierte Berliner und Frankfurter Ausgabe*, Band 22.2. Frankfurt am Main: Suhrkamp 1993, S. 857–860.

// Der Messingkauf. In: Ders.: *Werke*, Bd. 22.2, S. 695–869.

// Couragemodell. In: Ders.: *Werke. Große kommentierte Berliner und Frankfurter Ausgabe*, Bd. 25. Berlin / Frankfurt am Main: Aufbau / Suhrkamp 1989, S. 169–397.

Briefe an Strindberg, hrsg. v. Walter Berendsohn. Mainz / Berlin: Kupferberg 1967.

Butler, Judith: *Antigones Verlagen: Verwandtschaft zwischen Leben und Tod*, aus d. Amerik. v. Reiner Ansén. Frankfurt am Main: Suhrkamp 2001.

Carlson, Marvin: *The Haunted Stage*. Ann Arbor: University of Michigan Press 2001.

Case, Sue-Ellen: Classical Drag. The Greek Creation of Female Parts. In: *Theatre Journal* 37,3 (1985), S. 317–327.

Cavarero, Adriana: *Relating Narratives: Storytelling and Selfhood*. London: Routledge 2000.

Chaudhuri, Una: *Staging Place: The Geography of Modern Drama*. Ann Arbor: University of Michigan Press 1995.

Clay, Diskin: The Tragic and Comic Poet of *The Symposium*. In: *Arion* New Series 2,2 (1975), S. 238–261.

Dahlbäck, Kerstin: *Ändå tycks allt vara osagt: August Strindberg som brevskrivare*. Stockholm: Natur och Kultur 1994.

De Grazia, Margreta: Teleology, Delay and the 'Old Mole'. In: *Shakespeare Quarterly* 50,3 (1999), S. 251–267.

De Vries, Hent: Must We (Not) Mean What We Say? Seriousness and Sincerity in the Work of J. L. Austin and Stanley Cavell. In: Ernst von Alphen / Mieke Bal / Carel Smith (Hrsg.): *The Rhetoric of Sincerity*. Stanford: Stanford UP 2009, S. 90–118.

Deleuze, Gilles / Félix Guattari: *Tausend Plateaus. Kapitalismus und Schizophrenie*, aus d. Franz. v. Gabriele Ricke / Ronald Voullié. Berlin: Merve 1992.

Derrida, Jacques: *Marx' Gespenster. Der Staat der Schuld, die Trauerarbeit und die neue Internationale*, aus d. Franz. v. Susanne Lüdemann. Frankfurt am Main: Suhrkamp 1996.

Diderot, Denis: *Paradox über den Schauspieler*, aus d. Franz. v. Katharina Scheinfuß. Leipzig: Insel 1964.

Diogenes Laertios: *Leben und Lehre der Philosophen*, aus d. Altgr. u. hrsg. v. Fritz Jürß. Reclam: Stuttgart 2010.

Dover, Kenneth James: Aristophanes' Speech in Plato's Symposium. In: *Journal of Hellenic Studies* 86 (1966), S. 41–50.

Duncan, Anne: *Performance and Identity in the Classical World*. Cambride: Cambridge UP 2006.

Eliot, T. S.: Hamlet, aus d. Amerikan. v. H. H. Schaeder. In: Ders.: *Essays II*. Frankfurt am Main: Suhrkamp 1969, S. 94–100.

Else, Gerald F.: *Aristotle's Poetics: The Argument*. Cambridge: Harvard UP 1963, S. 307, 313.

Euripides: *Hippolytos*, aus d. Altgr. v. Ernst Buschor. Stuttgart: Reclam 1987.

// Euripides: *Phoenician Women*, aus d. Altgr. v. Elizabeth Craik. Wiltshire: Aris & Phillips 1988.

Ferguson, Alfred R.: Politics and Man's Fate in Sophocles' Antigone. In: *The Classical Journal* 70,2 (1974–1975), S. 41–49.

Fiebach, Joachim: Brechts *Straßenszene*: Versuch über die Reichweite eines Theatermodells. In: *Weimarer Beiträge* 24 (1978), S. 123–147.

Freud, Sigmund: *Die Traumdeutung. Gesammelte Werke*, Bd. 2/3, hrsg. v. Anna Freud. Frankfurt am Main: Fischer 1942.

Fuegi, John: *Bertolt Brecht: Chaos, According to Plan*. Cambridge: Cambridge UP 1987.

Goodhart, S.: Leistas ephaska: Oedipus and Laius' Many Murderers. In: *Diacritics* 8,2 (1978), S. 55–71.

Gould, Thomas: *The Ancient Quarrel between Poetry and Philosophy*. Princeton: Princeton UP 1990.

Goux, Jean-Joseph: *Oedipus, Philosopher*. Stanford: Stanford UP 1993.

Greenblatt, Stephen: *Will in der Welt: Wie Shakespeare zu Shakespeare wurde*, aus d. Engl. v. Martin Pfeiffer. Berlin: Berlin 2004.

// *Hamlet im Fegefeuer*, aus d. Engl. v. Klaus Binder. Frankfurt am Main: Suhrkamp 2008.

Guernica (Picasso). In: *Wikipedia*. https://en.wikipedia.org/wiki/Guernica_(Picasso) (Zugriff am 21.04.2016).

Habermas, Jürgen: Ernst Bloch – A Marxist Romantic. In: *Salmagundi* 10/11 (1969/1970), S. 311–325.

Hanssen, Beatrice: Philosophy at Its Origin: Walter Benjamin's Prologue to the *Ursprung des deutschen Trauerspiels*. In: *MLN* 110,4 (1995), S. 809–833.

Harsch, P. W.: Plato Symposium 194B and a Raised Position in the Theater. In: *Classical Philology* 4,22 (1949), S. 116–117.

Harvard University: Report of the Task Force on the Arts, Dezember 2008. http://www.harvard.edu/sites/default/files/content/arts_report.pdf (Zugriff am 16.04.2017).

Hasan-Rokem, Galit / Alan Dundes (Hrsg.): *The Wandering Jew: Interpretations of a Christian Legend*. Bloomington: Indiana UP 1986.

Hecht, Werner: *Brecht Chronik 1898–1956*. Frankfurt am Main: Suhrkamp 1997.

Hegel, Georg Wilhelm Friedrich: *Vorlesungen über die Geschichte der Philosophie III. Werke*, Bd. 20. Frankfurt am Main: Suhrkamp 1986.

Herrmann, Hans-Christian von: *Sang der Maschinen: Brechts Medienästhetik*. München: Fink 1996.

Honigmann, E. A. J.: The Date of *Hamlet*. In: *Shakespeare Survey* 9 (1956), S. 27–29.

Hunter, Richard: *Plato's Symposium*. Oxford: Oxford UP 2004.

Jackson, Shannon: *Professing Performance: Theatre in the Academy from Philology to Performativity*. Cambridge: Cambridge UP 2004.

Jameson, Fredric: Benjamin's Readings. In: *Diacritics* 22,3/4 (1992), S. 19–34.

// *Brecht and Method*. London / New York: Verso 1998.

Jones, David Richard: *Great Directors at Work: Stanislavsky, Brecht, Kazan, Brook*. Berkeley: University of California Press 1986.

Kafka, Franz: *Ein Landarzt: Kleine Erzählungen*. München / Leipzig: Kurt Wolff 1919, S. 88–89.

// *Tagebücher 1910–1923*. Frankfurt am Main: Fischer 1990.

Kahn, Charles: *Plato and the Socratic Dialogue: The Philosophical Use of a Literary Form*. Cambridge: Cambridge UP 1996.

Kenny, Anthony: *Wittgenstein*, aus d. Engl. v. Hermann Vetter. Frankfurt am Main: Suhrkamp 1989.

Kierkegaard, Søren: *Die Wiederholung*, aus d. Dän. v. Günther Sawatzki. Düsseldorf / Köln: Diederichs 1955.

Klossowski, Pierre: *Nietzsche und der Circulus vitiosus deus*, aus d. Franz. v. Ronald Vouillé. München: Matthes & Seitz 1986.

Kottman, Paul A.: *A Politics of the Scene*. Stanford: Stanford UP 2008.

Krasner, David / David Z. Saltz (Hrsg.): *Staging Philosophy: Intersections of Theater, Performance, and Philosophy*. Ann Arbor: University of Michigan Press 2006.

Kraus, Karl: Heine und die Folgen. In: Ders.: *Heine und die Folgen*. Stuttgart: Reclam 1985, S. 35–71.

Lagercrantz, Olof: *August Strindberg*, aus d. Schwed. v. Angelika Gundlach. Frankfurt am Main: Suhrkamp 1984.

Lévi-Strauss, Claude: *Strukturale Anthropologie*, aus d. Franz. v. Hans Naumann. Frankfurt am Main: Suhrkamp 1967.

Levin, Susan B.: *The Ancient Quarrel between Philosophy and Poetry Revisited: Plato and the Greek Literary Tradition*. Oxford: Oxford UP 2001.

Lindström, Hans: *Strindberg och Böckerna II, Boklån och Läsning, Förteckningar och Kommentarer*. Uppsala: Svenska 1990.

Lukacher, Ned: *Primal Scenes: Literature, Philosophy, Psychoanalysis*. Ithaca / London: Cornell UP 1986, Kap. 6.

Marx, Karl: Rede auf der Jahresfeier des *People's Paper*, London, 14.04.1956. In: *Marx Engels Werke*, Bd. 12. Berlin: Dietz 1961, S. 3–4.

// Marx, Karl: Der achtzehnte Brumaire des Louis Bonaparte. In: *Marx-Engels-Gesamtausgabe*. Berlin: Dietz 1985, Band I.11, S. 96–189.

Meyer, Michael: *Strindberg: A Biography*. New York: Random House 1985.

Miller, Joseph Hillis: *Speech Acts in Literature*. Stanford: Stanford UP 2001.

Müller, Heiner: Die Hamletmaschine. In: Ders.: *Werke*, Bd. 4: Stücke 2, hrsg. v. Frank Hörnigk. Frankfurt am Main: Suhrkamp 2001, S. 545–554.

Mumford, Meg: Brecht Studies Stanislavski: Just a Tactical Move? In: *New Theatre Quarterly* 11,43 (1995), S. 241–258.

Naumann, Matthias: *Dramaturgie der Drohung. Das Theater des israelischen Dramatikers und Regisseurs Hanoch Levin*. Marburg: Tectum 2006.

Nehamas, Alexander: *Die Kunst zu leben: Sokratische Reflexionen von Platon bis Foucault*, aus d. Engl. v. Michael Haupt. Hamburg: Rotbuch 2000.

Nietzsche, Friedrich: *Kritische Gesamtausgabe*, Bd. III.5, hrsg. v. Giorgio Colli / Mazzino Montinari. Berlin / New York: de Gruyter 1984.

// *Kritische Gesamtausgabe*, Bd. III.6, hrsg. v. Giorgio Colli / Mazzino Montinari. Berlin / New York: de Gruyter 1984.

// Götzen-Dämmerung. In: Ders.: *Der Fall Wagner*, hrsg. v. Giorgio Colli / Mazzino Montinari. Berlin / New York: de Gruyter 1988, S. 55–162.

// *Die Geburt der Tragödie aus dem Geiste der Musik*. Frankfurt am Main / Leipzig: Insel 2000.

Noack-Mosse, Eva: Uhu. In: *Hundert Jahre Ullstein 1877–1977*, Bd. 2. Berlin: Ullstein 1977, S. 177–207.

Oesterle, Günther: Vom Wünschen und Erzählen: Eine chassidische Geschichte und ihre Variationen bei Ernst Bloch und Walter Benjamin. In: Patrik Primavesi / Olaf A. Schmitt (Hrsg.): *AufBrüche: Theaterarbeit zwischen Text und Situation*. Berlin: Theater der Zeit 2004, S. 183–186.

Orgel, Stephen: Shakespeare and the Kinds of Drama. In: *Critical Inquiry* 6,1 (1979), S. 107–123.

Platon: Phaidon. In: Ders.: *Sämtliche Werke in zehn Bänden*, Bd. 4, hrsg. v. Karlheinz Hülser nach der Übers. v. Friedrich Schleiermacher. Frankfurt am Main / Leipzig: Insel 1991, S. 185–347.

// *Politeia. Sämtliche Werke in zehn Bänden*, Bd. 5, hrsg. v. Karlheinz Hülser nach der Übers. v. Friedrich Schleiermacher. Frankfurt am Main / Leipzig: Insel 1991.

// Politikos. In: Ders.: *Sämtliche Werke in zehn Bänden*, Bd. 7, hrsg. v. Karlheinz Hülser nach d. Übers. v. Friedrich Schleiermacher. Frankfurt am Main / Leipzig: Insel 1991, S. 295–463.

// *Nomoi. Sämtliche Werke in zehn Bänden*, Bd. 9, hrsg. v. Karlheinz Hülser nach d. Übers. v. Friedrich Schleiermacher. Frankfurt am Main / Leipzig: Insel 1991.

// *Selected Myths*, hrsg. u. mit einer Einleitung v. Catalin Partenie. Oxford: Oxford UP 2004.

// *Das Gastmahl*, aus d. Altgr. u. hrsg. v. Thomas Paulsen. Stuttgart: Reclam 2015.

Plato: *Symposium*, aus d. Altgriech. v. Alexander Nehamas / Paul Woodruff. In: Ders.: *Complete Works*, hrsg. v. John Cooper. Cambridge: Hackett 1977, S. 457–505.

Puchner, Martin: *Poetry of the Revolution: Marx, Manifestos and the Avant-Gardes*. Princeton / Oxford: Princeton UP 2006.

Puschkin, Alexander: *Anekdoten und Tischgespräche*, hrsg. u. aus d. Russ. v. Johannes von Guenther. München: Allgemeine Verlagsanstalt 1925, S. 42.

Rampley, Matthew: *Nietzsche, Aesthetics and Modernity*. Cambridge: Cambridge UP 2000.

Read, Alan: *Theatre, Intimacy & Engagement: The Last Human Venue*. Basingstoke / New York: Palgrave Macmillan 2008.

Reitter, Paul: *The Anti-Journalist: Karl Kraus and the Jewish Self-Fashioning in Fin-de-Siècle Europe*. Chicago / London: University of Chicago Press 2008.

Richter, Gerhard: *Thought-Images: Frankfurt School Writers' Reflections from "Damaged Life"*. Stanford: Stanford UP 2007.

Ridley, Aaron: *Nietzsche on Art*. London / New York: Routledge 2007.

Rilke, Rainer Maria: Duineser Elegien. In: Ders.: *Werke*, Bd. 2. Frankfurt am Main / Leipzig: Insel 1996, S. 199–236.

// Archaischer Torso Apollos. In: Ders.: *Gedichte. 1895–1910*, hrsg. v. Manfred Engel / Ulrich Fülleborn. Frankfurt am Main / Leipzig: Insel 1996, S. 513.

Robertson, Ritchie: *The "Jewish Question" in German Literature 1749–1939: Emancipation and Its Discontents*. Oxford: Oxford UP 1999.

Robinson, Michael: *Strindberg and Autobiography*. Norwich: Norvik 1986.

Roff, Sarah Ley: Benjamin and Psychoanalysis. In: David Ferris (Hrsg.): *The Cambridge Companion to Walter Benjamin*. Cambridge: Cambridge UP 2004, S. 115–133.

Rokem, Freddie: Acting and Psychoanalysis: Street Scenes, Private Scenes and Transference. In: *Theatre Journal* 39,2 (1987), S. 175–184.

// One Voice and Many Legs: Oedipus and the Riddle of the Sphinx. In: Galit Hasan-Rokem / David Shulman (Hrsg.): *Untying the Knot: On Riddles and Other Enigmatic Modes*. New York / Oxford: Oxford UP 1996, S. 255–270.

// Introduction. In: Hanoch Levin: *The Labour of Life. Selected Plays*, aus d. Hebr. v. Barbara Harshav. Stanford: Stanford UP 2003, S. ix–xxxv.

// *Deus ex machina* in the Modern Theater: Theater, History and Theater History. In: W. B. Worthen / Peter Holland (Hrsg.): *Theorizing Practice: Redefining Theatre History*. Basingstoke: Palgrave Macmillan 2003, S. 177–195.

// *Strindberg's Secret Codes*. Norwich: Norvik 2004.

// Philosophy and Performance: Walter Benjamin and Bertolt Brecht in Conversation about Franz Kafka. In: *Assaph. Studies in the Theatre* (2005), S. 19–20.

// Philosophy and Performance: Walter Benjamin and Bertolt Brecht in Conversation about Franz Kafka. In: Gad Kaynar / Linda Ben-Zvi (Hrsg.): *Bertolt Brecht. Performance and Philosophy*. Tel Aviv: Assaph Books 2005, S. 1–22.

// The Philosopher and the Two Playwrights: Socrates, Agathon and Aristophanes in Plato's *Symposium*. In: *Theatre Survey* 49,2 (2008), S. 239–252.

// Catastrophic Constellations: Picasso's Guernica and Klee's Angelus Novus. In: *International Journal of Arts and Technology* 1,1 (2008), S. 34–42.

// *Geschichte aufführen. Darstellungen der Vergangenheit im Gegenwartstheater*, aus d. Engl. v. Matthias Naumann. Berlin: Neofelis 2012.

Rosen, Stanley: *The Quarrel between Philosophy and Poetry: Studies in Ancient Thought*. New York / London: Routledge 1988.

Schivelbusch, Wolfgang: *Geschichte der Eisenbahnreise: Zur Industrialisierung von Raum und Zeit im 19. Jahrhundert*. München / Wien: Hanser 1977.

Schnapp, Jeffrey T.: Crash (Speed as Engine of Individuation). In: *Modernism / Modernity* 6,1 (1999), S. 1–49.

Schönström, Rikard: *En försmak av framtiden: Bertolt Brecht och det konkreta*. Stockholm / Stehag: Östlings Symposion 2003.

Schramm, Helmar / Ludger Schwarte / Jan Lazardzig (Hrsg.): *Kunstkammer – Laboratorium – Bühne: Schauplätze des Wissens im 17. Jahrhundert*. Berlin / Boston: de Gruyter 2003.

Schwarte, Ludger: *Die Regeln der Intuition, Kunstphilosophie nach Adorno, Heidegger und Wittgenstein*. München: Fink 2000.

Segal, Charles: *Tragedy and Civilization*. Cambridge: Harvard UP 1981.

// *Oedipus Tyrannus, Tragic Heroism and the Limits of Knowledge*. New York / Oxford: Oxford UP 2001.

Shakespeare, William: Hamlet, Prinz von Dänemark. In: Ders.: *Sämtliche Dramen*, nach der 3. Schlegel-Tieck-Gesamtausgabe von 1843/44. Zürich: Artemis & Winkler 2001, Bd. 3, S. 589–702.

Sheffield, Frisbee C. C.: *Plato's "Symposium": The Ethics of Desire*. Oxford: Oxford UP 2006.

Sophocles: *The Plays and Fragments*, aus d. Altgr. u. hrsg. v. Richard C. Jebb. Cambridge: Cambridge UP 1914.

// *König Ödipus*, aus d. Altgr. v. Kurt Steinmann. Stuttgart: Reclam 2002.

Ste. Croix, G. E. M. de: Aristotle on History and Poetry. In: Amélie Oksenberg Rorty (Hrsg.): *Essays on Aristotle's "Poetics"*. Princeton: Princeton UP 1992, S. 23–32;

Stallybrass, Peter: 'Well Grubbed, Old Mole': Marx, Hamlet, and the (Un)fixing of Representation. In: *Cultural Studies* 12,1 (1998), S. 3–14.

Stanislawski, Konstantin: *Die Arbeit des Schauspielers an sich selbst*, Bd. 1, aus d. Russ. v. Ingrid Tintzmann. Frankfurt am Main: Zweitausendeins 1996.

Statkiewicz, Max: Platonic Theater: Rigor and Play in the *Republic*. In: *MLN* 115 (2000), S. 1019–1051.

Steiner, Georg: *Der Tod der Tragödie*, aus d. Engl. v. Jutta Knust / Theodor Knust. Frankfurt am Main: Suhrkamp 2014.

Stern, David G.: *Wittgenstein on Mind and Language*. New York / Oxford: Oxford UP 1995.

Strindberg, August: *Briefe*, hrsg. v. Torsten Eklund, aus d. Schwed. v. Tabitha von Bonin. München: Langen / Müller 1963.

// Ein Traumspiel. In: Ders.: *Drei Stücke*, aus d. Schwed. v. Peter Weiss. Frankfurt am Main: Suhrkamp 1978, S. 145–226.

// *Strindberg's Letters*, ausgew., übers. u. hrsg. v. Michael Robinson. Chicago: University of Chicago Press 1992.

Strindbergs Brev 1858–1876, hrsg. v. Torsten Eklund. Stockholm: Bonniers 1948.

Taussig, Michael: *Walter Benjamin's Grave*. Chicago / London: University of Chicago Press 2006.

Targoff, Ramie: The Performance of Prayer: Sincerity and Theatricality in Early Modern England. In: *Representations* 60 (1997), S. 49–69.

Thomson, Peter: *Brecht. Mother Courage and Her Children*. Cambridge: Cambridge UP 1997.

Van Hensbergen, Gijs: *Guernica. Biographie eines Bildes*, aus d. Engl. v. Nikolaus G. Schneider. München: Siedler 2004.

Walton, Douglas N.: Practical Reasoning and the Structure of Fear Appeal Arguments. In: *Philosophy and Rhetoric* 29,4 (1996), S. 301–313.

Weber, Samuel: *Theatricality as Medium*. New York: Fordham UP 2004.

Weigel, Sigrid: *Entstellte Ähnlichkeit. Walter Benjamins theoretische Schreibweise*. Frankfurt am Main: Fischer 1997.

Weissberg, Liliane: Philosophy and the Fairy Tale: Ernst Bloch as Narrator. In: *New German Critique* 55 (1992), S. 21–44.

White, John: *Bertolt Brecht's Dramatic Theory*. Rochester: Camden House 2004.

Wittgenstein, Ludwig: *Werkausgabe*, Bd. 1: Tractatus logico-philosophicus. Tagebücher 1914–1916. Philosophische Untersuchungen. Frankfurt am Main: Suhrkamp 1984.

Wright, Elizabeth: *Postmodern Brecht: A Re-Presentation*. London / New York: Routledge 1989.

Yaari, Nurit: Greek Tragedy in Theory and Praxis: Aristotle's Theory of Tragedy in the Perspective of Aristophanes' Theatre Practice. In: *Maske und Kothurn* 35,1 (1989), S. 7–19.

Zeitlin, Froma: Travesties of Gender and Genre in Aristophanes' *Thesmophoriazusae*. In: *Critical Inquiry* 8,2 (1981), S. 301–327.

Zilcosky, John: *Kafka's Travels: Exoticism, Colonialism and the Traffic of Writing*. Basingstoke / New York: Palgrave Macmillan 2003.

Abbildungsverzeichnis

Die Übersetzung wurde durch die Tel Aviv University gefördert.

Bibliografische Information der Deutschen Nationalbibliothek
Die Deutsche Nationalbibliothek verzeichnet diese
Publikation in der Deutschen Nationalbibliografie;
detaillierte bibliografische Daten sind im Internet
über http://dnb.d-nb.de abrufbar.

Aus dem Englischen übersetzt von Mayte Zimmermann.

Umschlaggestaltung: Marija Skara
Lektorat & Satz: Neofelis Verlag (mn/ae)
Druck: PRESSEL Digitaler Produktionsdruck, Remshalden
Gedruckt auf FSC-zertifiziertem Papier.
ISBN (Print): 978-3-95808-048-5
ISBN (PDF): 978-3-95808-111-6